이야기책 읽어 주는 노인

이야기 책 읽어 주는
노인

조수삼 씀
박윤원, 박세영 옮김

보리

겨레고전문학선집을 펴내며

우리 겨레가 갈라진 지 반백년이 넘어서고 있습니다. 그러나 함께 산 세월은 수천, 수만년입니다. 겨레가 다시 함께 살 그날을 위해, 우리가 함께 한 세월을 기억해야 합니다.

옛부터 우리 겨레가 즐겨 온 노래와 시, 일기, 문집 들은 지난 삶의 알맹이들이 잘 갈무리된 보물단지입니다.

그동안 남과 북 양쪽에서 고전 문학을 되살리려고 줄곧 애써 왔으나, 이제껏 북녘 성과들은 남녘에서 좀처럼 보기 어려웠습니다.

북녘에서는 오래 전부터 우리 고전에 깊은 관심과 사랑을 보여 왔고 연구와 출판도 활발히 해 오고 있습니다. 그 가운데 〈조선고전문학선집〉은 북녘이 이루어 놓은 학문 연구와 출판의 큰 성과입니다. 〈조선고전문학선집〉은 가요, 가사, 한시, 패설, 소설, 기행문, 민간극, 개인 문집 들을 100권으로 묶어 내어, 고전을 연구하는 사람들과 일반 대중 모두 보게 한 뜻깊은 책들입니다. 한문으로 된 원문을 현대문으로 옮기거나 옛글을 오늘의 것으로 바꾼 성과도 놀랍고 작품을 고른 눈도 참 좋습니다. 〈조선고전문학선집〉은 남녘에도 잘 알려진 홍기문, 리상호, 김하명, 김찬순, 오희복, 김상훈, 권택무 같은 뛰어난 학자분들이 머리를 맞대고 연구한 성과를 1983년부터 펴내기 시작하여 지금도 이어 가고 있습니다.

보리 출판사는, 조선민주주의인민공화국 문예 출판사가 펴낸 〈조선고전문학선집〉을 〈겨레고전문학선집〉이란 이름으로 다시 펴내면서, 북녘 학자와 편집진의 뜻을 존중하여 크게 고치지 않고 그대로 내는 것을 원칙으로 삼았습니다. 다만, 남과 북의 표기법이 얼마쯤 차이가 있어 남녘 사람들이 읽기 쉽게 조금씩 손질했습니다.

  이 선집이, 겨레가 하나 되는 밑거름이 되고, 우리 후손들이 민족 문화 유산의 알맹이인 고전 문학이 지니고 있는 아름다움을 제대로 맛보고 이어받는 징검다리가 되기 바랍니다. 아울러 남과 북의 학자들이 자유롭게 오고 가면서 남북 학문 공동체가 이루어지는 날이 하루라도 앞당겨지기 바랍니다. 그리고 이 자리를 빌려 어려운 처지에서도 이 선집을 펴내 왔고 지금도 그 작업에 몰두하고 있는 북녘의 학자와 출판 관계자들에게 고마운 마음을 전합니다.

2004년 11월 15일
보리 출판사 대표 정낙묵

차례

조선 후기 여항 시인 조수삼의 시와 글
이야기책 읽어 주는 노인

■ 겨레고전문학선집을 펴내며　4

내 가진 것은

학을 노래하노라〔詠鶴〕 23
내 가진 것은 한 틀의 수레〔我有 一〕　24
내 가진 것은 두 이랑 밭〔我有 二〕　26
내 가진 것은 석 잔 술〔我有 三〕　28
내 가진 것은 네 다리 바둑판〔我有 四〕　30
내 가진 것은 오색 붓〔我有 五〕　32
내 가진 것은 여섯 줄 거문고〔我有 六〕　34
내 가진 것은 일곱 자 검〔我有 七〕　36
내 가진 것은 여덟 첩 병풍〔我有 八〕　38
내 가진 것은 아홉 송이 지초〔我有 九〕　40
내 가진 것은 열 폭 이불〔我有 十〕　42
내 가진 것은 백 번 닦은 거울〔我有 十一〕　44
내 가진 것은 천 년 묵은 소나무〔我有 十二〕　46
내 가진 것은 만 권의 책〔我有 十三〕　48
밤에 앉아서〔夜坐〕　50
술잔의 물결〔杯波〕　51
집을 옮기고서〔移居〕　52

백상이 왔기에〔伯相至〕 55

몽당붓〔禿筆〕 57

동야가 연어 알을 주기에〔東野餽傳子鰱報以長律〕 58

백상에게 화답하노라〔和伯相〕 60

산속에서〔山中謾詠〕 62

거문고 소리를 들으며〔聽琴〕 67

가야금〔伽倻琴銘〕 69

조카 용에게〔榕也〕 70

병자년 생일날에〔丙子初度〕 73

기묘년 설날에〔己卯元日試筆〕 75

병으로 안해에게 머리를 빗겨 달라 청하며〔病中倩內子梳頭〕 78

안해의 죽음을 슬퍼하며〔悼亡〕 79

달 아래 손자 데리고 술 마시며〔月下對酒 戱示小孫〕 81

귀양 간 아들 검을 그리면서〔檢子在謫四年〕 83

밤콩과 수박을 심고〔種扁荳西苽〕 86

개구리 소리를 듣고〔聽蛙〕 87

아들 방에게〔枋子來留十日於其歸 用東坡韻 書贈〕 89

오늘이 새해〔今日新年〕 91

꿈〔記夢〕 93

달리는 마음〔驅馳〕 94

대 이엉 집에서 눈 내리는 소리를 들으며〔竹屋聽雪〕 95

신묘년 설날에〔辛卯元日〕 98

글을 읽다가 은과 철 두 손자에게〔讀書至夜分戱示銀鐵兩孫〕 99

두메에 들어와서〔山內〕 101

국화 베개〔菊枕〕 103

비 오는 겨울 등불 아래서〔冬雨終夕燈下隨筆〕 107

매화꽃 안해〔梅妻〕 109

병중에〔病間試筆〕 111

차례 | 7

시단의 노장〔偶閱舊篋 見燕都諸公推余爲詞壇老將 書此識之〕 113
봄날〔春晝漫詠〕 115
향시에 합격하고〔年八十三 獲忝賢關大比之科 唱名之日~〕 116
진사 시험에 합격한 날 칠보시를 쓰노라〔司馬唱榜日口呼七步詩〕 117
정미년 생일날에〔丁未初度〕 119
절필〔絶筆口呼〕 121

이야기책 읽어 주는 노인〔紀異〕

머리말 125
돈을 서로 사양하는 홍씨와 이씨〔讓金洪李〕 127
유생兪生 129
송 생원宋生員 132
복홍福洪 134
수박 파는 늙은이〔賣瓜翁〕 136
돌 깨는 사람〔破石人〕 138
소금 파는 거사〔鹽居士〕 140
밭을 개간한 중〔畬田僧〕 142
물지게꾼〔汲水者〕 144
내 나무〔吾柴〕 146
임옹林翁 148
장송죽張松竹 150
닭 노인〔雞老人〕 152
정 초부鄭樵夫 154
소나무를 사랑하는 노인〔愛松老人〕 156
약 캐는 늙은이〔採藥翁〕 158
김 금사金琴師 160

등짐 장사하는 효자〔負販孝子〕 162

정 선생鄭先生 164

골동 늙은이〔古董老人〕 166

달문達文 168

이야기책 읽어 주는 노인〔傳奇叟〕 171

중랭포의 늙은 낚시꾼〔中冷釣叟〕 173

원수 갚은 며느리〔報讎媳婦〕 175

원숭이를 놀리는 사람〔弄猴丐子〕 177

깽깽이 타는 늙은이〔嵇琴叟〕 179

시 잘하는 도적의 안해〔能詩盜婦〕 181

안성문安聖文 183

장님 악사〔孫瞽師〕 185

일지매一枝梅 187

홍씨 집에 든 도적 손님〔洪氏盜客〕 189

범 때려잡은 사람〔打虎人〕 192

김오흥金五興 194

말 주머니〔說囊〕 196

임수월林水月 198

박 효자朴孝子 200

배 선달裵先達 202

박뱁새〔朴鷦鷯〕 204

반표자 박동초〔斑豹子〕 206

탁 반두卓斑頭 208

만덕萬德 210

통영 아이〔統營童〕 212

금성월錦城月 214

다섯 이랑 여덟 식구

소 탄 늙은이〔騎牛翁〕 219
달구지꾼의 노래〔牛車行〕 220
강촌에서〔江村謾詠〕 222
다듬이 소리〔砧聲〕 223
덕진에서 연을 캐며〔德津採蓮〕 225
동포에 배 들어온다〔東浦歸帆〕 226
뽕 따는 처녀〔採桑女〕 227
연〔紙鳶〕 229
길가의 장승에게〔戲路邊長栍〕 230
누운 장승에게〔戲臥長栍〕 231
농성에서〔朧城雜詠〕 232
참외 장사〔賣苽行〕 244
장곡 농가에서〔獐峪田舍〕 247
늙은 군사의 노래〔老兵〕 248
신안관에서〔新安館歲暮〕 249
반나절 날이 개어〔半日晴〕 250
쇄마의 슬픔〔刷馬嘆〕 251
강진에서〔康津〕 254
가을날 봉천에서〔鳳川秋日 次陶詩韻〕 255
가을날 동둔에서〔東屯省秋〕 267
겨울비〔冬雨歎〕 269
우리의 사또〔使君行〕 273
양관에서 설을 맞으며〔楊館守歲鐵孫來伴〕 275
씀바귀〔采苦〕 277
관아에서〔至牧所戲作〕 282

밭갈이와 길쌈 낳이〔次耕織圖韻〕

씨 담그기〔浸種〕 285
밭갈이〔耕〕 286
써레질〔耙耨〕 287
논판 고르기〔耖〕 288
돌고무래〔碌碡〕 289
모 붓기〔布秧〕 290
어린 모〔初秧〕 291
거름 앉금〔淤蔭〕 292
모뜨기〔拔秧〕 293
모심기〔揷秧〕 294
애벌김〔一耘〕 295
두벌김〔二耘〕 296
세벌김〔三耘〕 297
물 대기〔灌溉〕 298
가을걷이〔收刈〕 299
마당질〔登場〕 300
이삭줍기〔持穗〕 301
방아〔舂碓〕 302
체〔簁〕 303
키질〔簸揚〕 304
돌방아〔礱〕 305
관가 창고로〔入倉〕 306
두레놀이〔祭神〕 307
누에알 씻기〔浴蠶〕 308
두잠〔二眠〕 309
석잠〔三眠〕 310

막잠에서 깬 누에〔大起〕 311
막밥〔捉績〕 312
누에채반 갈아 주기〔分箔〕 313
뽕 따기〔採桑〕 314
누에 올리기〔上簇〕 315
누에채반 덥히기〔炙箔〕 316
고치 따기〔下簇〕 317
고치 고르기〔擇繭〕 318
고치 움〔窖繭〕 319
실 뽑기〔練〕 320
누에 나비〔蠶蛾〕 321
누에제〔祀謝〕 322
물레질〔緯〕 323
길쌈〔織〕 324
베짱이〔絡緯〕 325
비단 짜기〔經〕 326
염색染色 327
수놓이〔攀華〕 328
마름질〔剪帛〕 329
새 옷을 짓고〔成衣〕 330

땅은 남북으로 멀지만 백성은 한 핏줄기〔北行百絶〕

머리말 333
포천 가는 도중에〔其一 抱川道中〕 335
양원을 바라보며〔其二 望梁園〕 336
풍전역에서〔其三 豐田驛〕 337

철협에서 1〔其四 鐵峽〕　338

철협에서 2〔其五〕　339

철협에서 3〔其六〕　340

보리 여울에서〔其七 麥灘〕　341

평강에서〔其八 平康〕　342

삼방 골짜기에서〔其九 三防谷〕　343

동촌에서 1〔其十 峒村〕　344

동촌에서 2〔其十一〕　345

추가령에서 1〔其十二 鄒家嶺〕　346

추가령에서 2〔其十三〕　347

추가령에서 3〔其十四〕　348

추가령에서 4〔其十五〕　349

추가령에서 5〔其十六〕　350

추가령에서 6〔其十七〕　351

추가령에서 7〔其十八〕　352

삼방에서 1〔其十九 三防口〕　353

삼방에서 2〔其二十〕　354

학성에서 1〔其二十一 鶴城〕　355

학성에서 2〔其二十二〕　356

원호에서 1〔其二十三 黿湖〕　357

원호에서 2〔其二十四〕　358

원호에서 3〔其二十五〕　359

원호에서 4〔其二十六〕　360

문천의 아전촌에서 1〔其二十七 文川吏村〕　361

문천의 아전촌에서 2〔其二十八〕　362

마랑도에서 1〔其二十九 馬廊島〕　363

마랑도에서 2〔其三十〕　364

정평에서 1〔其三十一 定平〕　365

정평에서 2〔其三十二〕 366

정평에서 3〔其三十三〕 367

정평에서 4〔其三十四〕 368

정평에서 5〔其三十五〕 369

정평에서 6〔其三十六〕 370

석왕사에서〔其三十七 釋王寺〕 371

황초령에서 1〔其三十八 黃草嶺〕 372

황초령에서 2〔其三十九〕 373

황초령에서 3〔其四十〕 374

황초령에서 4〔其四十一〕 375

원주령에서 1〔其四十二 原州嶺〕 376

원주령에서 2〔其四十三〕 377

대원주에서〔其四十四 大原州〕 378

대라신동에서 1〔其四十五 大羅信洞江州界〕 379

대라신동에서 2〔其四十六〕 380

대라신동에서 3〔其四十七〕 381

구파에서 1〔其四十八 舊坡〕 382

구파에서 2〔其四十九〕 383

구파에서 3〔其五十〕 384

구파에서 4〔其五十一〕 385

구파에서 5〔其五十二〕 386

장령 위에서 연지봉을 바라보며〔其五十三 長嶺嶺上 望見臙脂峯〕 387

무산령 어귀에서〔其五十四 茂山嶺口〕 388

혜산령에서 1〔其五十五 惠山嶺〕 389

혜산령에서 2〔其五十六〕 390

오매강에서〔其五十七 烏梅江〕 391

지주천에서 1〔其五十八 蜘蛛遷〕 392

지주천에서 2〔其五十九〕 393

신선 바위에서〔其六十 仙巖〕 394
수측에서〔其六十一 水測〕 395
사발곶이에서〔其六十二 沙鉢串〕 396
명당곶이에서 1〔其六十三 明堂串〕 397
명당곶이에서 2〔其六十四〕 398
전장평에서〔其六十五 戰場坪〕 399
은광에서 1〔其六十六 銀礦〕 400
은광에서 2〔其六十七〕 401
은광에서 3〔其六十八〕 402
은광에서 4〔其六十九〕 403
길주에서〔其七十 吉州〕 404
칠보산에서 1〔其七十一 七寶山〕 405
칠보산에서 2〔其七十二〕 406
칠보산에서 3〔其七十三〕 407
회령에서〔其七十五 會寧〕 408
칠리탄에서 1〔其七十六 七里灘〕 409
칠리탄에서 2〔其七十七〕 410
칠리탄에서 3〔其七十八〕 411
부계에서 1〔其七十九 涪溪〕 412
부계에서 2〔其八十〕 413
부계에서 3〔其八十一〕 414
휘흠총에서〔其八十三 徽欽塚〕 415
미인어〔其八十四 美人魚〕 416
팔지못에서〔其八十六 八池〕 417
조산진에서〔其九十一 造山〕 418
슬해에서〔其九十二 瑟海〕 419
마운령에서〔其九十七 摩雲嶺〕 420
신판에서 이숙령으로 가며〔其九十八 自新坂至李淑嶺〕 421

이숙령에서〔其九十九 李淑嶺〕 422
보리판에서〔其百 菩提坂〕 423

압록강 물 넘실넘실 흐르누나

삼월 보름날 유란동에서〔暮春望日賞幽蘭洞〕 427
강 달〔江月〕 429
기러기 소리를 듣고서〔聞鴈〕 430
단원의 그림 네 폭에 쓰노라〔題檀園畵四幅〕 431
송도에서〔松都〕 433
연광정에서〔練光亭〕 435
부벽루에서〔浮碧樓〕 436
가산 길에서〔嘉山途中〕 437
망신루에서〔望宸樓 次板韻〕 438
중사대에서〔中獅臺〕 440
곳간산에서〔上庫〕 441
박연폭포에서〔朴淵〕 443
서굴에서〔西窟〕 445
함관령에서 교군꾼에게〔咸關嶺贈輿夫〕 450
약산을 찾는 길에서〔將遊藥山出城作〕 452
송도 만월대에서〔過松京 登滿月臺〕 454
백마성에서〔白馬城〕 455
압록강을 건너며〔渡鴨江〕 457
관문을 나서면서〔出關〕 458
야경꾼〔擊柝行〕 459

동쪽 나라 우리 땅은 극락 정토

한산섬에서〔閒山島〕 465
권율 장군 무덤에서〔權都元帥墓〕 466
남한산성에서〔南漢〕 467
송도를 지나면서 만월대에 올라〔過松京 登滿月臺〕 468
송도 남루의 옛 종〔松京南樓古鐘〕 469
심하에서〔深河〕 470
송도로 가는 길에서〔松京道中雜咏〕 472
비봉에서〔碑峰〕 474
정주성 다락에 올라서〔登定州城樓〕 476
정주성을 다시 지나면서〔再過〕 478
정주성을 세 번째 지나면서〔三過〕 480
변방을 순시하는 길에서〔巡邊道中作〕 482
좌채에 들러서〔入左寨〕 484
대라신동에서〔到大羅信峒〕 486
좌채에서〔余在左寨 作文告示彼人 聞近漸退歸 喜賦此詩〕 488
자성에서 홍이지에게〔行到慈城 洪老履祉以詩來迎 遂和其韻〕 490
묘향산에서〔入香山〕 491
변방의 노래〔塞下曲〕 492
책으로 성을 쌓아〔書城〕 493
흥천사 옛 종의 노래〔興天寺古鍾歌〕 494
장경각에서〔藏經閣〕 498
김 각간의 무덤〔角干墓〕 500
돌빙고에서〔石氷庫〕 501
첨성대에서〔瞻星臺〕 502
임경업 장군의 칼 노래〔林將軍小刀歌〕 503
명나라 실록의 노래〔皇明實錄歌〕 507

힘 장사 검 도령을 장자방과 같이 진나라에 들여보내노라
  〔送力士與子房入秦〕 513

세상에서 나를 사랑하는 이

이 대아에게〔和李大雅〕 521
묵죽을 준 윤중에게〔允中餽墨竹詩以爲謝〕 523
은경의 시고 뒤에 쓰노라〔書殷卿詩稿後〕 524
정하원에게〔贈鄭生夏園芝潤〕 525
평양에서 추사, 산천 두 분과 더불어
  〔秋史山泉兩公歸覲浿上 邀余共賦〕 526
벗들과 절에서 노닐며〔邀同社遊山寺〕 528
청주에서〔淸州〕 530
수암의 초당에서〔題壽巖金山人旭幽居〕 531
강문로에게〔和姜辣菴文老寄示〕 532
유연정에게〔劉燕亭給事喜海〕 533
의정에게〔毅亭置酒書室 邀雨辰厚齋及余 酒中共觀藏書〕 535
두류산 중을 금강산으로 보내면서〔送頭流僧入金剛〕 538
중 학순에게〔贈學醇〕 540
박제가의 죽음을 슬퍼하며〔哭朴楚亭齊家〕 543
유곡 선생의 죽음을 슬퍼하며〔哭柳谷丈人〕 546
국은 선생 옛집에서〔麴隱故居〕 548
설미춘雪米春 549
아홉 노래〔九歌〕 550

나는 대붕새를 부러워 않노라

호남의 시인 유윤오〔允五詩序〕 565
백아를 꿈꾸는 시인 이정직〔李伯相廷稷天籟詩序〕 567
나는 대붕새를 부러워 않노라〔一枝棲記〕 569
경원 선생 자서전〔經畹先生自傳〕 571
나의 시를 알아준 그대에게〔與朴生〕 574
온양 온천을 찾아서〔溫井記〕 576
쇠를 먹는 불가설〔不可說說〕 580
솔 화분 파는 자를 보고〔賣盆松者說〕 582

부록

- 조수삼 연보　587
- 조수삼 작품에 대하여－박윤원, 박세영　591
- 원문　601
- 원래 제목으로 찾아보기　609

원문 차례

秋齋紀異 幷序　601　　　經畹先生自傳　604
北行百絶 幷序　601　　　與朴生　604
允五詩序　602　　　　　　溫井記　605
李伯相廷稷天籟詩序　603　不可說說　606
一枝棲記　603　　　　　　賣盆松者說　607

■ 일러두기

1. 《이야기책 읽어 주는 노인》은 북의 문예 출판사에서 1992년에 펴낸 《조수삼 리상적 작품집》에서 조수삼의 작품만을 가려 보리 출판사가 다시 펴내는 것이다.
    시와 산문을 갈래지어서 아홉 개 부로 나눴고, 부의 제목들은 보리 편집부가 달았다.
    작가 연보는 남의 학문 성과를 바탕으로 보리 편집부가 썼다.

2. 맞춤법과 띄어쓰기는 '한글 맞춤법'을 따랐다.
    ㄱ. 한자어들은 두음법칙을 적용했고, 단모음으로 적은 '계'나 '폐' 자를 '한글 맞춤법' 대로 했다.
        예 : 넘원→염원, 란간→난간, 페하다→폐하다

    ㄴ. 'ㅣ' 모음동화, 사이시옷, 된소리 따위의 표기도 '한글 맞춤법' 대로 했다.
        예 : 깨여나다→깨어나다, 바줄→밧줄, 지게군→지게꾼

3. 남에서는 흔히 쓰지 않는 표현이지만, 북에서 흔히 쓰는 입말들은 다 살려 두어 우리 말의 풍부한 모습을 살필 수 있게 했다.
    예 : 닭울녘, 마가을, 마냥(조사), 밈통, 버치, 보암직하다, 수놓이, 지지벌겋다

4. 《추재집》에 본디부터 있던 주석은 '■' 한 가지로 표시했고, 문예 출판사가 달아 놓은 주석은 번호 순서를 주었다.

내 가진 것은

내 가진 것은 만 권의 서책
책이 어데 있느냐고 손이 묻길래
하하하 웃으며 나의 배를 가리켰더라
손이 믿지 않을까 저어하여
줄줄 외어 보이는데 흡사 방죽 터진 듯

학을 노래하노라

머리는 복숭아꽃 빛을 앗은 듯
꼬리는 왕희지의 먹물에 젖은 듯
오동나무에 부슬부슬 비 내리는데
한 발 걷어 올리고 봉래산을 꿈꾸누나.

詠鶴

頭奪桃花色　尾濕羲之墨
梧桐蕭蕭雨　捲足夢蓬來

■ 1769년, 여덟 살에 지은 시다.

내 가진 것은 한 틀의 수레

내 가진 것은 한 틀의 수레
수레바퀴 통에 어서 기름을 치자.
남으로 멍에 끌어 교지 나라에도 가고
북으로 바퀴 굴려 북쪽 사막에도 가 보자.

가고 가고 또 가다 수레가 중도에 멎으니
앞길이 갈렸구나 길고 넓은 길 아득도 해라.
네가 나가지 못하고 머뭇거렸으니
세상에 떨쳐나설 담력이 없음이라.

짧은 걸음 종종거려 달리고 달렸건만
세월은 하도 빨라 너를 두고 먼저 갔구나.
갈 길은 멀고 먼데 해는 저물었으니
집으로 돌아가리라 방에 가서 누우리라.

我有 一

我有一輛車　星言命指犇
南轅指交趾　北轍視窮髮
行行止中程　路岐相轇轕
匪予故徘徊　所嚮無莊達
逸足徒跮踱　奔光漫推奪
道遠日云暮　歸哉臥房闥

내 가진 것은 두 이랑 밭

내 가진 것은 두 이랑 밭
가슴 아래에 마음 밭을 부쳤네.
청춘 시절 봄날에 씨앗 심어 놓고
호미질 부지런히 잠시도 안 멈춰.

그 곡식 자라면 거의 채롱을 채울 듯
좋은 싹 움씰움씰 줌에도 넘치네.
뜻밖에 가물 들어 움 마르고 싹 마르니
괴롭게도 기다리지 단비 뿌려 주기를.

말라 드는 이 곡식 어이하면 좋으랴
비에 주린 이 가슴 애가 타누나.
마르고 쪼든 이랑 이제 다시 푸른대도
어느덧 가을 서리 들판을 덮으리니.

我有 二

我有二頃田　寄在丹邱下
靑春種粒粟　鉏犂不暫捨
嘉谷庶滿簞　良苗已盈把
遭値久熯乾　苦無甘雨灑
念彼枯槁物　奈玆顧領者
荒疇縱再綠　秋霜被四野

내 가진 것은 석 잔 술

내 가진 것은 석 잔 술
잠깐 새 화기 돌아 먼 옛날을 굽어보노라.
한 잔 마시매 기운이 솟고
두 잔 마시매 천품이 온전해지네.

화평한 기분은 병을 물리치고
어진 사람은 기쁨과 노여움을 잊노라.
봄바람 부는 삼사월 꽃 시절
만호 장안 거리에 꽃잎 날려 안개인 듯

백성이 화락하여 즐거움도 하 많아서
태평세월 이제 다시 만난 듯
집 안에서 취했다 노래 부를 내 아니니
석 잔 술 다 마시고 남기지는 않으리라.

我有 三

我有三杯酒　盎然寓邃古
一酌舒氣道　再飲完天賦
太和遣疾病　至人忘喜怒
春風二月時　烟花擁萬戶
熙皞樂未央　勖華如復覯
于室戒酗歌　不敢畢餘數

내 가진 것은 네 다리 바둑판

내 가진 것은 네 다리 바둑판
진 치고 싸우는 법 여기에서 본다네.
이기느냐 지느냐 양편이 속 태우지만
죽고 삶이 한갓 손가락 끝에 달렸네.

젊어서 손무와 오기[1]의 병서도 본 적 있어
싸움의 공방 전술 그 이치를 알지마는
생각하면 이 놀음도 남을 이기려 함이니
그 속에서 화단이 일어남을 보겠네.

번거로운 다툼질을 한번 끝내고 보면
처음과 다름없이 싱거움기 그지없네.
이 놀음 애당초에 그만둠이 점잖으니
나 역시 물러나서 팔짱 끼고 보기나 하려네.

---

1) 손무孫武와 오기吳起는 춘추전국시대 전략가로서 병서를 쓴 사람들이다.

我有 四

我有四脚局　戰陳觀乎此
勝敗兩朽心　殺活一彈指
少讀孫吳書　粗窺奇正理
不過爭人先　禍端從中起
紛紜一掃後　寥寥返太始
不着信爲高　余亦袖手子

내 가진 것은 오색 붓

내 가진 것은 오색 붓 한 자루
꿈속에서 얻은 신기한 붓이어라.
붓 끝은 봉황새 털이라 먹물을 토하고
붓대는 옥을 박은 듯 오색이 빛나네.

비록 일품 장지 없지마는
그림 글씨 한가지로 정교하기 그지없네.
이 붓을 휘두른 지 마흔 해
손가락과 팔뚝에서 긴 바람이 일었더라.

소년 시절 빼어나서 소문도 났지마는
늙은 뒤엔 재주 하루하루 무뎌져서
밤새워도 그 솜씨 방불했건만
머리 빠진 이 늙은이 부끄럽게 되었어라.

我有 五

我有五色筆　得之夢寐中
鳳毛吐旖旎　雕管拈玲瓏
雖無剡天藻　模畫頗自工
揮灑四十載　指腕生長風
少年李太白　老後江文通
夜來又髼鬙　愧此禿頭翁

내 가진 것은 여섯 줄 거문고

내 가진 것은 여섯 줄 거문고
동해 바다 물결 소리 일으켜라.
다섯 줄은 조금 적은 줄로 알겠고
일곱 줄은 많아서 여섯 줄을 매었더라.

율려[1]도 여섯이니 곡조에도 걸맞지만
생김새 꾸밈도 우리 나라 본색에 알맞더라.
손가락 끝에서 솔바람이 일어나고
악곡 속에 태평가가 섞였더라.

이 자리 저 자리 내 노래 아는 이 없어
한 곡조 타고 나자 눈물이 절로 나누나.
옥으로 만든 기러기발 버리기도 아쉽거니
이따금 손으로 어루만져 눈물겨워하노라.

---

1) 율려는 육률六律과 육려六呂니, 육률은 양성陽聲에 붙은 여섯 가지 소리고, 육려는 음성陰聲에 붙은 여섯 가지 소리를 일컫는다.

我有 六

我有六弦琴　被以東海波
五絃差覺少　七絃頗爲多
在數叶聲律　於製得中和
指端發松風　曲中凝薰歌
四座無知音　奏罷涕滂沱
不如去瑤徽　時時手自摩

내 가진 것은 일곱 자 검

내 가진 것은 일곱 자 검
물가에서 뛰쳐나온 용천검이라.
무엇이나 찍어 내면 흔적 없이 베어지고
사람에게 비치면은 그 마음 먼저 죽느니라.

이 검 불릴 적에 여간 힘이 아니 들어
야장군 눈물 머금고 그 아들 버렸다지.
간고할손 검 만들기 이렇게 불린 검이
그 아니 귀하련가 천금 가는 보배로다.

썩은 선비란 본시 졸장부라
이 검 들고 호통 치면 놀라 어쩔 줄 모르리.
지난 세월 백 년 동안 두우성 사이에
붉은 광채 이제야 제자리를 찾았어라.

我有 七

我有七尺劍　躍出延津水
向物跡不留　照人心先死
尙聞鑄成初　吳匠棄愛子
非直千金重　若寶艱如此
豎儒本無用　吼嘯竊驚視
百年斗牛間　有氣凝夜紫

내 가진 것은 여덟 첩 병풍

내 가진 것은 여덟 첩 병풍
여기에 그린 것은 누구의 그림인가.
그 솜씨 뛰어나서 신묘한 경치 안겨 오고
흰 비단에 묻힌 빛깔 광채도 아롱졌네.

이것을 세우면 안팎이 갈리고
문가에 둘러치면 바람도 막아 내거니
내 집 초가 안엔 과분한 듯하길래
귀한 손에게 드려 볼까 하지만

그러하기도 어려워 마음속으로 망설이는데
날이 가고 달이 가서 뜻대로 되지 않네.
두어라 이 병풍을 다시는 치지 않고
멀리 얹어 놓고 바라만 보리라.

我有 八

我有八疊屛　畵者閻與王
丹靑入神妙　縑素生輝光
密勿限內外　週遭防風霜
不合茅茨下　欲獻君子堂
所懼蔽前路　歲暮徒彷徨
棄置勿復設　與子遙相望

내 가진 것은 아홉 송이 지초

내 가진 것은 아홉 송이 지초
송이마다 크기가 손바닥만 한데
밑으로 받친 것은 흰 구슬 소반이요
위에 덮은 것은 붉은 구름 일산이라.

신령한 이 약초 첫째로 꼽히며
상서로운 그 기상은 태평세월에 알맞아라.
화단이나 뜨락에는 나지 못하고
어찌하여 이 약초는 울타리 밖에 나는고.

세상 사람 약초를 넓게 알지 못하여
밟고 다니면서 버섯이나 쑥같이 여기더라.
귀한 약초 이것은 항시 나는 것 아니거니
여보소 벗님네들 그림으로나 그려 두소.

我有 九

我有九房芝　房房如掌大
下有白璧盤　上有紫雲蓋
靈藥選上品　嘉瑞符盛會
不生階庭內　胡在門屛外
路人鮮博識　蹴踏同菌艾
此物不常出　請君作圖繪

내 가진 것은 열 폭 이불

내 가진 것은 열 폭 이불
어머님이 생전에 만들어 주셨다네.
어진 벗은 이 이불 속으로 모여들고
차고 거친 모든 것이 따사로이 덥혀진다네.

이 이불을 같이하여 형제로 사귀며
한 가족 한 식구로 고락을 나눈다네.
내 머리 세도록 옳은 도리 못 지켰으니
이 마음 비고 비어 허전하기 그지없네.

내 마음 아는 이가 어찌 없으랴마는
세월이 덧없어서 모두가 흩어지고 말았네.
어머님이 남긴 뜻을 지금도 지키지 못하여
남몰래 눈물 흘려 어느 때나 마르지 않네.

我有 十

我有十幅被　慈母在時作
良朋納四方　厚德薰涼薄
同袍使臥起　剪髮供杯酌
白首未聞道　空空尙如昨
豈無會心子　歲月歎離索
遺志不克承　淚血何時涸

내 가진 것은 백 번 닦은 거울

내 가진 것은 백 번 닦은 거울
황금으로 부은 데다 옥으로 코를 내었지.
어찌 얼굴 보고 귀밑만을 비추랴
허파와 심장 온 가슴을 비춘다네.

선하고 악한 것도 놓치지 않거니와
곱고 미운 것도 빠짐없이 갈라내니
이 거울 내가 지녀 내 가슴 비출 뿐
남에게 빌려 주어 그 허물 보라지는 않으리.

내 아노니 예부터 알려진 이
총명하다 일렀건만 그 역시 허물은 있는 법
밝은 태양 하늘 한가운데 떠 있지만
가다가는 구름 안개 가릴 때도 있는 것을.

我有 十一

我有百鍊鏡　玉鼻黃金鑄
那止見顔鬢　亦能洞肺腑
善惡不容逃　姸媸何足數
不敢向君開　持自照心素
借問古來人　幾爲聰明誤
白日在中天　時或蔽雲霧

내 가진 것은 천 년 묵은 소나무

내 가진 것은 천 년 묵은 소나무
그 높이로 말한다면 말할 수 없어라.
밑가지는 조래산¹⁾을 덮었고
윗가지는 곤륜산 가린다.

난새 봉황새 그 이마에 둥지 틀고
용이나 뱀은 그 뿌리에 서리더라.
우습구나 대들보 너는 자랑을 마라
여덟 자나 한 길쯤으론 우리 소나무와 견주지 못하리.

목수들은 날마다 도끼를 메고 와서
겨우 찍어 가는 건 밑가지 한두 개라.
소나무 하도 커서 옹근 그루는 쓸 데가 없는가
적막하니 홀로 동산 언덕에 서 있더라.

---

1) 중국의 산 이름으로, 재목이 될 만한 나무들이 많이 자라는 큰 산을 뜻하기도 한다.

我有 十二

我有千歲松　其高不可言
下枝覆徂徠　上枝拂崑崙
鸞鳳巢其巔　龍蛇蟠其根
咲彼棟樑姿　不過尋丈論
匠石操斧柯　日求諸兒孫
物鉅獨無用　寂寞臥邱園

내 가진 것은 만 권의 서책

내 가진 것은 만 권의 서책
상아로 표제하고 옥으로 축심 만들었네.
공자와 주공이 짓고
안자나 증자가 즐겨 읽던 것.

갠 날 햇빛 아래 남쪽 추녀 밑에서
가만히 엎드려 볕 쪼임도 즐겼더라.
책이 어데 있느냐고 손이 묻길래
하하하 웃으며 나의 배를 가리켰더라.

손이 믿지 않을까 저어하여
줄줄 외어 보이는데 흡사 방죽 터진 듯.
내 많은 책 가지고도 굶주림 겨우 면하니
곡식 섬 쌓은 이들 나를 두고 웃으리라.

我有 十三

我有萬卷書　牙籤與玉軸
孔周之述撰　顔曾所耽讀
晴日南榮下　薄言臥而曝
客問書何在　大笑指余腹
復恐不相信　試誦懸河瀆
雖然足救飢　曷如盈囊穀

밤에 앉아서

홀로 앉았노라니 더위도 가시는데
오늘따라 달도 더 밝아라.
무너진 담장엔 장마가 깊은 듯
촛불을 돋우니 벌레 소리 요란해라.
병을 조심하여 술을 알맞추 마시고
솟는 정을 잊으려 시를 불사르노라.
어지러운 세상 생각 스스로 끊어 버렸으나
나 홀로 청백함을 좋아해서는 아니로다.

夜坐

獨坐宜消暑　今宵又月明
壞墻深雨色　高獨聚蟲聲
節飮緣調病　焚詩欲忘情
自然塵想絶　非是喜孤淸

술잔의 물결

한 잔의 봄 물결을 손바닥 위에서 보거니
동동 뜬 술개미 향기 늦바람에 잔잔하구나.
말긋말긋 푸른 유리잔에 잠깐 출렁이고
남실남실 싸늘한 호박잔에도 가볍게 흔들려라.
부서지는 달빛은 진정하기 어려운데
꽃 그림자 묘하건만 그대로 보이지 않아라.
백파삼백[1]을 쉽사리 얻었는데
오늘 밤 술이사 유달리 많아라.

杯波

一勻春漪掌上看　蟻香浮動晚風殘
粼粼乍漾琉璃碧　纈纈輕搖琥珀寒
細碎月光難自定　巧傳花影未成團
百坡三白都容得　酒海今宵特地寬

---

1) 삼백三白은 술의 원료로 밀의 별칭이고, 백파百坡도 그런 종류인 듯하다.

집을 옮기고서

산 멀고 물 가깝다 논하지 말자
문을 닫음은 흉금을 벼리고 다지는 것.
구름과 흙을 두루 밟다가
마침내 집을 옮겨 여기 왔노라.

꽃과 열매 오래도록 보았지만
필경은 뿌리가 제일일시고.
띠풀이 넉넉히 바람비를 가리고
거문고와 서책들 자손에게 전해지리.
양웅의 삼만 자[1]를 오래도록 알았는데
찾아와 묻는 이 없어 나 역시 잊었도다.

    *

첫 마을 찾아드니 동리 이름 향교란다.

---

1) 양웅揚雄은 한나라 때 문학가이자 철학자다. 《논어》와 《주역》에 버금가는 책을 저술하겠다는 포부를 가지고 《법언法言》, 《태현太玄》 등을 썼다. 여기서 '삼만 자'는 이러한 양웅의 모든 저술을 가리키는 말이다.

선비 집은 뵈지 않고
저자의 티끌만 보이누나.
두려운 것은 어린애들 바깥 장난이어라.
밖에는 나가지 말라 하고
집안에서 글과 예절을 가르칠 뿐.

　　　*

향교동 앞으로 저잣길 가로 놓였는데
저자 옆에서 한두 푼에 다투며
날마다 쌈질이네.
지금 사람들이란
예전의 아름다움 다 짓밟았거니
너는 구지레한 것에 마음 두지만
나는 이 향교동 이름을 따라왔다네.

　　　*

향교동 가운데를 거닐어 보노라니
푸주집과 가게가 아침부터 열리어라.
두어 칸 초가집 들려오는 글소리
여기 세상에 쓰이지 못하는
한 수재가 있구나.

移居 四首

遙山近水不須論　陶寫胸襟即閉門
徧踏雲泥方斂跡　歷觀華實竟歸根
茆茨足以蔽風雨　琴籍終當傳子孫
久識楊雄三萬字　客無來問亦忘言
　　　　＊
坊名鄉校始遷鄰　不見儒宮見市塵
恐使稚兒出門戲　講筵樽俎室中陳
　　　　＊
鄉校坊前市路橫　刀錐閧左日紛爭
今人盡墜前人美　爾厭秋卑我愛名
　　　　＊
鄉校坊中去復回　屠門沽肆趁朝開
數間破屋書聲裏　只有迂疎一秀才

백상이 왔기에

나 죽어서 백 년 뒤면
숨은 선비들의 전기와
유림의 전기에서나
나의 이름 찾을 것이라.
북쪽 대궐에 글을 올려
도리를 의논하였건만
그림 같은 남산만 마주하고
문을 굳게 닫았도다.

술을 가지고 그대 찾아왔으니
반갑기 그지없구나.
거문고에 줄은 없을망정
본래의 마음을 보겠도다.

십 년을 하루같이
칼을 갈듯 포부를 벼리는데
칼집 속에선 속절없이
노룡음[1]만 내는도다.

伯相至

逸民傳後傳儒林　百歲吾名兩處尋
北闕上書論道倦　南山如畵閉門深
客來載酒逢靑眼　琴畜無絃見素心
最是十年懸一劍　匣中空作老龍吟

1) 《습유기拾遺記》에서 나온 말이다. 전욱顓頊에게는 예영曳影이라는 칼이 있는데, 만일 병란이 있으면 이 칼이 일어나서 그 방향을 가리키며 늙은 용의 울음소리를 내는바, 그 방향으로 공격하면 이긴다는 전설이 있다.

몽당붓

긴 칼은 아니로되
구름을 시원히 쓸어 버리네.
팔 분쯤 획을 그어도
서 푼은 될지니라.
중서령[1]의 짧은 터럭을
웃지들 마시라.
오히려 속마음은 살아서
나라에 보답함 있으리니.

禿筆

非復長鋒快掃雲　八分模劃作三分
中書短髮休相笑　猶有寸心能報君

---

1) 중서령은 벼슬 이름인 동시에 붓의 별칭으로, 한유韓愈의 '모영전毛穎傳'에서 나온 말이다.

동야가 연어 알을 주기에

서울에선 반찬으로
연어 알이 제일이라
시월이면 동호에선
값을 다투지 않는다네.
회를 치면 붉은 눈송이
송이송이 떨어지고
알집이 터지면
붉은 구슬이 알알이 구르는 듯.
자세히 보면 소반에서
불이 이글거리나 의심이 나고
가벼이 건드리면 젓가락에서
연기 나는가 겁이 나네.
애오라지 오늘 밤에는
자루 긴 구리 작살 들고
노 젓는 꿈을 꾸겠구나.

東野餽傳子鰱報以長律

食品京華重子鰱　東湖十月不論錢
鱠殘絳雪霏霏落　胎破丹珠顆顆圓
細看尙疑盤迸火　輕挑先怯筯生烟
聊知一枕今宵夢　長柄銅叉短櫂船

백상에게 화답하노라

하늘땅 헤아리기엔 외간방도 넉넉하고
머리가 세도록 선비 노릇 했네.
집에사 좋은 참대가 많아
누구나 피리를 불 수 있고
손에게 기이한 책이 있기에
나도 빌려서 보누나.

새 놀음¹⁾으로 섭생을 하니
얼마만큼 몸도 튼튼해
덕석으로 해를 보냈으나
추운 줄 몰라라.
명년 봄에 꽃과 새가 찾아 준다면
금강산 제일봉에 있는 줄 알렴.

---

1) 몸을 튼튼히 하는 유희의 일종. 중국의 전설적인 명의 화타華陀가 만들었다고 하는 건강 체조인데, 새를 비롯한 동물들의 동작을 본떠 만들었다고 한다.

和伯相

天地思量斗室寬　白頭寥落負儒冠
家多好竹容人嘯　客有奇書借我看
禽戲攝生差可健　牛衣卒歲未全寒
明春花鳥如相訪　知在金剛第一巒

산속에서

벌레 소리 새 소리는 피리와 거문고를 듣는 듯
산과 물은 한 폭의 그림을 보는 듯
한 권의 당당한 이내 시집 있으나
알아주는 사람 없구나.

*

바위 사이 샘물터 적적한 초가집에
떨어지는 매화꽃 비 오듯 하누나.
주인은 늦도록 돌아오지 않았는데
옹송그린 까치가 지게문을 엿보네.

*

살려는 뜻이 있어 자라는 풀 보았고
죽이려는 뜻 버리려 바둑판을 밀어 놓았네.
이즘에 와선 내 몸에 병이란 없으니
얼굴과 머리칼이 날마다 빛나네.

*

관동에서 손님이 왔는데
산천 풍경이 가슴에 가득 찼네.
서로 만나 처음 묻는 말
모두가 청산 이야기여라.

*

흰 구름이 발아래 있으니
그 누가 또 오가는지 어이 볼 수 있으랴.
세상을 피해 사는 것 아니라
집이 본래 산중에 있음이라.

*

산봉우리 달빛이 촛불처럼 환한데
시냇가 흰 눈은 고기비늘처럼 반짝이네.
머리를 숙이나 우러르나 내 마음속엔
한 점 티끌도 볼 수 없구나.

*

책상머리에서 붓 던지고 일어나

안방으로 들어가며 처자에게 일렀네.
《종저방》[1] 한 책을 다 베껴 놓았거니
다음 해엔 모두 배불러 죽을 지경일 게라고.

*

안해는 밤낮으로 길쌈 일 바쁘고
애들도 채마밭에 물을 주는데
나는 당나라 사람 동고자[2]처럼
문을 닫고 글만 쓰노라.

*

내가 쓴 글 이미 서른 편인데
세상의 속된 티가 조금도 없다네.
남들에게 빌려 주지도 보이지도 않으며
때때로 이 몸을 스스로 위로한다네.

*

사십 평생 고칠 것 고치었고

---

1) 《종저방種藷方》은 고구마를 심고 가꾸는 방법을 서술한 책인데, 저자는 알려지지 않았다.
2) 왕적王績의 호인데 《동고자집東皐子集》 세 권이 있다.

삼여[3]에 글공부도 부지런히 하였네.
자상히 가르친 옛날의 선배들이
나로 하여금 무식을 면케 하였네.

山中謾詠　十首

絲管聆蟲鳥　繢圖觀山水
一卷秋齋詩　高處在沒字
　　＊
寂寂磵邊廬　梅花落如雨
主人晚未歸　凍鵲來窺戶
　　＊
學草存生意　推枰棄殺機
近來無疾病　顔髮日光輝
　　＊
有客白東關　烟霞籠肺肝
相逢試相問　口口吐青山
　　＊
白雲在履下　誰復見行蹤
非關逃世志　家本住中峰

---

[3] 삼여三餘는, 겨울은 해의 남은 것이요, 밤은 낮의 남은 것이요, 비 오는 날은 갠 날의 남은 것인데, 이 세 가지 여가를 의미한다.

*
峰月皎於燭　溪雪動鱗鱗
俛仰吾心地　都無一點塵
*
床頭投筆起　入屋告妻子
抄盡種藷方　明年飽欲死
*
妻常分績火　兒解灌園蔬
我似東皐子　閉門惟著書
*
吾書三十篇　絶無烟火氣
不復借人看　時時聊自慰
*
四十行年改　三餘坐讀勤
諄諄子思子　令我免無聞

거문고 소리를 들으며

소리는 들리건만 보이지 않는 거문고
지척에 눈이 쌓인 듯 깊숙이 울려오네.
봉지[1]에서 두 손이 잽싸게 넘놀고
둥기동 소리에 속마음이 보이누나.
나는 언제까지라도 듣고 싶어
고기 맛을 잊을 지경이니
그대는 어디에서
맑은 그 소리를 얻었는가.
곡조는 마쳤건만
헤아릴 수 없는 뜻은
청산이 첩첩 막히고
바다가 천 길로 깊은 듯하구나.

---

1) 봉지鳳池는 옛날 악기인 금琴에 있는 구멍을 가리키는 말인데, 여기서는 거문고를 뜻한다.

聽琴

只聞琴語未看琴　咫尺凝雪滿坐深
池頭活活遊雙手　空外冷冷見寸心
余欲經時忘肉味　公從何處得清音
最是曲終無恨意　青山萬疊海千尋

가야금

딩당궁 솔숲에 바람이 풍기는 듯
둥기당 바위 위에 낙수가 떨어지는 듯
손가락 끝에서 울리는가
줄에서 튕겨 나오는가.
신선도 날개 편 채 그 소리 엿듣고
흰 구름도 고개 넘다 멈춰 섰구나.

伽倻琴銘

泠泠松風之灑
淙淙石溜之瀉
有非出於指出於弦者
吾知其得之乎翩飛仙而不及
仰見白雲過嶺時也

조카 용에게

위로 모신 아버지 그 나이 예순인데
네 궁한 살림 꾸어 먹을 길마저 끊기어
몇 날 기다려 겨우 쌀겨나 먹고
문을 나설 제면 패랭이도 없지.

어머니는 허약하여 병든 지 오래였으니
때로는 평상에 실어서 옮기곤 하였더라.
가난에도 너의 성품 언제나 변함없어
살뜰히 돌보며 공경을 다했건만

너는 마침내 어머니 상사당하여
거적자리 위에서 자식의 효성 다했더라.
이렇듯 몸을 다 바치는 날에
솥이며 방아마저 팔아야 하는구나.

궁한 마을 쓸쓸한 가운데
너의 집이 네댓 칸 있지만
긴긴 여름 육칠월에

띠풀 이엉도 비바람에 바스러지고

빗물 새는 모양은 폭포라도 달아 놓은 듯
헌 우산 같은 것도 받을 게 없구나.
연약한 안해와 어린 동생이
쓰러져 누웠는데 낯빛이 해쓱하구나.

머리를 들어라 네 부끄러울 것 무어랴.
네 걱정에 내가 견디기 어려워
다만 하늘 개기를 바라고 있으니
못났구나 이 삼촌 참으로 어리석구나.

榕也

仲氏年耆艾　榕也乏貲貸
并日始糠籺　出門無襪襪
阿嫂病癰痁　牀第淹時載
貧不奪至性　將護克敬愛
竟汝遭憫凶　煢煢在苫出
自盡固如是　隽賈及鼎礁
有屋四五間　蕭瑟窮巷內
長夏六七月　茅茨風雨碎
屋漏如懸瀑　弊傘那可戴

弱妻與幼弟　僵臥顏色枯
俛仰汝無愧　疚念吾不耐
癡叔眞癡絶　只祝晴天對

병자년 생일날에[1]

내 나이 열다섯 스무 살 그때에는
양친을 다 모셨으나 지금은 자모뿐일세.
삼형제 중에서 내가 막내인데
게다가 어려서는 병도 많아 응석받이였네.

*

칠월에도 열엿새가 내 생일이라
철 음식과 철 과실을 즐비하게 벌여 놨었지.
수박과 참배도 큰 소반 사이에 놓였고
샘물에 채웠던 수정과와 화채도 받쳐 있었네.

*

가슴에 더져 입으로 받는 놀음놀이
재미있는 맛 속마음 웃기었건만

---

1) 이 시는 조수삼이 쉰다섯 살 되던 1816년에 쓴 것이다.

머리가 희도록 속절없이 떠다니니
오늘의 이 몸은 더없이 외로운 듯.
  *

재앙과 환란이 상기도 그치지 않아
두 형은 이미 죽고 한 누이 병들었나니
슬프다 내가 태어남이 왜 이리 늦었던고.
생일 성찬 마주하여 눈물겨워하노라.

丙子初度　四首

我年十五二十時　堂有兩親親止慈
兄弟三人我最少　少多疾病尤憐之
 *
七月十六我生日　時食時菓羅比櫛
氷苽雪梨間雕盤　寒具冷淘和刻密
 *
嬉戲投懷受口餔　融融至味通肝腑
白頭空作四方人　今日祇覺身孤露
 *
禍患年來況未竟　二兄俱亡一妹病
嗚呼我生良亦遲　當餐自然聲淚迸

기묘년 설날에[1]

목동이 갓 난 송아지를
쳐들어 보곤 하더니
이렇게 날마다 처드는 것 손에 익어 갔네.

송아지는 커서 큰 소 되고 목동은 장정 되어
지푸라기처럼 옛날같이 쳐들 수 있다네.

오랫동안 이 이치 들어서
혹시 그럴 성싶으니
물건이나 사람은
본시가 서로 하나인 법.

내 나이 오늘로 쉰여덟인데
세 손가락 곧추 세우면
큰 주먹도 꺾지 못한다네.

---

[1] 이 시는 조수삼이 쉰여덟 살 되던 1819년 설날에 쓴 것이다.

어제나 오늘, 새벽에도 저녁에도
작년이나 금년, 겨울이나 여름이나
사람들은 젊은 시절을 헛되이 보내면서
젊었느니 늙었느니 지금 와서 따지지.

어릴 적부터 몸을 키워 송아지를 쳐들었던들
큰 소를 들 수 있을 것인데
이제 와선 오히려 늙은 것만 자랑하누나.

애들은 범을 보아도 도무지 두렵지 않고
취한 사람은 수레에서 떨어져도
도리어 상하지 않는다네.

삼천 갑자나 팔백 년 살았다는
팽갱이나 이구[2]도
오히려 자기를 젊었다 믿었기 때문이네.

늙은이가 소년으로 돌아가는 법 새로 깨달았나니
산골에 사는 경원[3]은 식견 높다 하리로다.

---

2) 팽갱彭鏗은 일명 팽조彭祖라고도 하는데 팔백 년을 살았다고 전하며, 이구李駒는 즉 이팔백李八百인데 그가 일만팔천 살을 살았다는 전설이 있다.
3) 경원經畹은 조수삼의 또 다른 호다.

己卯元日試筆

牧兒手擧初生犢　犢身日與兒手熟
犢大爲牛兒成丁　草芥視之猶昔宿
久聞此論理或然　相忘物我全其天
吾年五十有八數　直竪三指開大拳
昨日今日一昏曙　今年昨年一寒署
空然捨去少壯時　日艾日耆今如許
百年一犢便坐忘　把弄枯槁生輝光
孩子見虎渾不畏　醉人墮車還無傷
甲子三千歲八百　彭鏗李駒拘形跡
却老還童悟新方　達哉經畹山中客

병으로 안해에게 머리를 빗겨 달라 청하며

서리에 눈 덮이고 이제 몇 올 안 남았네.
까만 머리 틀고 얹던 때 어제런 듯
거울 앞에 뺨 대고서 한번 웃어 보이며
대머리 늙은 영감 빗겨 달라 머리 안기네.

病中倩內子梳頭

舊霜新雪幾莖餘　猶憶靑絲結髮初
可與齊臺添一笑　禿翁頭倩禿婆梳

안해의 죽음을 슬퍼하며

몇 번이나 흙장구[1]를 쳤지만
노래는 나오지 않누나.
장자가 세상 이치 앎이 아니라
인정이 박하다 하리로다.

다른 날에 나 역시
같은 무덤으로 갈 터이나
처지가 바뀌었으면
자넨들 어찌 홀로 살라고 하였으랴.

밝은 달 아래
외로운 난새가 날아오르고
봄바람 부는데
짝 잃은 사슴이 밭을 가누나.

---

1) 장자莊子는 아내가 죽자 삶과 죽음은 다를 바 없다고 말하며 흙장구를 치면서 노래를 불렀다고 한다.

새벽녘에 우연히
집에 돌아오는 꿈 꾸었더니
옛 모양 그대로 중문 안에서
자네가 신을 거꾸로 신고 맞받아 나오더라.

悼亡

幾度叩盆歌不成　蒙莊非達薄於情
他年我亦同歸穴　易地君何認獨生
明月影孤鸞鏡舞　春風耦失鹿門耕
曉來偶得還家夢　依舊中畿倒屣迎

달 아래 손자 데리고 술 마시며

병석에 누운 사이 눈 내리고 추위 덜어
바라지 열어 놓고 달구경 하네.
말 배우는 손자 놈 자못 영리해
달이 우리 집에만 있는 줄로 알았지.

뜰에서 뛰놀며 달구경 하다가
내 수염 당기며 술을 권하네.
술잔을 바라보다 문득 외치기를
"이 달이 언제 할아버지 손 아래 떨어졌나요?"
들었던 잔 비우니 놀라 소리치기를
"달이 할아버지 입으로 들어갔네요."

목구멍 밑에서는 두꺼비가 움직이듯
가슴속에서는 별처럼 퍼지네.
손자 놈 밖에 나가 하늘의 달을 보고
"할아버지 언제 달을 토했나요?"

月下對酒 戲示小孫

病枕寒銷微雪後　臥看新月生虛牖
學語小孫性頗點　惧喜月獨吾家有
亂踏階庭如犬走　强挽翁鬚勸翁酒
側視杯中却叫奇　此月何時落翁手
杯乾擧白大驚呼　月輪盡入翁之口
喉下輪困伏蟾蜍　胸中錯落羅星斗
出門仰見月在天　更問翁乎吐月否

귀양 간 아들 검을 그리면서

— 아들 검이 귀양살이한 지 네 해 만에 나라에 경사가 있어 집안사람들은 검이 대사령으로 풀려 돌아오리라 짐작하고 사람을 시켜 맞아오게 하였다. 그런데 법관에게 억류되어, 맞으러 갔던 사람이 혼자 돌아왔다.

쓰라린 옥중 생활 삼 년을 지내고
산을 넘고 강을 건너 천리 길 걸었더라.
길손들도 너를 보고 눈물지으니
하물며 아비 된 이 가슴의 아픔이랴.

오늘의 대사령에 풀려 올 듯하였지만
내 이름에 연좌가 되었구나.
망망한 하늘땅에 다함없는 원한은
아이 낳아 놓자 떠나가는 어미 심정이라.

*

온 세상 만물은 봄을 맞았건만
응달진 벼랑 밑은 아직도 봄기운 모르더라.
고요[1] 같은 법관은 백성의 억울함 없앴고
밝은 임금 너그럽게 은혜를 베풀었다는데.

---

1) 고요皐陶는 중국의 전설적인 임금인 순舜의 어진 신하를 말한다.

사면령 내릴 때에는 기뻐서 뛰었으나
글월을 받아 보니 눈물만이 솟누나.
네 해 동안을 늑대 범의 굴에서
네가 살아 있는 것 오히려 괴이하다.

*

아들을 맞아 오려 사람을 보냈더니
아들은 아니 오고 저만 홀로 왔더라.
내 죽고 삶을 주관하는 권한 없나니
어찌 사람들을 원망하랴.

아 너와 더불어 만나자면
어느 때를 기다려야 하느냐.
저 두견새는 무슨 슬픔 있어
밤새도록 슬피 슬피 우짖는고.

檢子在謫四年[2]

楚獄三年繫　江潭千里行

猶堪路人泣　何況止慈情

[2] 이 시의 원래 제목은 '검자재적사년 국유경전 가인의기유환 사동래영이독견지어법조 가동경공귀 檢子在謫四年 國有慶典 家人意其宥還 使僮來迎而獨見枳於法曹 家僮竟空歸'이다.

大霈逢今日　餘殃坐我名
茫茫穹壤恨　母死隔兒生
　　　*
匝域回春煦　陰崖有槁根
皐陶無枉法　明主本寬恩
敕下方懽忭　書來還涙痕
四年豹虎窟　怪爾尙生存
　　　*
僅至欲迎兒　僅歸兒不來
獨無司命者　安用怨人爲
與汝倘相見　嗟吾能幾時
山禽有底苦　終夜哭花枝

밤콩과 수박을 심고

섬돌 옆에 한 이랑 밤콩을 심고
처마 밑에 손을 주어 넝쿨 뻗어가니
푸른 잎에 바람 일고 흰 꽃도 고와서
서늘한 그늘을 반나절 채워 주네.

보슬보슬 봄비 내려 김매기 감 좋네.
숨어 사는 선비들아 한가함이 부끄럽잖느냐.
맛 좋은 수박이 주렁주렁 삼백 통 열려
무더운 여름철도 갈증을 모른다네.

種扁荳西苽 二首

一畦扁荳種階傍 架起簷柵引蔓長
密葉含風花吐雪 高齋嬴得半天涼
　　*
霏微春雨土宜鋤 頗愧靑門舊隱居
絳雪玄霜三百顆 炎蒸不怕病相如

개구리 소리를 듣고

익살 잘 부리는 어우 공[1]
생전에 쓴 야담 우리에게 전했구나.
개구리는 《맹자》를 잘 읽어
독악락 여중악락 숙락[2] 하고
제비는 《논어》를 잘 외워
지지위지지 부지위부지 시지[3]

어우 공 지금도 자지 않고 들으리니
비 지나자 개구리 또 요란쿠나.
훈장 개구리 뭇 개구리 모아 놓고

---

1) 어우於于는 학자 유몽인柳夢寅의 호다. 저서로 《어우야담於于野談》 등이 있다. '인조반정' 후 양주 서산으로 들어가 은신하다가 그가 지은 '상부孀婦' 시 때문에 화를 당하였다. 《어우야담》을 보면, 유몽인이 중국인과 만나 조선 사람들은 경서를 익숙히 읽을 수 있다고 자랑하며 심지어는 제비와 개구리도 경서를 안다는 농담을 한 이야기가 실려 있는데, 이 시에서는 그것을 말한 것이다.
2) 개구리의 울음소리를 흉내 내어 문장으로 표현한 것이다. 《맹자》에 '독악락 여중악락 숙락獨樂樂 與衆樂樂 孰樂' 이라는 문장이 있는데, 혼자 즐기는 것보다 여럿이 즐기는 것이 더 잘 즐기는 것이라는 뜻이다.
3) 제비가 지저귀는 소리를 흉내 내어 문장으로 표현한 것이다. 《논어》에 '지지위지지 부지위부지 시지知之爲知之 不知謂不知 是知' 라는 문장이 나오는데, 아는 것은 안다 하고 모르는 것은 모른다고 하는 것이 바로 아는 것이라는 뜻이다.

한소리 외치자 모두 따라 같은 소리

큰 놈 작은 놈 주런이 둘러앉아
코 소리 혀 꼬분 소리 주악주악 떠들썩
이웃들은 무슨 책 읽는지 알지 못하고
글 잘 읽는다 치하하리라.

잉어는 밈통 속에서 불경 외우고
지렁이는 섬돌 밑에서 글씨 쓰나니
다만 한스러울손
어우 공이 이 시를 못 읽음이여.
비는 아직도 멎지를 않는구나.

聽蛙

於于柳公善爲諧　野談一篇供人噱
蛙讀鄒傳燕魯論　知之爲知獨樂樂
公昔如我老無瞑　陂池雨過喧閣閣
鄕塾先生課衆雛　手尺一下同聲作
大兒小兒坐聯連　喉音舌音間糅錯
四鄰不辨讀何書　無書曰書差非惡
鯉魚在筍聽貝經　蚯蚓上階觀玉索
恨不起公讀我詩　水草沈沈雨如昨

아들 방에게

— 아들 방이 나에게 와서 열흘을 머물다가 돌아갈 때 동파의 운을 써서 이 시를 지었다.

내 산골 객사 온 지 어느덧 일 년인데
너 나를 보러 와서 열흘 밤을 묵었더라.
지난밤엔 말 울음 자주 들리더니
이 아침엔 싸락눈 밟고 끝내 떠나누나.

어제 온 듯하건마는 벌써 떠나가는가
연꽃에 맺힌 이슬 아침볕에 자취 감추듯.
널 보내는 이 마당에 할 말은 많다만
네 근심 덜어 주려 차라리 벙어리 되리.

네가 가면 글월도 부치지 말고
집안일 처리도 나한테는 묻지를 마라.
내 몸 건강하니 아예 걱정 말 것이
인삼은 안 먹었어도 그리 늦진 않았느니.

다행히도 내 아직 예순둘을 살아 있고
어진 친구들이 이웃에 함께 있노라.
세상의 모진 풍상 나 역시 겪었으니

이제 와서 쓰고 달다 가릴 내 아니로다.

한 그릇 밥에 팔베개가 도리어 즐겁거든
내 어찌 잘 먹고 편안함을 바라랴.
네게 경계하노니 멀리 떠돌지 말고
살림도 살피며 아이들을 잘 가르쳐라.

枋子來留十日於其歸 用東坡韻 書贈

我來山館滯一年　汝來見我留十夜
夜坐頻聽櫪馬嘶　朝起始看庭霰下
浮來本是荷上露　聚處團圓散處瀉
我今送汝欲無憂　忍情足爲忘情亞
有書莫使洪喬傳　無米且從河候借
汝喜吾顏戰勝肥　不待蔘朮扶衰謝
小劫人間幸獨存　靈光石渠同鄰舍
世味年來亦飽經　誰謂茶苦甘如蔗
一瓢曲肱儘可樂　五鼎刺齒還生怕
戒汝端居勿遠遊　但恐又遭癡孫罵

오늘이 새해

네 살에 글 배웠고
다섯 살에 능히 글을 붙이었네.
여섯 살에 역사와 전기를 읽었고
일곱 살에 고전을 즐겼더라.

여덟 살과 아홉 살엔 시부를 지어
먼 앞날 촉망되고
열두서넛엔 백일장[1]에 나아가
재주를 보였더니 모든 사람 놀랐더라.

광형은 시를 논함에 벗들보다 뛰어났고
동방삭은 묘책 드려 임금에게 쓰였지만[2]
내 어려선 총명이 도리어 불행이고
늙어선 허송세월 듣고 익힌 것 없어.

---

1) 유생들에게 글을 장려하기 위하여 각 지방에서 실시하는 시문을 짓는 시험.
2) 광형匡衡과 동방삭東方朔은 다 한나라 사람으로, 광형은 시를 잘 평론하였고 동방삭은 해학을 잘하였다.

세상엔 잔재주로 명리 얻는 자 많지만
내 그런 자와 사귀기가 한껏 부끄러워
오직 바라는 건 산천을 거닐며
옛사람 남긴 글과 이야기 묻고 싶을 뿐.

어찌하면 나에게 몇 해의 겨를 생겨
저술에 정력 기울일 수 있을까.
오늘은 새해 첫날 즐겨 놀고 싶은 날
관가에선 술 거르며 염소 돼지 삶는구나.

今日新年

四歲始學書　五歲能屬文
六歲誦史傳　七歲窺典墳
八歲九歲作詞賦　蜚光的爍磨青雲
十二三四出戰藝　奮臂一呼靡千軍
匡晞說詩折流輩　曼倩獻策于明君
人生早慧亦不幸　老大碌碌空無聞
燕石魚目競售價　短胚薄蹄羞同群
四海周流多閱歷　遺文逸事求辛勤
安得假我數年暇　專精著述窮朝曛
今日新年一可樂　官槽壓酒烹羔豚

꿈

초막 속 살림에서 쪼들리다가
꿈에서 용 되어 하늘 높이 네 굽 폈네.
세상에는 나를 붙잡을 자 없었으니
구만 리 장천에 말갈기 날리며
소리소리 크게 질러 봤네.

記夢

局促常居陋室中　夢爲神馬一騰空
龍身不受閑羈靮　奮鬣長嘶九萬風

달리는 마음

나라가 허락한 몸 아니지만
사신 따라 예 왔노라.
오랜 세월 떠도는 몸
부평초 신세 되었구나.

지난날 지은 시는 여사의 벽에서 찾아 읽고
남은 꿈은 수레 안에서 꾸노라.
머리를 들면 이국 장안
허나 마음만은 해 뜨는 내 나라로.

驅馳

驅馳非許國　還往有諸公
歲月多橫草　乾坤一轉篷
舊吟尋壁上　餘夢續車中
擧首長安近　迢迢日出東

대 이엉 집에서 눈 내리는 소리를 들으며[1]

군자가 대를 사랑함은
그 재목을 아낌이라
시냇가에 집을 짓고
기와 대신 대를 이었도다.
대란 본시 속이 비어서
무엇에나 스치면 울리는 법
기와를 대신하여도
그 운치가 그럴듯하니.

시를 읊고 거문고 탈 때에도
맑은 소리 낭랑히 울리지만
더구나 겨울의 음향
눈 내리는 소리 들을 만하구나.
무겁고 가벼운 소리
대번에 분간할 수 있어서
펑펑 쏟아지든지 싸락싸락 날리든지

---

1) 이 시는 조수삼이 예순아홉 살 때인 1830년에 쓴 것이다.

그 소리 완연히 알려진다.

패옥 소리 쟁쟁하여
아득한 벼랑에서 떨어지는 듯
소나무 숲 설레어
빈 골짝 울리는 듯
지붕의 소리를
집 안에서 들으니
외롭게 사는 귀에
더없이 정답더라.

화분의 매화도
때맞춰 향기를 풍기는데
맑은 시상도 넘쳐흘러
뱃속에 가득히 차는 듯.
늙은 두루미마저
창밖에 듣고 서서
차디찬 밤하늘 아래
잠 못 이뤄 하더라.

이슥토록 앉았으니
소리 차츰 작아지는데
아마도 함박눈이
지붕에 높이 쌓인 듯.

그대는 아지 못하는가
대 이엉 집 철마다 갈리는 그 운치를.
한여름 비 올 적엔
급한 폭포 소리 듣노라.

竹屋聽雪

君子愛竹兼愛材　傍溪爲屋覆以竹
竹本虛心觸物鳴　縱代陶瓦韻可掬
詠詩鼓琴皆淸和　最宜玄冬大花撲
密密疎疎聽可辨　冷冷颯颯聲相逐
玉珮鏗鏘落層石　松竿的歷吹虛谷
屋上聲從屋裏聽　妙理分明在幽獨
是時龕梅爲送香　一般詩料淸滿腹
窓前老鶴亦聽之　特立寒宵眠未熟
坐久音響稍細微　始知瓊屑堆於屋
君不見　竹屋四序遞奇賞　夏雨來時聞急瀑

신묘년 설날에[1]

내 여덟 살 전에는 잔병이 많았지만
말을 배우자 시를 지었노라.
몸은 약해서 부지하기 어려울 듯
마음은 예민하여 위태함을 느꼈어라.
오늘에 이르러 흰 머리칼 날리지만
얼굴의 붉은 자태 오히려 좋아라.
인생 칠십이 오늘 아침에 찼으니
이 복된 삶을 무엇에나 비겨 보랴.

辛卯元日

成童猶善病　學語已能詩
脆薄將難保　輕明輒自危
年年生白髮　日日見丹姿
七十今朝滿　吾生未有涯

---

1) 조수삼이 일흔 살 되던 1831년에 쓴 시다.

글을 읽다가 은과 철 두 손자에게[1]

어려서 글 읽을 젠 책이 상자에 찼지만
늘그막 이때에는 집안에 가득쿠나.
책벌레로 칠십 년을 사는 동안
책을 손에서 놓아 본 적 없건만
읽을 책은 아직 많이 남았구나.

한스럽다 옛 저서 왜 이리 많으냐.
그 책 뒤져 세월 보내고
그 책 번져 몸 뺄 새 없네.
정위새 돌을 물어 동해 바다 메우려나
메추리 부리 쪼아 산을 허물쏜가.

두 손자 등불 밑에 가만가만 하는 말
"이 밤이 지새도록 눈이 내려서
우리 집을 묻으려나 보지."
"춥지만 입지 못하고

---

[1] 1831년에 쓴 시다.

주리지만 먹지 못하는
책이 좋다고 할아버진
저렇게 글만 읽으시네."
"동켠 집 할아버지
날마다 술 사 잡숫고
초저녁부터 코를 골아
우렛소리 요란하지."

하하하 나는 책을 덮고 웃으며
두 손자에게 타일렀네.
너희들은 글 가운데서
재미를 찾지 말아라.

讀書至夜分戲示銀鐵兩孫

兒時讀書書滿簏　老後讀書書充屋
爲蠹魚身七十年　讀不釋手書餘讀
只恨古人著書多　令我矻矻長摩挲
精衛啣石海淼漫　鷦鷯啄粒山嵯峨
兩孫燈底竊相語　埋人夜雪天將曙
寒不得衣飢丁餐　雖有好書翁何與
東家老人日買醉　一更二更雷鳴鼻
掩卷大笑向兩孫　汝輩莫求書中味

두메에 들어와서[1]

두메가 복탄 땅이라고
대대로 농사지으며
오붓이 살려고 하였더니
산꿀도 세금으로 바쳐야 하고
잡히는 은어 마리도
내 것이 못 되누나.

풀밭에 불을 놓아
콩도 심고 조도 심고
나무를 찍어 내어
가지와 오이도 심고
복탄 땅을 찾노라니
맑은 계곡에 꽃잎만 떠가누나.

---

1) 이 시는 1834년에 썼다.

山內

入山皆福地　世世作農家
石蜜輸王稅　銀魚上泬沙
燒雲耕菝粟　刳木浸茄苽
我欲尋源去　靑溪泛落花

국화 베개

촌 늙은이 산 밑에 숨어 살면서
사위 두른 울타리에 국화꽃을 심었지.
이슬비 봄철에 정성 들여 심었더니
가을이 다가오자 황금 속에 집이 묻혔구나.

일찍이 이 꽃을 구경거리로만 여겼는데
화보花譜를 보면, 천성을 키워 주며
수명까지 돕는다고 쓰여 있었네.
내가 현기증이 있어 온갖 약효 없더니
의원이 이르기를 국화 베개 좋다 하겠지.

서늘한 가을 날씨 활짝 핀 국화꽃
한 잎 두 잎 골라 가며 부지런히 모았다네.
황색이 귀하고 자줏빛 붉은색은 천하나
날마다 서너 바구니씩 국화꽃 따 들였고
다음날을 위하여 봉오리 진 것 남겨 두며
따 들인 꽃잎들은 응달에 말렸지.

무명 폭 한두 자로 베개 주머니 만들어
그 안에 꽃잎을 넣으니 머리에 폭신폭신

하룻밤 지나면 삼분의 일쯤 줄어서
남은 꽃을 두었다 거기에 더 채운다네.
베개 거죽이야 무명이니 무엇이 귀하랴만
그 안에 든 국화의 청신하고 귀한 향기

잠깐만 베어 봐도 중향[1] 나라에 들어온 듯
높이 괴어 베면 맑은 향기 더욱 높고
효험도 신기하여 온몸이 가뿐하고
더구나 이상한 건 두 눈이 밝아지네.

무거운 머리 말끔히 가셔지고
그 기운 온몸에 퍼져 목욕을 하고 난 듯
이따금 베개 위에서 도연명을 꿈꾸며
율리[2]의 맑은 운치를 움켜서 마신다네.

베개 베고 누우니 달빛이 매화를 비춰 주고
바람이 불어와 섬돌 위 대나무를 매만지네.
바람의 기백을 맑히어서 병에도 이로우니

---

1) 중향衆香은 불가에서 전하는 가상적인 나라 이름이다.
2) 율리栗里는 도연명이 살던 곳.

세상에 꽃 많아도 국화꽃을 못 따르리.

바둑판엔 가래나무 궤짝엔 오동나무라지만
그것은 무늬를 보아서지 향기는 없다네.
이 베개를 견줄지면 군자의 덕과 같아서
그윽하고 온화하거니 그 성품 알리로다.

냄새만 맡더라도 신선 맛을 보는 듯
기대기만 하여도 사특한 생각 사라지네.
베개여 국화 베개여 군자의 베개라 하리로다.
우리 함께 친하여서 맑은 복을 누릴시고.

菊枕

老圃幽居洛山麓　四揷藩籬皆種菊
雨露三春好培栽　秋來忽作黃金屋
曾謂此花可佩服　養性延年著譜錄
我有風眩藥無功　醫云枕菊當差復
會待天寒開畫意　其採其摘任山僕
堆黃是貴紫紅賤　日日秋光三四簏
殘英得保先天氣　最宜陰乾不宜曝
初成一枕腹膨脹　木綿圓囊連數幅
縱有餘花也添補　纔經一宵三分縮

外面自是等閑物　中心別有清新馥
乍枕疑入衆香國　高臥不羨甘水谷
異效信然輕一身　新功漸次明雙目
頭裏邪風不敢作　滲沾體髮同齋沐
枕上往往夢淵明　栗里清韻如可掬
凭時月照閣中梅　憩處風生階上竹
淸人氣魄利人病　品題花中高在孰
楸枰梧几但文飾　豈有淸芬曁案牘
始知君子類斯枕　馨德分明在幽獨
薰灸悅覺臭味長　依凭却令邪氣伏
枕兮枕兮君子枕　永言親之享淸福

비 오는 겨울 등불 아래서

거리에는 대낮에도 좀도적이 나돌고
지방 고을들에선 큰 도적 노략질하니
요순 시절 만드는 것 내 일 아니련가
한평생 글 읽어 키운 뜻이 허사로 되었구나.

  *

사립문 밖 찬 진흙만 미끄럽고
비 오는 저녁 마을 밥 짓는 연기 드물어라.
먼 훗날 역대의 시집을 묶을 적에
그 누가 알아주랴 굶어 죽은 시인 조지원[1]을.

冬雨終夕燈下隨筆 二首

街頭白日竊鉤金　郭外縱橫虎不禁

---

1) 지원芝園은 조수삼의 자다.

堯舜君民非我事　一生虛負讀書心
*
寒泥滑滑壓柴門　烟火蕭條雨滿村
異日列朝詩小傳　誰知飢死趙芝園

매화꽃 안해

처사는 본래 안해가 없었나니
같이 사는 것은 오직 매화뿐
꽃다운 인연은 달 아래서 맺어지고
맑은 지조는 얼음철에 키웠는데.

황혼의 언약을 저버릴 수 있으며
흰 눈 같은 고운 뺨을 잠시라도 잊을까.
길한 날을 택하여 손꼽아 기다리고
눈썹을 고이 그려 그날을 마련했나니.

물가에 임하면 거울에 비침보다 영롱하고
술잔을 손에 들매 초례 잔을 대하는 듯
베갯머리에는 향기가 풍겨 오고
고운 자태 등불 아래 떠날 줄을 몰라라.

서로 마주 대하면 손님처럼 공경하고
국 한 사발 끓임에도 안해 솜씨 드러나네.
새봄을 그리다가 생남 생녀 하였길래

곱게 얹은 머리채엔 두어 줄기 이끼 꼈네.

집에 들어가면 서로 웃음 머금고
한 방에 들어도 시기하는 이 없노라.
밤도 깊은 이 밤에 흰옷 단장 고이 하고
낭군님 모실 채비 그 마음 초조하리.

梅妻　五排

處土元無婦　同居獨有梅
芳緣憑月姥　淸節待氷媒
耿耿黃昏約　娟娟白雪顋
葭灰占日吉　檀暈畫眉催
臨水疑粧鏡　移樽當졸杯
枕邊香黯淡　燈下態低徊
對坐如賓敬　調羹賴女材
懷春二三子　結髮數莖苔
入室相含笑　專房未見猜
中宵逢縞袂　何以夢陽臺

병중에[1]

문 앞에 흐르던 물 얼어서 소리 없고
앞산에도 눈이 덮여 그림 되기 어렵구나.
집은 가난해도 매화 있어 흡족하고
지난밤 잠을 잘 자 병이 나은 듯 가뿐한데
시 짓는 마음은 생사지경에서 더욱 간절코
손을 기다리는 정은
빈 골짜기에서 발자국 소리 듣는 듯
사람들이 나를 버렸나
내가 세상을 잊었나
구태여 따질 필요 없으리니
세상에서 나를 아는 이 몇몇이런가.

病間試筆

門前流水凍無聲　雪後南山畵不成

---

[1] 이 시는 조수삼이 일흔일곱 살 때인 1838년에 쓴 것이다.

家有梅花貧亦足　睡酣朝日病差輕
懸崖撒手傳詩訣　空谷聞跫待客情
人棄我忘休強辨　誰歟今世識君平

시단의 노장

— 우연히 옛 책궤를 뒤지다가 연경의 여러 시인들이 나를 '시단의 노장'이라고 쓴 글을 보고 이 시를 지었다.

중국 역사에 전하기를 칠십 난 염파 장군이
한 끼에 한 말 쌀과 열 근의 고기 먹고
닷 섬 무게의 활을 당겨 적을 맞혔으며
갑옷 입고 말 타고 몸 날렸다 하였느니.

오히려 짐작할 수 있나니
말밥으로 크게 배불리는 장수는
백사장을 휩쓰는 노한 파도와
구름을 거두는 거센 바람 같았으리라.

슬프도다 늘어진 버들가지처럼 약질이고
입은 옷도 주체하기 어려운 나의 몸이여.
한 그릇 밥과 국으로 배불리는 이 몸
눈은 뿌여니 안개 속 같구나.

옛사람이나 지금 사람에게
내 모두 미치지 못하거니
영웅과 소인을 어찌 분별하겠는고.

곰과 범의 굳센 패기도 없고
다못 글자를 몇 자 알 뿐이라.
시단의 노장으로 잘못 추대되니
내 스스로 멀리 중원에 부끄럽구나.

偶閱舊篋 見燕都諸公推余爲詞壇老將 書此識之

史傳七十廉將軍　一飯斗米肉十斤
弓挽五石射命中　披甲上馬身飛翻
據案大嚼猶可想　海浪淘沙風捲雲
嗟余蒲柳劇衰謝　力綿不能勝衣裙
簞食豆羹腹已果　空花遠霧眸常昏
古人今人縱莫及　英雄豎子何相分
桓桓安有熊虎氣　碌碌徒辨蟲魚文
詞壇老將謬推轂　鞭弭周旋愧中原

봄날[1]

빈 초가집 조그만 뜨락 안
섬돌 밑에는 봄풀이 파랗게 돋아나고
한가한 늙은이 낮잠 자고 일어나
증손자를 손수레에 태우고 놀고 있네.

春晝漫詠

旋馬庭空柴鶴廬　漸看春草上塔除
閑翁睡起無餘事　戲爲曾孫挽小車

---

1) 이 시는 조수삼이 여든한 살 때인 1842년에 쓴 것이다.

향시에 합격하고

— 나이 여든세 살, 헌종 10년(1844) 향시에 합격하고 발표하는 날 특별히 오위장五衛將에 임명되는 은전을 입었다. 그후 조정의 재상들이 나를 축하해 주었기에 축하하는 시에 화답하여 영예를 시로 표한다.

마른나무에 봄이 돌아와서
이름 없는 이 몸 이제야 잎 피려는가.
공이 없건마는 임금 은전 입게 되고
불초한 몸이지만 조상 덕을 입노라.
어진 재상 축하하는 술을 가져왔고
궁한 집에서는 애들에게 글 읽기 권하더라.
영조 옛 임금 두 번째 환갑날
나에게 내린 융숭한 표창 삼가 생각하노라.

年八十三 獲忝賢關大比之科 唱名之日 特蒙五衛將晉爵之恩
中朝宰相又多枉問 謹庸賀詩韻 以識榮感

枯木蒸回爗爗春　科名雖小命雄辰
君恩濫矣無功爵　祖蔭偏於不肖身
賢相趣携聞喜酒　窮廬將勸讀書人
英宗舊甲函箋日　恭憶隆褒拜賜新

진사 시험에 합격한 날 칠보시를 쓰노라[1]

뱃속에 시와 글이 몇백 짐 되는데
금년에야 겨우 난삼[2] 하나 얻었네.
여보소 나이 많고 적음 묻지를 마소
육십 년 전엔 스물세 살이었다오.

*

태평 시대에도 벼슬이란 허망한데
사람들은 만나면 이 늙은이 얘기로세.
성균관 진사 시험 발표하는 날
온 나라 사람들 조수삼 이름 듣고 놀라더라.

---

1) 조수삼이 여든세 살 때 향시에 합격하고 이어 진사시에 합격한 기쁨을 썼다.
2) 생원이나 진사에 합격했을 때에 입을 수 있는 예복.

司馬唱榜日口呼七步詩 二首

腹裏詩書幾百擔　今年方得一襴衫
傍人莫問年多少　六十年前二十三
　　　＊
堯舜君民妄分擔　相逢人笑老生談
成均進士今春榜　一國皆驚趙秀三

정미년 생일날에[1]

큰아들은 금년에 칠십이요
둘째 아들은 예순다섯 살이며
셋째 넷째도 다 예순을 바라보는 터이니
머리털 빠지는 자식들이 한껏 걱정이구나.
손자 증손자 꼽아 보면 수십 명인데
입을 것 먹을 것 모두 구차한 살림이로다.

여든여섯 살 늙은이 생일날이
초가을 칠월 달 열엿새 날이라
이날 닭울녘 일찍 일어나 모였는데
맑은 새벽바람이 초가집에 불어 드누나.

버선 신발이며 제가끔 예물 드리는데
박나물 가지나물 무럭무럭 김 오르고
애들은 맛나는 음식에 다툼질도 하건마는
늙은 벗들 술잔 들며 정겹게 권하느니.

---

1) 조수삼이 여든여섯 살 때인 1847년에 썼다.

선비 집에서 어찌 벼슬하는 집이 부러우랴
다못 부끄러운 것 뛰어난 유풍을 못 남김이라.
큰 솥 작은 솥 좋은 음식 만듦도 원치 않으며
초헌[2] 타고 드나듦도 원치 않노니
다만 밭 갈고 글 읽는 것 본업을 삼아서
우리 가풍 백세토록 전하기를 원할 뿐.

丁未初度

大兒七十今平頭　二兒六十有五週
三兒四兒皆望六　齒髮護落吾惟憂
曰孫曰曾數十輩　身絲腹粟艱爲謀
老人八十六生旦　月之旣望時孟秋
是日鷄興魚聚首　茅茨五百清風樓
各將履幟獻秩秩　亦有瓠茄蒸浮浮
孺穉當饌輒紛爭　親朋把酒相懽酬
白屋何羨朱門樂　自愧詒後無嘉猷
不願列鼎供蒭豢　不願乘軒裾馬牛
只願耕讀爲本業　家風百世傳園邱

---

2) 높은 벼슬아치들이 타고 다니는 외바퀴 수레.

절필

아리따운 글 짓기가 평생의 버릇이었는데
어제 적송자[1]를 만나서 의아쩍게 여겼더니
그것이 기별인가
내 이리 총총히 갈 줄을 몰랐구나.
이제 스스로 뉘우치노니
한 생애 깨끗지 못할 때도 있었음을.

絶筆口呼

綺語平生餘結習　昨逢松子意猶疑
那知符到忽忽去　自覺和泥拖水時

■ 여든여덟 살인 헌종 15년 기유년(1849) 5월 6일에 썼다.
1) 옛날 신선의 이름.

이야기책 읽어 주는 노인 〔紀異〕

애들과 부녀들은 안타까워 눈물까지 떨군다네
영웅의 승패가 어찌 될 건가 손에 땀을 쥐면서
재미나는 대목에서 말을 뚝 그치니
돈 받는 법 묘하구나
누군들 뒷말이 듣고 싶지 않으랴

머리말

  나는 나면서 영리한 편이어서 여러 스승들과 선배들이 사랑하여 주었다. 예닐곱 살 때에는 경서와 역사서를 읽었고 문인들의 문집도 읽었으며 스스로 글도 지었다. 이로 해서 스승이나 선배들이 나를 한자리에 넣어 주었다. 나 역시 그들의 이야기를 즐겨 늘 그들 곁에서 떠나지 않았다. 그들의 나이는 모두 일흔 살의 고령인데 나는 매양 그들의 이야기와 행동을 귀로 듣고 눈으로 보아 왔으며 때로는 술자리에서 술을 권하며 시를 지어 화답하기도 하였다.

  내가 기억하여 둔 그때의 이야기도 적지 않았거니와 그후 사방으로 두루 다니며 세상 견문을 더욱 쌓은 바 있어 나의 가슴속에는 마치 장서가처럼 많은 서적이 그득히 간직된 듯하였다. 나는 스스로 기뻐하며, '기억력이 쇠하기 전에 이를 기록하여 뒷날에 인멸되는 폐단을 없게 하리라.' 생각하였다.

  그러나 내 본래 느린 성질에다 또 이 저작을 완성시킨다 하여도 선비들에게 보탬이 되지는 못할 것이므로 여태껏 미루어 왔다. 더구나 패설과 야담으로 돌아간다면 차라리 저작에 손을 대지 않는 편이 나을 듯하여 이럭저럭 과단성을 내리지 못하였던 것도 사실이다.

금년에 병들어서 거의 죽을 뻔하다가 다시 살아났는데, 때는 긴 여름이라 더위는 찌는 듯하고 거처도 몹시 좁았다. 이때 나는 소일거리가 없었으므로 문득 옛날 기억을 더듬어 보게 되었는데 열에 한둘밖에 생각나지 않았다. 그런데 급기야 써 놓고 보니 잘못 쓴 것과 빠진 글자가 매우 많아 나의 기력이 이처럼 쇠했는가 하고 스스로 놀랐다.

드디어 손자애들을 불러 붓을 잡히고 베개에 의지하여 이 '기이시紀異詩'를 짓고 그 주인공들에게는 간단한 전기를 붙여 약간 편을 추렸는데 여기에는 사람들의 시빗거리나 또는 나라의 정치에 관여되는 말은 하나도 없는바, 그런 것을 말하려 하지 않았을 뿐만 아니라 그런 것은 이미 잊어버렸기 때문이다.

슬프다, 이것은 처음에 먹었던 내 마음과는 달리 한갓 여생을 탄식하며 졸음을 막고 더위를 피하는 데 도움을 줄 뿐일 것이다. 그래서 나와 같은 사람들이 이것을 보면서 이 늙은 것을 민망히 여기고 아울러 괴력난신怪力亂神은 공자도 말하지 않은 것이라 하며 과히 책망하지 않는다면 진실로 다행한 일이라 하겠다. 그러나 글귀에 있어서 급히 짓느라고 끙끙거려 잠꼬대 같은 말이 섞였은즉 어찌 인사불성이라는 책망을 면하랴.

돈을 서로 사양하는 홍씨와 이씨

서울의 오천 이씨는 여러 대 돈을 많이 가지고 살아 온 사람인데 증손자에 이르러서 가산이 탕진되어 집을 홍씨에게 팔았다. 대청의 기둥 하나가 기울어져 집이 무너질 염려가 있어서 홍씨가 수리하는 중에 뜻하지 않은 돈 삼천 냥이 그 속에서 나왔는데 이씨의 선조가 간수하였던 것이다.

홍씨가 이씨를 청해 놓고 이 돈을 돌려주니 이씨가 사양하며,

"이 돈은 비록 우리 선조가 간수한 것이지마는 그렇다고 증명할 문건이 없고 집은 벌써 그대에게 팔았으니 돈도 역시 그대의 물건이다."

하며, 받지 않았다. 이리하여 두 사람은 서로 사양하기를 마지아니하였다.

이 말이 관가에 들어갔고 관가에서는 조정에 보고하였다. 그러자 임금이 지시하여,

"우리 나라 백성 가운데 이처럼 어진 자가 있으니, 누가 지금 사람을 일러서 옛사람만 같지 못하다고 하랴."

하고, 그 돈을 절반씩 나누어 가지게 한 뒤 두 사람에게 다 벼슬을

주었다.

>홍씨 집은 청백하니 어찌 이씨 집 돈 가지랴.
>내 것 아니라 거절하는 이씨 집도 어질었더라.
>임금은 상 내리고 우리 풍속 빛내었나니
>이웃 나라에서도 밭 송사를 그쳤더라.

讓金洪李

漢城梧泉李氏 數世富家 及其曾玄 蕩敗赤立 賣其居於洪氏 當廳一柱 傾側將頹 洪氏修整之 中有小錠銀三千 蓋李之先所藏也 洪招李還之 李辭曰 銀雖吾祖之藏 而無明文 家已售君 銀亦君物 相讓不已 至聞于官 官白于朝 上敎曰 吾民有如此賢者 誰謂今人不如古人乎 命分其半 皆賜爵

>洪家何管李金傳　辭者賢如讓者賢
>聖世旌褒敦薄俗　鄰邦幾處息爭田

유생

유생은 남양의 선비인데 젊어서 산에서 놀기를 좋아하고 신선 이야기를 즐겼다. 그는 집안이 넉넉하여 말 타고 종인을 거느려 나라 안의 명승을 두루 다니면서 춥고 더운 때를 가리지 않으면서, 사철 경치는 다 같지 않다고 하였다.

한번은 눈이 크게 내리는 것을 무릅쓰고 금선대에 올라가 자는데, 이슥하여 두 노인과 한 소년이 들어왔다. 그들은 웃통을 벗고 맨발이었기에 귀신이 아닌가 싶었다. 밤은 벌써 깊었다. 세 사람이, 날씨가 매우 차니 술 한잔 먹는 것이 어떠냐며 소매 속에서 술 한 병과 파초 한 잎을 꺼내는데, 잎에는 어린애손 몇 개를 쌌고 병의 술은 붉기가 핏빛 같았다. 유생은 더욱 놀라 감히 입을 열지 못하였다.

세 사람이 제가끔 한 잔씩 마시고 손 하나씩을 들고 안주 하였다. 그러더니 술을 유생에게 권하고 또 손 하나를 권하는데 유생이 사례하기를,

"저는 본시 술이나 고기를 가까이 하지 못합니다."

하니, 세 사람이 웃으며,

"그대가 먹지 않는다면 우리가 다 먹으리라."

하고, 드디어 다 마시고 돌아갔는데, 그들이 간 곳을 알지 못하였다.

　유생이 비로소 정신을 차리니 잎 위의 남은 방울에서 꽃다운 향기가 풍겼다. 혀를 대어 보니 달고 향기로우며 매끄럽고 보드라웠다. 이에 그 사람들을 잘못 보고 지나친 것을 알았다. 그는 죽는 날에 이르러 문득 이 일을 말하고 눈물을 흘리면서 스스로 복이 없음을 한하였다.

　　금선대서 자다가 눈썹 흰 늙은이를 보았는데
　　인삼 술을 잔에 부어 향기로운 지초 안주 하니
　　요행 만남을 그대로 스친 것 일생 한이러라.
　　유생이 눈물 흘려 소년 시절 말하더라.

俞生

俞生 南陽士人 少喜游山 好談神仙事 而家富厚 故鞍馬僕從 徧游國內名勝 不以寒暑廢焉 曰四時之景 皆不同 嘗冒大雪 入金仙臺止宿 俄有二老人一少年入 而夜已央矣 見三人 皆袒懷跣足 疑其爲鬼怪 竊恐悸 已而三人曰 天甚寒 飮酒可乎 袖出一酒壺一蕉葉 葉中裹小兒手數枚 壺中酒鮮如血也 生益喫驚不敢語 三人者 各飮一杯 佐以一手 又酌以勸生 又勸一手 生謝曰 生天戒不近酒肉 三人笑曰 君旣不食 吾將食之 遂盡其餘而出戶 不知其處 生始驚悟 聞葉上餘瀝芳烈 舐之 則甘香淪肌 乃知當面錯過 垂死之日 言輒淚下 自恨無福分

金仙臺上見霜眉　蔘液盈杯佐肉芝
當面錯過千古恨　兪生泣說少年時

송 생원

송 생원은 가난하여 안해와 집이 없었지만 오직 시 짓는 데는 능하였다. 그는 거짓 미친 척하고 다니다가 누가 운자를 내면 즉시 대답하고 돈 한 푼을 내라고 하는데 이것도 손에 쥐여 주면 받지마는 던져 주면 돌아보지도 아니하였다.

송 생원이 지은 글에는 아름다운 글귀도 많은데 한 고향의 역자 驛子를 보내면서, "천리 타향에서 만나자마자 인제 다시 만 리 밖으로 이별인가. 강 언덕 성벽에 꽃잎이 떨어지는데 보슬비 흩날린다." 라고 읊었다. 이처럼 시를 곧잘 읊지마는 한 편을 마무리하는 일이 없었다.

뒤에 어떤 사람에게 들으니 그는 본시 은진 송씨인데 일가 사람들이 불쌍히 여겨 집을 마련하여 주고 다시는 방랑하지 못하도록 하였다고 한다.

강 언덕 성벽에 꽃잎 떨어져
보슬비 흩날린다는
꽃다운 글귀가 세상에선 한 푼 돈인가.

불그레 아침 해 솟아 둥글기 일산 같은데
철부지 애들이 앞을 다퉈 송 생원을 쫓아다니네.

宋生員

　宋生員 貧無室家 顧能詩 故佯狂游戲 人有唱韻 輒對如皷答抱 句索
一錢 奉于手則受 投諸地則不顧也 往往多佳句 如送同鄕驛子曰 千里
相逢萬里別 江城花落雨紛紛 而未嘗以全鼎向人也 或云恩津宋氏 諸族
人憐之 爲其家留之 遂不復出

　　江城花落雨紛紛　佳句人間直一文
　　日出軟紅團似蓋　兒童爭逐宋生員

복홍

 복홍은 어떤 사람인지 알 수 없는데 누가 그 성을 물으면 알지 못한다 하고 그 이름을 물으면 '복홍'이라 대답하였다. 나이는 쉰쯤 됨 직한 늙은 총각이었다. 매일 성안에서 한 집 한 집 차례로 돌아가며 빌어먹었다. 밤이 되면 문루에 올라가 거적을 깔고 밤을 새우는데《맹자》읽기를 거르지 않았다.

 맑은 눈동자 빛나지만
 더부룩한 머리칼은 귀신인 듯.
 이 집 저 집 문전걸식
 하루에 한 번 배를 채울 뿐
 거적자리가 깔개이자 또 이불인데
 중얼중얼 밤새우며《맹자》만을 읽더라.

福洪

　福洪不知何許人 問其姓曰不知 問其名則福洪 年可五十餘 而顧總角也 日乞食於城中 排日分門 不失其次 夜則臥廢廨中 覆籍乎一藁席 終夜誦孟子書不撤

　　湛晴鬅髮鬼公如　排日人家一飽餘
　　藁薦半衾兼半席　喃喃終夜誦鄒書

수박 파는 늙은이

대구성 밖에는 수박 파는 한 늙은이가 있었다. 해마다 좋은 수박 종자를 구하여 심고 그것이 익으면 따 가지고 길가에 자리 잡고 앉아서 사람을 만나는 대로 판다. 수박을 팔 때에도 값을 말하지 않으면서, 주면 받고 안 주면 안 받았다.

> 동쪽 언덕 좋은 밭에 수박을 심었더니
> 무더운 한여름에 수박이 무르익었네.
> 붉은 눈 검은 서리가 칼끝에서 떨어지네.
> 주인은 소반에 받쳐 갈증을 풀어 주고도
> 그 값을 말하지 않네.

賣瓜翁

大邱城外 有賣瓜翁 歲種嘉瓜 瓜熟薦諸道傍 見人輒勸之 不問價錢

有無 有則酬之 無則施之

東陵嘉種十畦田　瓜熟時丁熇暑天
絳雪玄霜隨刃滴　擎盤施渴不論錢

돌 깨는 사람

돌 깨는 사람이 주머니에서 물에 갈린 오석烏石을 꺼내 놓았다. 길이가 대여섯 치나 되고 굵기가 팔뚝만 하였다. 그는 구경 온 사람들 앞에서 왼손의 집게손가락과 무명지 위에 돌을 올려놓고 장손가락을 덮고 오른손 주먹으로 그 위를 탁 친다. 그러면 돌 한가운데가 갈라지는데 백에 한 번도 실수가 없었다. 다른 사람들이 도끼로 시험해 보았으나 갈라지지 아니하였다.

그는 돌아갈 때에 갈라진 돌을 들어 햇빛에 비춰 보기도 하고 혹은 거두어서 주머니에 넣고 나머지는 땅바닥에 그냥 버리고 간다. 그를 안다는 사람의 말에 의하면 그는 돌을 달여서 먹는 법을 안다고 하였다.

물에 굴리고 갈려 반들반들 빛이 나는 돌
두세 치 굵기에 반 자 길이인데
주먹으로 쳐서 꺾고 해에 비춰 보는데
그는 돌을 달여 먹는 새 방법을 알더라.

破石人

 破石人 囊出水磨烏石 長五六寸 圍如腕者 坐俟人之願見者 以左手
食指無名指爲藉 長指覆之 用右拳一撲 則石中折 百無一失 他人試斧
錯鎚之 堅韌不能斷 將歸擧折石 向日側目窺見 或有收之囊中 餘皆置
諸地 有識者曰 斯人也 其能解煮石服食法

 浪磨波砑石生光　數寸圍圓半尺長
 拳打中分窺向日　心知煮熟有新方

소금 파는 거사

거사는 호남 사람인데 소금을 지고 다니며 팔다가 오대산에 이르렀다. 거기서 그는 중들이 만일회萬日會 여는 것을 보고 소금을 주지에게 기증하고 회의에 참예하였는데 하루 한 번씩 물만 마시고 입정入定[1]하여 세 해 동안이나 살지도 죽지도 않는 몸이 되었다. 부근에 있는 중들이 그를 보고 참으로 생불이 났다고 떠들면서 잘 차린 잿밥을 윤번으로 갖다 주었더니 그는 간데온데없이 종적을 감추고 말았다 한다.

    세상 물결 오랜 세월에 본래 인연 깊었더니
    육지에 연꽃 피자 무슨 깨달음 들었는가.
    만일회 모임 가운데 천 날을 앉았던 몸
    밤마다 푸른 바다에서 물결 소리만 들으리라.

---

[1] 불가에서 참선하여 정신을 통일하는 것을 말한다.

鹽居士

居士湖南人 負鹽行販 至五臺山 見諸僧作萬日會 寄鹽於住持僧 入會中趺坐 日一飮水 入定三年 作不生不滅身 諸近寺僧 謀以爲眞生佛 設盛齋輪供之 後一日 不知其所之云

層波疊劫夙根深 陸地蓮花頓悟心
萬日會中千日坐 滄溟夜夜送潮音

밭을 개간한 중

덕천의 향교 근방에 빈 골이 있는데 골 안은 잡목이 우거진 돌밭이어서 비옥한 데라고는 한 치도 없었다. 하루는 한 중이 와서,

"저 빈 골을 개간하여 밭을 만들고 삼 년 뒤에는 법대로 세를 바치는 것이 어떠한가?"

하므로, 향교에서는 그리 하라고 승낙하였다.

이튿날 아침에 그는 몇 말의 떡과 도끼 하나를 가지고 와서 떡을 다 먹고 물까지 마셨다. 그러고는 골 안에 들어가서 손으로 나무를 뽑기도 하고 도끼로 찍기도 하고 돌을 발로 차서 굴리기도 했다. 해가 한나절이 못 되어서 푸른 나무 밑동과 뿌죽뿌죽한 돌부리가 없어지고 다 평평해졌는데 뽑아 놓은 나뭇더미에는 불을 놓고 갔다.

그 다음 날에 와서는 한 손에 쌍보습을 움켜잡고 밑에서 시작하여 봉우리까지 가로세로 수십 수백 이랑을 갈고 조 몇 섬을 심었다. 그리고 초막을 짓고 살면서 가을에는 조 천오륙백 석을 거두었다. 금년에도 다음 해에도 그 다음 해에도 이렇게 하여 조 삼천여 석을 모아 두었다. 하루는 와서 고하기를,

"불교의 도리는 밭 갈면서 배울 수 있는 것이 아니므로, 소승은

지금 돌아가는데 밭은 향교에 드립니다."
하고, 이튿날 본읍과 이웃 고을의 백성 삼천여 호를 불러서 매호에 조 한 섬씩 나누어 주고 표연히 어디론지 가 버렸다.

> 한 팔로 밭 가는데 소 열 마리보다 낫구나
> 삼 년 동안 추수한 조가 산같이 쌓였더라.
> 봄이 오자 다 나눠 주고 표연히 돌아갔는데
> 몇 고을 백성들의 양식이 풍성해졌더라.

畬田僧

　德州校宮傍近有曠谷 而谷中皆惡樹亂石 似無尺寸饒沃 一日一衲子 來白曰 願懇谷爲田 耕三年後 依法納稅 分地可乎 校曰諾 明朝裏數斗餠 携一柯斧至 則啖餠盡飮水 旣入谷中 手拔樹且伐 足蹴石轉下

　日未中 而菁叢磽确 已爲平衍焚所拔樹而去 明日 一手推雙犂 起于原止于峰 縱橫上下 作數十百畝 種粟數石 而結草廬居之 及秋 穫粟千五六百斛 今年如此 明年如此 又明年如此 積粟三千餘斛矣 一日來告曰 佛不可耕而學也 僧今告歸 田畝納于校宮 明日招本邑曁傍邑 近里民三千餘戶 戶施一石 僧竟飄然而去

　　一臂耕犂勝十牛　三年收穫粟如邱
　　春來散盡飄然去　民食穰穰及數州

물지게꾼

이 물지게꾼은 성 서쪽 마을에서 산 지가 오래였는데 늘 굶주렸다. 동리 사람들은 그가 굶는 것을 불쌍히 여겨서 밥을 먹이곤 하였다. 그런데 그 마을은 산이 많아서 조금만 가물어도 우물이나 샘물이 다 말라들었다. 물지게꾼은 밤에 산속에 들어가서 샘물을 찾아 누워서 지키다가 닭이 울 무렵에 물을 길어 가지고 돌아와 동리 사람들에게 나누어 주곤 하였다. 사람들이 어째서 그렇게 고생하는가 하고 물으면, 밥 얻어먹은 은혜를 갚지 않을 수가 없다고 대답했다.

푸른 띠풀 깔고 돌을 베개 삼아 누웠다가
오경에 일어나서 샘물을 긷는다오.
집도 없는 사람이 고생까지 한다고
너무 위로를 마소
아직 이웃의 은혜를 내 갚지 못했나니.

汲水者

 汲水者 長在城西閭巷間 人家久而哀其飢而進之食 城西多山 小旱井泉渴 汲水者 夜入山中 得泉源臥守之 鷄鳴 汲水者 汲水而分餉所親 人問何乃自若如此 曰粥飯恩 亦不可不報

 臥藉靑莎枕石根　五更先起汲泉源
 無家有累休相問　未報東鄰粥飯恩

내 나무

'내 나무'는 곧 나무 파는 사람의 이름이다. 그 사람은 나무를 팔 때에 "나무 사시오." 하지 않고, 다만 "내 나무"라고만 외쳤다. 바람 불고 눈 내리는 추운 날에도 거리로 돌아다니며, "내 나무, 내 나무!" 하고 외치다가 나무를 사는 사람이 없어 틈이 있으면 거리에 앉아 품속에서 책을 꺼내 들고 읽는데 그 책은 경전이었다.

눈보라 휘몰아치는 한겨울 추운 날에도
온 거리 헤매며 '내 나무'를 외치네.
어리석은 여인들은 아마도 웃을 테지만
그의 가슴속엔 경전이 가득하다네.

吾柴

吾柴 賣柴者也 不曰賣柴 而但曰吾柴 若甚風雪祈寒 則循坊曲而叫

餘時則坐街上 適無來買者 出懷中書讀之 則古本經書也

  風雪淩兢十二街　街南街北叫吾柴
  會稽愚婦應相笑　宋槧經書貯滿懷

임옹

대추나무골 안씨 집 행랑에서 고용살이하는 여인이 있는데 남편이 이미 늙었다. 늙은이는 닭 울 무렵에 일어나서 문밖과 골목을 말끔히 쓸기를 이웃까지 미치며, 아침이면 문을 닫고 방 안에 있어 비록 주인이라도 그 얼굴을 보기가 어려웠다.

하루는 그 집 주인이 늙은이의 안해가 남편에게 밥상을 드리는 것을 보았는데, 남편 밥상을 눈썹 높이로 가지런히 들어 공경하기를 손님같이 대하는 것이었다.

주인은 늙은이가 필시 어진 선비일 것이라고 생각하여 예를 갖춰 방문하니 늙은이는,

"천한 자가 어떻게 주인의 예를 받겠소. 이것은 내게 허물이 되오."

하면서 장차 그 집을 떠나겠다 하더니, 이튿날 어디론지 떠나 버리고 말았다.

새벽에 온 마을 마당 쓸고 낮에는 문 거니
마을 사람들 지나다 깨끗함에 놀랐더라.

밥상은 눈썹까지 들어서 손님 대하듯 하니
그 누가 행랑의 어진 부부 알았으랴.

林翁

棗洞安家廊下有傭婦 而有夫則老矣 鷄鳴而起 淨掃門巷 遠及四鄰 朝則閉戶 獨坐室中 雖主人 亦罕見其面也 一日 偶見其婦進飯于夫 擧案齊眉而敬如賓 主人意其爲賢士 禮以叩之 翁謝曰 賤者豈足受主人禮也 是爲罪過將辭去 明日遂不知所向

晨興掃地畫扃關　深巷人過劇淨乾
擧案齊眉如不見　誰知廊下有梁鸞

장송죽

　장생은 영남 사람으로 서울에 와서 글공부를 하였다. 술에 취하기만 하면 먹 몇 사발을 입에 머금고 큰 종이 폭에 뿜어서 손가락으로 그리는데 손끝에다 맥을 깊고 얕게 줌에 따라서 소나무, 대, 꽃, 새, 짐승, 물고기, 용 들이 그려졌다. 그리고 전서, 예서, 행서, 초서, 비백서飛白書를 쓰는데 아주 잘 썼다. 그림과 글씨의 농담과 굽고 꺾인 획이 뜻대로 되지 않는 것이 없었으니, 그림만 보면 그것이 손가락으로 그린 줄 알지 못하였다.

　　지금 장생은 옛날의 장생[1]보다 앞서서
　　술에 흠뻑 취하여서도
　　하는 노릇은 재주로 빼어났더라.
　　열자 큰 종이 폭에 한 말의 먹을 뿜어 가며
　　그림 그리고 글씨 쓰는데 하늘이 한 듯.

---

1) 옛날의 장생은 중국 남송 때 장곡張谷이라는 화가를 가리킨다. 그는 먹으로 소나무와 대나무를 잘 그려 유명하였다.

張松竹

　張生嶺南人 游學京師 每酒酣 吸墨數碗 噴於大幅 以指頭揮抹 隨其淺深大小 或畵松竹花卉鳥獸魚龍 或作篆隷行草飛白 而其濃淡曲折 莫不隨意 見者不知其爲指頭戱也.

　　今張壓倒古張名　濡髮狂呼不足驚
　　斗量噴來方丈紙　指頭書畵若天成

닭 노인

한 노인이 있었는데 작은 키에 머리털이 빠져 머리가 암탉의 벼슬 비슷하였다. 그가 한번 두 팔을 치며 닭 우는 소리를 내면 사방에서 이웃 닭들이 다 울어서 먼 데까지 퍼지곤 하였다. 멀리서 들으면 사람의 소리인지 닭의 소리인지 비록 아무리 귀 밝은 사람일지라도 분간하기 어려웠다.

두 날개 툭툭 치며 닭 가운데 들어가서
닭 소리 먼저 내면 사방에서 울려온다네.
그만하면 일 없이 놀고먹을 팔자 되련마는
옛날의 맹상군[1]을 못 만남이 한이리라.

---

1) 춘추시대 제나라 사람으로, 그에게는 식객이 삼천 명 있었고 식객 중에 닭 울음소리를 잘 흉내 내는 사람이 있었는데, 그가 위기에 처했을 때 식객이 닭 울음소리를 내어 위급함을 모면했다는 이야기가 있다.

雞老人

 一老人 身短少 禿髮如牡鷄冠 兩手撲其臂 作鷄鳥聲 四鄰之鷄皆鳴 聽諸遠 則人聲鷄聲 雖師曠之聰 亦難辨也

　　雙翎膈膊入鷄群　一喔先聲四野聞
　　徒食徒行還似許　人生不遇孟嘗君

정 초부

정 초부[1]는 양근 사람인데 젊었을 때부터 시를 잘 지어서 볼만한 것이 많았다.
"시 읊으며 나무꾼으로 늙는데, 어깨에 실린 나무 지게에도, 우수수 가을바람 찾아드네. 샛바람이 불어 서울 거리 설레는데, 새벽에 동문 나서서 둘째 다리를 밟노라."
"봄 물결 잔잔한 동쪽 호수 쪽빛보다 푸르러, 갈매기 두세 마리 또렷또렷 보이더니, 뱃노래 한 곡조에 어디론가 날아가고, 노을 붉은 산그늘만 물속에 가득 찼네."
이러한 시가 아주 많았지만 그의 전집이 전하지 못하니 한스럽다.

새벽에 동문 나서 둘째 다리 밟노라면
어깨에 실린 나무 지게에도 가을이 찾아드네.
동쪽 호수 봄 물결은 누구나 알면서도
어찌하여 모르느냐 늙은 나무꾼 시인을.

---

[1] 초부樵夫는 나무꾼을 뜻하는 말이다.

鄭樵夫

　樵夫楊根人也 自少能詩 詩多可觀 如曰 翰墨餘年老採樵 滿肩秋色動蕭蕭 東風吹送長安路 曉踏靑門第二橋 東湖春水碧於藍 白鳥分明見兩三 柔櫓一聲飛去盡 夕陽山色滿空潭 如此者甚多 而恨不傳其全集也

　　曉踏靑門第二橋　滿肩秋色動蕭蕭
　　東湖春水依然碧　誰識詩人鄭老樵

소나무를 사랑하는 노인

조 노인은 어려서 자字가 팔룡八龍이었다. 그가 항상 스스로 팔룡이라고 하였기 때문에 세상에서는 그대로 그를 '팔룡'이라 불렀다.

소나무를 극진히 사랑하여 백화산에서 십여 년을 두고 기이하게 생긴 솔을 구하고 있었다. 마침내 세 번 서리고 아홉 번 굽은 소나무를 얻어 큰 화분에 심었다. 그 밑동은 용의 비늘 같고 껍질은 이끼 낀 듯하였다. 손님이 오면 스스로 자랑하여,

"조팔룡은 재상 벼슬의 천 석 녹봉이나 백만장자의 재물도 부러워하지 않는다."

하였다.

> 백화산 가운데 조팔룡이 살아서
> 평생에 천 석 녹봉 부러워하지 않았네.
> 그에게 흡족한 것 무엇이냐 물으면
> 내 집에는 세 번 서리고 아홉 번 굽은
> 노송 있다 하였네.

愛松老人

　趙老 小字八龍 常自呼八龍 故仍以行於世 愛松甚 徧求華山十餘年 得三盤九曲松 樹之大盆 蚪龍老幹 苔蘚其皮 對客自詫曰 趙八龍 不羨卿相之祿 猗陶之富云

　　白華山中趙八龍　平生不羨祿千種
　　問渠自足綠何事　家有三盤九曲松

약 캐는 늙은이

약 캐는 늙은이의 성은 남씨이고 강원도 두메에 사는 사람이었다. 떠돌다가 서울에 들어와 살면서 약을 캐어 늙은 형수를 봉양하였다. 그것은 그가 일찍이 부모를 여의고 형수의 젖을 먹고 자랐기 때문이라 한다.

그리하여 형수가 죽은 뒤에는 상복은 입지 않았어도 삼년상을 당한 거나 다름없이 지냈고, 매양 제삿날에는 크게 제물을 갖추고 곡하기를 매우 슬프게 하였는데 제물에는 반드시 연어 알을 올렸다. 형수가 평소에 그것을 좋아하였던 것이다.

가을이면 온 산 헤매 약 캐는 늙은이
부리 긴 호미 들고 대로 만든 채롱 메고 다닌다네.
형수 제삿날 해마다 기다리다간
화제[1] 구슬마냥 붉디붉은 연어 알 올린다네.

---

[1] 화제火齊는 값비싼 보석으로 붉은색을 띠고 있다.

採藥翁

採藥翁 南姓 東峽人也 流寓京城 而採藥劈茸 養其老嫂 以其早失父母 乳養於嫂也 嫂死 心喪三年 每祭日 必大供具 哭甚哀 且必用鰱魚卵 蓋其嫂所嗜也

秋來採藥萬山中　鴉觜長鋤竹背籠
歸及年年邱嫂祭　鰱魚卵子火齊紅

김 금사

금사 김성기는 거문고를 왕세기에게 배우고 있었다. 왕세기는 새 곡조가 나와도 비밀에 부치고 김성기에게 가르쳐 주지 않았다. 그래서 김성기는 밤마다 왕세기의 집 창문 밖에 붙어서 몰래 엿듣고 이튿날 아침에 그대로 탔는데 조금도 틀리지 않았다.

왕세기가 이상하여 밤에 거문고 곡조를 타다 말고 창문을 열어젖히니, 김성기가 바깥 창문가에 붙어 있다가 놀라 땅에 떨어졌다. 왕세기가 매우 기특하게 여겨 자기가 지은 것을 다 가르쳐 주었다.

> 몇 곡조 악곡을 새로 지어 익힐 적에
> 창문 열다 제자 보고 지성에 탄복했다네.
> 물고기 나와 놀고 두루미 날아드는[1]
> 새 곡조를 이제사 전부 전수하노니
> 너에게 바라는 건 후예 일[2]이 다시 없기를.

---

1) 옛날 호파瓠巴라는 사람이 거문고를 타니, 물속에서 고기가 나와 듣고 날던 학이 내려와 춤을 추었다는 고사가 있다.

金琴師

　琴師金聖器 學琴於王世基 每遇新聲 王輒秘不傳授 聖器夜夜 來附王家 窓前竊聽 明朝能傳寫不錯 王固疑之 乃夜彈琴曲未半 瞥然推窓 聖器驚墮於地 王乃大奇之 盡以所著授之

　　幾曲新翻捻帶中　拓窓相見歎神工
　　出魚降鶴今全授　戒汝休關射羿弓

---

2) 후예后羿는 유궁有窮 나라의 임금인데 활을 잘 쏘았다. 그는 활 쏘는 재주를 방몽逢蒙이란 사람에게 전수하였는데 뒷날 방몽은 후예가 자기보다 재주가 나은 것을 시기하여 후예를 죽였다.

등짐 장사하는 효자

효자의 성은 안씨인데 늙은 어머니를 모시고 있었다. 집이 가난하여 짐을 져서 살지만 힘이 세고 또 재주가 있기 때문에 매일 돈 백여 닢을 벌었다. 그 돈으로 늙은 어머니에게 매일 맛있는 음식을 공양하였다. 그래서 돈 있는 부자보다 오히려 못하지 않았다. 밤이면 어머니 곁에서 낯빛을 좋게 하고 말소리를 부드러이 하며 시중을 들었다. 이것을 본 사람들은 모두 감탄하였다. 그러나 그는 오히려 스스로 자식의 도리를 다하지 못하는가 하여 늘 송구해하였다.

어린 시절부터 글 배운 사람이나
막일 하는 것은 어머니 봉양 위함이라.
온종일 등짐으로 품 팔다 돌아와
손수 찬을 만들어 대접하였느니
어찌 하루라도 가난한 빛 보였으리.

負販孝子

　孝子姓安　母老家貧　以傭賃負販爲資　而多力且能　故日可得錢百餘　歸供甘旨　必過於富人　夜扶將調護　怡色愉聲　克順其志　見者感歎　然猶自恐不盡子職也

　　童年云是讀書人　鄙事多能爲養親
　　負販歸來躬視膳　何嘗一日坐家貧

정 선생

성균관 동쪽은 송동인데 꽃나무가 우거지고 강당이 있었다. 정 선생은 이 강당에서 제자들을 가르쳤다. 새벽과 저녁에 종을 울리면 배우는 사람들이 그 종소리와 함께 모이고 흩어졌다.

선생의 문하에서 배운 사람들 중에는 성취한 사람이 많다. 성균관 사람들은 모두 그를 정 선생이라 했다.

강당 앞뒤에는 꽃나무가 우거졌는데
새벽과 저녁에는 종소리 맑게 울리어라.
사방의 여러 제자 길러 낸 이 누군가
품 넓은 옷에 굵은 띠 두른
정 선생이었더라.

鄭先生

泮宮之東 卽宋洞 洞中花木甚多 講堂翼然 卽鄭先生敎授處也 晨夕鳴磬 聚散學子 多有成就者 泮中人稱曰鄭先生

講堂花木一蹊成　斯夕斯晨趁磬聲
敎育四鄰佳子弟　袞衣博帶鄭先生

골동 늙은이

 서울에 사는 손씨 늙은이는 본래 부자였다. 골동품을 좋아하지만 식견이 없어서 사람들이 가짜를 가지고 와도 모르고 사들였다. 때문에 집 살림이 얼마 안 가서 거덜 났다. 그러나 늙은이는 속은 것을 깨닫지 못하고 홀로 집에 앉아서 옛 먹을 단계 벼루에 갈며 아름다운 차를 한나라 자기 찻잔에 부어 마셨다.

 그가 굶주리고 추위에 떨며 있을 때에 이웃 사람이 아침을 가져다주면 손을 내저으며 자기는 여러 사람의 은혜를 입지 않는다고 하였다.

> 마지막 갖옷까지 벗어서 옛 자기와 바꾸고는
> 향불 피우고 차만 마시며
> 추위와 주림을 잊는다네.
> 밤사이 내린 눈에 초가집이 석 자나 묻혔는데
> 이웃집에서 조반을 가져왔더니
> 손 저으며 물리쳤다네.

古董老人

漢城孫老 本富翁也 性好古董 而無藻識 人多售贗品騙重直 以故家竟懸磬 翁猶不覺見欺 獨坐一室 磨古墨於端硯嗅之 瀹佳茗於漢甐 啜之曰 此足以遣飢寒 鄰人有饋早饍者 輒麾去之曰 我不受衆人惠也

解下綿裘換古甐　焚香啜茗禦寒飢
茅廬夜雪埋三尺　標遣鄰家饗早炊

달문

 달문은 성이 이씨인데 마흔 살 총각으로 약재 거간을 하며 모친을 봉양하였다. 하루는 달문이 어느 가게에 가니 주인이 값이 백금어치나 되고 무게가 한 냥쭝이나 되는 인삼 몇 뿌리를 보이며 어떠냐고 물었다. 달문은 매우 좋은 것이라고 대답하였다.
 그때 주인이 무슨 일로 안방에 들어갔는데 달문은 돌아앉아 창문 밖을 바라보고 있었다. 조금 있다가 주인이 나오더니 달문더러 인삼은 어디 갔느냐고 물었다. 그 말에 달문이 돌아보니 인삼이 없었다. 이에 웃으며 이르기를,
 "마침 사려는 사람이 있어서 그 사람에게 주었으니 내가 값을 치르겠소."
하였다.
 이튿날 가게 주인이 쥐구멍에 연기를 쏘이다가 곁에 놓인 궤짝 뒤에서 종이에 싼 것을 발견하였다. 꺼내 보니 어제 그 인삼이었다. 주인이 크게 놀라며 달문을 청하여 묻기를,
 "어찌하여 인삼을 보지 못했다고 하지 아니하고 팔았다고 속였는가?"

하였다. 달문이,

"인삼을 내 눈으로 보았는데 갑자기 없어졌으니, 만일 내가 알지 못한다고 하면 주인은 다만 나를 도적이라 하지 않았겠소?"
하였다. 이에 주인이 부끄러워하며 사례하기를 마지아니하였다.

이때에 영조가 백성들이 가난하여 능히 관례나 혼례를 하지 못하는 것을 불쌍히 여겨 관가에서 그 비용을 주어서 예를 이루도록 하였다. 여기서 달문도 비로소 관례를 지낼 수 있었다.

달문은 늙어서 영남 지방에 내려가 가족들을 데리고 장사하면서 매양 서울 사람을 만나면 눈물을 흘리며 관례를 지낼 때 입은 은혜를 이야기하였다.

> 웃으며 값 치르기에 의심하지 않았더니
> 이튿날 아침 부잣집 늙은이
> 가난한 사람 앞에 절하고 사죄했네.
> 영남에 내려가 살면서도 서울 사람 만나면
> 영조 임금이 관례 시켜 준 일
> 울면서 감사한다네.

達文

達文姓李 四十鬌角 儈藥養其母 一日達文之某氏肆主人 出示直百金一兩數根人蔘曰 此何如 達文曰 誠佳品也 主人適入內室 達文背坐 望

牖外而已 主人出曰 達文人蔘何在 達文回顧 無人蔘矣 乃笑曰 我適有
願買人 己付之矣 從當輸直也 明日主人將燻鼠 見豎横 後有紙裏 出而
審之 則昨日人蔘也 主人大驚 激達文而告之故曰 若何不言不見人蔘而
謾曰賣之乎 達文曰 人蔘我已見而忽失之 我若曰不知 則主人獨不謂我
盜乎 於是主人 愧謝僕僕 是時英宗大王 憫民之貧不能冠婚者 自官賜
資而成其禮 故達文始冠矣 達文垂老 落嶺南 聚家人子貨販業其生 每
見京城人客 泣說賜冠時盛德事云

  談笑還金直不疑 富翁明日拜貧兒
  天南坐對京華客 泣說先王賜冠時

이야기책 읽어 주는 노인

이야기책 읽어 주는 노인은 동문 밖에 살았다. 그는 책 없이 입으로 국문 패설을 읽는바, 《숙향전》, 《소대성전》, 《심청전》, 《설인귀전》 등의 전기와 같은 것들이었다.

매달 초하룻날에는 첫 다리 아래 앉고, 다음 날에는 둘째 다리 아래에, 또 다음 날에는 배나무 재에, 넷째 날에는 교동에, 다섯째 날에는 절골 어귀에, 여섯째 날에는 종로 거리에 앉아 전기를 읽는다. 그 이후에는 거슬러 올라가고 올라갔다가는 다시 내려오며 그 달을 마치는 것이다.

다음 달에도 역시 같이 하는데 읽기를 잘하기 때문에 곁에서 듣는 사람들은 겹겹이 둘러싸게 된다. 그러할 때에 노인은 가장 재미난 대목을 앞에 놓고 입을 다문다. 잠잠하여 말이 없으면 듣던 사람들은 그 다음 이야기를 듣기 위하여 다투어 돈을 노인에게 던져 준다. 이것이 그가 돈을 얻는 방법이었다.

　　애들과 부녀들은 안타까워 눈물까지 떨군다네
　　영웅의 승패가 어찌 될 건가 손에 땀을 쥐면서.

재미나는 대목에서 말을 뚝 그치니

돈 받는 법 묘하구나

누군들 뒷말이 듣고 싶지 않으랴.

傳奇叟

叟居東門外 口誦諺課稗說 如淑香蘇大成沈淸薛仁貴等傳奇也 月初一日 坐第一橋下 二日坐第二橋下 三日坐梨峴 四日坐校洞口 五日坐大寺洞口 六日坐鐘樓前 溯上旣 自七日沿而下 下而上 上而又下 終其月也 改月亦如之 而以善讀 故傍觀匝圍 夫至最喫緊甚可聽之句節 忽默而無聲 人欲聽其下回 爭以錢投之 曰此乃邀錢法云

兒女傷心涕自零　英雄勝敗劍難分
言多默少邀錢法　妙在人情最急聞

중랭포의 늙은 낚시꾼

늙은 낚시꾼은 날마다 중랭포에서 낚시질을 하여 물고기를 잡았다. 작은 것이 잡히면 도로 물속에 놓아 주고 큰 것을 잡으면 이웃 사람들 중 가난하여 부모를 봉양하지 못하는 사람에게 주곤 하였다.

누가 그를 보고 낚은 고기를 자기는 왜 안 먹느냐고 물으면 시 한 구절로 대답하기를, "이 늙은이는 심심파적이지 물고기를 얻으려 함이 아니노라." 하였다.

날마다 낚시터에 낚싯줄 드리워
은비늘 작은 놈이면 물속에 놓아 주고
큰 놈이 나오면 그것을 가져다가
이웃에 주면서 늙은 부모 봉양하라네.

中冷釣叟

釣叟日釣於中冷浦 獲魚之小者 輒放之 獲大者 即持與鄰人之有親而貧無養者 人或問曰 君自不食 釣魚何爲 則朗吟曰　此翁取適非取魚

日向磯頭下釣綸　銀鱗細瑣放青蘋
今來偶得魚盈尺　旋與鄰家餉老親

원수 갚은 며느리

부인은 희천 지방 농삿집 며느리다. 시집 온 지 다섯 해 만에 남편이 죽고 두 살 난 유복자가 하나 있었는데 시아버지가 이웃 사람의 칼에 찔려 죽었다. 그러나 부인은 관가에 고발하지 아니하고 소문 없이 장사를 지냈다. 그 뒤에 두 돌이 돌아오도록 한 번도 시아버지가 죽은 연유를 입 밖에 내지 않았다. 그리하여 범인은 저 과부와 고아는 자기가 두려워 원수를 갚지 못하는 것이라고 생각하게 되었다. 그러나 부인은 밤마다 칼을 가는데 서릿발이 섰으며 칼 쓰는 법을 늘 익히고 있었다.

시아버지 대상 젯날에 이르러서였다. 그날이 마침 장날이라 온 고을 사람이 많이 모였는데 부인이 몸을 날려 원수를 거리에서 찔러 죽인 다음 그 배를 째고 간을 꺼내 가지고 돌아와서 시아버지 젯상에 올렸다. 그러고는 마을 사람더러 어서 관가에 가서 사실을 말하라고 하였다. 관가에서 판결하기를, 부인은 효부요, 의부요, 열부라고 하면서 살려 두라 하였다.

삼 년을 밤마다 칼을 갈고 칼을 익히다가

원수 앞에 달려가서
가을 매 꿩 채듯 하였더라.
원수의 목 자르고 간을 내어
시아버지 원수를 갚고서는
스스로 이웃 사람 시켜
관가에 자수했더라.

報讎媳婦

　婦熙川農家也 歸夫家五歲 夫死有二歲遺腹子 其舅爲鄰人刺殺 婦不告官 斂而葬之 歲再周而無一言 殺其舅者 意謂寡婦孤兒畏渠而不讎之 婦則夜夜潛磨霜刀 作勢揮刺 未嘗廢也 及其舅祥日 適邑中大集也 婦奮身潛出 刺讎人於市上 刳其腹出其肝 歸奠其舅訖 乃呼里人 往首於官 官讞曰 婦孝也義也烈也 傳生焉

　　三年無夜不磨刀　作勢秋鷹快脫絛
　　斷頸咋肝今報舅　自呼鄉里首官曹

원숭이를 놀리는 사람

이 사람은 장마당에서 원숭이를 놀려 구걸하는 것을 업으로 삼았다. 그는 원숭이를 무던히 사랑하여 한 번도 채찍을 들어 본 적이 없고 저물어서 돌아갈 때에 피곤하더라도 자기 어깨에서 원숭이를 내린 적이 없었다. 그가 그만 병이 들어 눕자 원숭이는 울면서 곁을 떠나지 않았다. 마침내 원숭이의 주인은 굶어 죽었다.

동리 사람들이 죽은 그를 화장하려 하자 원숭이는 울면서 만나는 사람들에게 장례 치를 돈을 빌었다. 사람들은 원숭이를 매우 불쌍히 여겼다. 불이 활활 붙어서 주인의 시체가 절반이나 탔을 때 원숭이는 긴 한숨을 내뿜다가 통곡하며 드디어 불 가운데 뛰어들어가 죽었다.

놀음을 놀 때도 가죽 채찍 당한 적 없고
집에 돌아올 적에도 주인의 어깨 위에 앉더니
주인의 은혜 생각하여 불더미에 뛰어들었구나.
더구나 사람들 만나서
장례 치를 돈 비는 그 뜻이 갸륵해라.

弄猴丐子

　丐子弄猴 乞於市 愛猴深 未嘗一擧鞭 暮歸 不離于肩 雖儱甚 不改也 丐病且死 猴泣涕不離側 飢死 將火葬 猴見人泣 拜乞錢 人多憐之 及薪火方熾 丐屍半化 猴長慟一聲 遂赴火死之

　　當場了不見皮鞭　罷戲歸巢任在肩
　　報主自拚身殉志　逢人泣乞葬需錢

깽깽이 타는 늙은이

늙은이는 내가 대여섯 살 때에도 깽깽이를 타며 쌀을 구걸하였는데 외모로 보아 거의 예순이 넘었을 것 같았다.

곡조를 시작할 때마다,

"깽깽이 조카님, 임자 한 곡조 해 보세."

하고 허두를 떼고는 깽깽이가 대답하는 듯이,

"한 늙은 부부 팥죽 먹고 배가 아파, 에쿠 배야."

하면서 다시,

"아, 조놈, 조놈 석쥐[1] 한 마리 장독 밑으로 들어가누나."

하고는 또,

"남한산성의 도적놈이 요리로 달아나누나. 조리로 도망을 친단 말이야."

---

1) 석쥐는 오기서五技鼠를 말한다. 석쥐에게는 다섯 가지 재간이 있다고 해서 그런 이름이 붙었으나 그 재간은 대단한 것이 아니라는 뜻이 포함되어 있다. 석쥐는 날기도 하지만 집을 넘지 못하고, 나무에 오를 수도 있지만 나무 꼭대기에는 미치지 못하며, 때로 노닐기도 하지만 골짜기를 건너지 못하고, 구멍을 뚫을 수 있지만 제 몸을 가리지 못하며, 도망칠 줄도 알지만 사람들보다 앞서지를 못한다고 했다.

하였다. 그의 말들이 오히려 뜻이 깊고 자세하였다.

내가 환갑 되던 해에 깽깽이 늙은이가 내 집에 와서 쌀을 구걸하는데 그의 용모가 전날과 꼭 같았다. 이 늙은이의 연령을 생각하면 이미 백 살이 넘었을 터이니 참으로 이상하다.

> 한 늙은 부부 팥죽 실컷 먹고 에쿠 배야
> 석쥐 한 마리 장독 밑으로 들어가누나.
> 스스로 깽깽이 조카와 묻고 대답하는데
> 가만히 들어 보면 모두가 사람을 깨우치는 뜻.

嵇琴叟

記余五六歲 見奏嵇琴乞米者 顔髮如六十餘歲人 每曲 輒呼曰 嵇琴阿 汝作某曲 琴若答應 而作如一翁一婆 飽喫豆粥 腹痛大發聲 疾聲告鼫鼠入醬瓿底 南漢山城賊 此處走彼處走等意 丁寧詳悉 俱是警人語也 乃余周甲歲 叟又來余家 乞米如當日 想叟之年 已過百餘 異哉異哉

> 翁婆豆粥痛河魚　鼫鼠休教穿醬儲
> 自與阿咸相問答　竊聽都是警人書

시 잘하는 도적의 안해

원 상국이 송도를 관할할 때에 도적이 잡혀와 죽게 되었다. 도적의 안해가 시에 능하여,

"옛 도읍의 종소리 듣기에도 구슬픈데, 고려 오백 년이 이 한 소리에 남았구나."

하였다. 이밖에도 그의 말은 유다르고 깨우치는 바가 많아서 사람들은 탄복하지 않을 수 없었다.

아까울손. 세상에 전하는 그의 시는 이 한 구뿐이다. 도적의 안해는 연좌되는 게 법인데 상국이 그 재주를 아껴 특별히 용서하였다.

옛 도읍의 종소리 듣기에도 구슬픈데
고려 오백 년이 이 한 소리에 남았구나.
달 아래 노인은 무슨 한이 그리 많아
붉은 끈 잘못 내려 도적과 인연을 맺어 주었던고.

能詩盜婦

元相國之管理松營也 有盜就捕 當死 盜之妻能詩 有句曰 故國寒鐘入耳疎 高麗五百此聲餘 外此語多淸警 見者莫不激賞 而惜不傳也 律婦當坐 相國憐其才 特原之

故國寒鐘入耳疎　高麗五百此聲餘
氤氳使者偏多憾　枉把紅繩繫了渠

안성문

안성문은 시인인데 어릴 때부터 재주가 비상해서 한 번 보면 무엇이나 다 기억할 수 있었다. 그런데 그는 술 마시기를 좋아하고 글 읽기는 좋아하지 않았다. 그러나 그의 시편들 중에는 놀랄 만한 글귀가 적지 않았다.

"황복 떼 지어 물결 일쿠니 비오는 듯하건만 비가 아니고, 아지랑이 산에 피어오르니 구름인 듯하나 구름은 아니어라."

"울바자의 살구꽃은 비 내리듯 흩날리고, 뜰 앞에 수양버들 너울너울 온종일 바람을 일으키네."

"갈림길 십 년을 걸어 헤진 짚신만 남기고, 일천 수의 시를 지어 흰 베옷만 남겼구나."

"저물 무렵 다듬이 소리 다투듯 멀리서 들려오고, 돌아가는 제비는 다시 높이 날아오르네."

그의 이러한 시들은 때로 빈틈이 있고 또 한 수를 옹글게 만들지 아니하였으니, 성품이 매우 소루하고 세상일에도 어두웠기 때문일 것이다.

상소문을 써 가지고 대궐 문도 두드렸고
눈 내리는 밤이면 친구 집 문도 두드렸더라.
시인들이 태평성대를 노래할 제면
홀로 다락 위에 올라서 술잔만 동무했더라.

安聖文

詩人安聖文 自幼少時 有天才 能一覽輒記 而顧喜酒 不喜讀書 然詩多驚語 如河豚浪赤終非雨 野馬山靑半是雲 杏花籬落無時雨 楊柳門庭盡日風 十年岐路靑芒屨 千首詩篇白葛衣 暮砧爭遠起 秋燕更高飛 等句甚佳 而往往有破綻 不能作全疋錦 盖其性極疎迂 不解世務故也

  一封書擬叫天閤　夜雪來敲社友門
  共給詩人歌聖化　高樓百架酒千樽

장님 악사

장님의 성은 손씨인데 점술은 익히지 않고 노랫가락을 잘하여 우리 나라의 우조와 계면조의 장단고저 스물네 가지 소리를 어느 것이나 다 잘 알았다. 그가 거리에 앉아서 큰 소리나 가는 소리로 한참 엮으면 듣는 사람들이 담 두르듯 모여들어 듣다가 돈을 비 오듯 던져 주곤 하였다. 손으로 쓸어 모아 백 닢만 되면 곧 일어나 가면서 이르기를,

"이만하면 한번 취해 볼 밑천이 생겼구나."

하였다.

> 옛 역사에서는
> 소경 사광[1]의 노래가 좋았다지만
> 우리 나라에는 스물네 소리 전하여라.
> 장님 악사 돈 백 닢 생겨서
> 한잔 술을 즐기나니

---

[1] 사광師曠은 옛 중국 사람인데 소경으로, 노래를 잘했다 한다.

그 놀음 그 취미가
점치는 군평[2]보다 나으리.

孫瞽師

孫姓瞽師不閑卜術 而善歌曲 所謂東國羽調界面 長短高低卄四聲 無不淹博貫通 日坐街頭 大謳細唱 方其得意處 聽者如堵 投錢如雨 手扠而計爲百文 卽起去曰 此足爲一醉資

史傳師曠刺爲盲　歌曲東方卄四聲
滿得百錢扶醉去　從容何必羨君平

---

2) 옛날 중국의 엄준嚴遵이라는 사람인데 군평君平은 그의 자다. 그는 점을 쳐서 돈 백 닢만 생기면 술을 마셨다 한다.

일지매

 일지매는 도적들 중에서도 의협심 많은 사람이다. 매양 탐관오리들의 재물을 떨어 가난한 백성들을 구제하여 주었다. 그는 처마 끝을 나는 듯 다니고 벽을 걸어 다니듯 하며 빠르고 날래기가 귀신같아서 도적당한 집에서는 어떤 도적인지 알지 못하였다. 그는 도적해 가지고 갈 때에는 그 집에 붉은 매화 한 가지를 그려서 남기곤 하였다. 이는 아마 다른 사람을 의심하지 말라는 뜻이었을 것이다.

 가난한 사람 구제하려
 탐관오리의 재물 떨고는
 붉은 매화 한 가지 증표로 남겨 둔다네.
 이 영웅 이 행적 때를 만나지 못했구나.
 옛날에 의적도 많았지만 일지매를 따를 건가.

一枝梅

　一枝梅 盜之俠也 每盜貪官汚吏之財自外來者 散施於不能養生送死者 而飛簷走壁 捷若神鬼 被盜之家 固不知何盜也 而乃自作朱標刻一枝梅爲記 蓋不欲移怨於他也

　　血標長記一枝梅　施恤多輸汚吏財
　　不遇英雄傳古事　吳江昔認錦帆來

홍씨 집에 든 도적 손님

 남양 홍씨의 집은 큰 부자였다. 주인은 손을 대접하기를 좋아하였다. 하루는 어떤 손이 홍씨의 집 문 앞에서 비를 긋고 있었다. 주인은 이것을 보고 방 안으로 맞아들여 앉혔다. 손은 시도 잘 짓거니와 술도 잘 마시고 장기와 바둑도 잘 놀았다. 주인이 매우 기뻐서 손을 대하는데 비가 온종일 그치지 않았다. 이날 밤 손이 단소를 꺼내 보이면서,

 "이것은 황새 무릎 뼈인데 주인은 한번 들어보시겠소?"
하고 한 곡조 부니, 소리가 낭랑하여 비가 그치고 구름 사이로 달이 나와 먼동이 트는 듯하였다. 주인의 기쁨은 대단하였다.

 손은 또 단검을 하나 꺼내는데 서릿발이 등불에 번쩍였다. 주인이 놀라는 차에 창 밖에 사람이 있다가 손에게 고하기를,

 "소생들이 다 왔나이다."
하니, 손이 오른손에 검을 잡고 왼손으로 주인의 손을 잡으며,

 "주인은 어진 사람이니 내 차마 재물을 다 가져가지는 못하겠소."
하더니, 곧 부하들에게 영을 내려,

"모든 물건을 다 절반씩 나누되 저 검은 노새만은 나눌 수 없으니 그냥 두어 주인이 손님 좋아하는 은혜를 갚게 하라."
하고 일렀다. 부하들은 그리하겠다고 하였다.

이슥해서 부하들이 일을 다 마쳤다고 알려 왔다. 그제야 손이 자리를 털고 일어나서 주인에게 읍하고 떠나갔다. 주인이 집안의 재물을 점검해 보니 크고 작은 것 할 것 없이 모두 반분해 가지고 갔으며 인명에는 아무 손상이 없었다. 그런데 오직 노새만은 손의 말과 달리 보이지 않았다.

주인은 집 사람들에게 일러서 이 사건을 비밀에 부치고 누설하지 않게 하였다. 밤이 샌 다음 날 한낮에 노새가 저 혼자 돌아왔는데 등에는 풀 한 꾸러미가 실려 있고 꾸러미 위에는 글월이 있어 거기에 이르기를,

"미련한 졸개가 나의 영을 어기고 노새를 가져왔기에 그놈의 머리를 베어 사죄하오."
하였다.

> 황새 무릎 뼈 단소 소리에 내리는 비 그치고
> 등불 아래 칼빛이 서릿발 비껴 번쩍이네.
> 재물 절반만 나누랬는데 영 어긴 졸개 있어
> 그 머리 베어 주인에게 사죄하였다네.

洪氏盜客

南陽之洪 有豪富好客者 一日見客避雨立門前 邀之堂 與之語 則客固能詩善飮工博奕 主人大喜留之 雨終 日是夜半 客出一短簫曰 此鶴脛骨也 君可一聽 爲奏一曲 嘹亮截雨雲月矓矓 主人甚喜 又出一短劍 霜芒的爍於燈光 主人方錯愕 窓外有人來告曰 小的們已到 客右把劍左執主人手曰 主人賢者 吾不忍盡取之 下令曰 凡物皆分半 彼黑騾不可分者 留以報賢主人好客之惠 應曰諾而已 又告曰 己句當公事客 乃起揖而去 主人點視家中 物無巨細 半分而去 無一人戕害 然騾顧不見 主人囑家人秘勿洩 及午騾自還 背一草俗 俗上有赫蹄書曰 頑卒違令 故謹以其頭謝焉

　　燈前揮霍舞秋濤　鶴骨簫聲截雨高
　　百物中分違令卒　包頭騾俗謝鄕毫

범 때려잡은 사람

계해년(1803) 섣달 그믐날 밤이었다. 속리산 밖 새벽랑 촌에서 선비들이 모여 술 마시며 놀고 있었다. 밤이 아직 깊지 않았는데 웬 큰 사나이가 맨발로 뛰어들었다. 옷은 다 찢어지고 피 흔적이 낭자하였다. 그 사나이는 급한 어조로, 지금 시장해서 죽겠으니 뭣을 좀 배부르게 먹여 달라고 하였다. 여러 사람이 놀라고 두려워서 곧 술과 고기, 떡과 국을 모아 주니 열 사람의 몫을 다 먹어 치우는 것이었다.

사나이는 그제야 자세히 말하기를,

"내 집은 월 고을에 있소. 그저께 웬 범 한 마리가 내려와 늙은 어버이를 해치려 했기 때문에 급히 따라나섰소. 멀리 도망치는 범을 사흘 밤 사흘 낮을 놓치지 않고 따르다가 조금 전에야 동산 뒤에서 죽이고 왔소."

하였다.

들던 사람들이,

"월 고을이 여기서 몇 리나 되오?"

하고 물으니, 삼백여 리나 된다고 하면서 내일 새벽이면 집에 닿을 수 있을 터인데 버선과 신발을 빌려 달라고 하였다. 집 주인이 버선과 신발을 빌려 주자 사나이는 떠나갔다. 그리하여 여러 사람이 한가지로 횃불을 잡고 가 보니 과연 사나이가 때려죽인, 소보다도 더 큰 범이 쓰러져 있었다.

    베잠방이에 맨발로 눈 속을 헤쳐 와서
    밤중에 범 잡은 소리 들려주었네.
    월 고을이 여기에서 삼백여 리라지만
    그 밤으로 돌아가 새해 아침 맞았다오.

打虎人

癸亥除夕 俗離外山新崖村 士人咸聚於一所 飲酒守歲 夜未半 有丈夫跣足而入 衣皆破裂 血痕狼藉 疾聲言曰 我飢欲死 願乞一飽 諸人驚懼 急聚酒肉餠羹而饁之 猶沃雪可兼十人饌 乃曰家居越中 再昨夕 老親爲虎所逼 故急出逐之 憤其遠逃 三晝夜尾之 不釋 俄纔殺之於園後 問距越幾里 曰三百餘里 曰然則足可歸趁明曉 願借鞋襪 主人贈以鞋襪 客去 擧火共往審之 果打殺虎大於牛者云

    短衣徒跣雪中行 夜半驚聞打虎聲
    見說越州三百里 還家猶足拜新正

김오흥

김오흥은 서호에서 배꾼 노릇을 하는 사람이었다. 용력이 뛰어나서 읍청루에 뛰어올라 처마의 기왓골에 발을 걸고 거꾸로 가기를 잘하였는데 날래기가 제비나 새보다 빨랐다.

길에서 눈꼴사나운 일을 보면 약한 사람을 구제하여 기울어지는 편을 붙들어 주는데 생명까지 아끼지 않았다. 때문에 사람들은 그의 앞에서는 의롭지 않은 일을 감히 하지 못하였다.

강가에 솟은 다락 백 척이나 드높은데
몸 날려 뛰는 모습 거꾸로 달린 새와 같더라.
약한 이 부축하고 궁한 사람 도와주니
곁에 사람 그 누가 불평한 마음 생기랴.

金五興

　金五興 西湖業舡者 勇力絶倫 能飛上挹淸樓簷 掛足於瓦溝 倒行歷歷 疾於燕雀 路見不平 濟弱扶傾 如不惜性命 故里人莫敢行不義事

　樓簷千尺壓江潯　飛踘身如倒掛禽
　扶弱恤窮嗟莫及　傍人誰有不平心

말 주머니

　말 주머니 김씨 늙은이는 야담이나 패설을 잘하여서 듣는 자로 하여금 배를 부여잡고 거꾸러지지 않을 수 없게 하였다. 바야흐로 글귀를 따라 입심 좋게 보태면서 듣는 사람들의 마음속을 꿰뚫어 보며 이렇게 저렇게 말하는데 민첩하기가 귀신같아서 가히 익살의 영웅이라 할 것이다. 더구나 그 내용을 따져 보면 모두가 세상을 풍자하고 풍속을 경계하는 말들이었다.

　　지혜 구슬 둥글게 꿰어서
　　가로세로 무늬가 아름답네.
　　졸음 막는 방패로는 골계 영웅 제일이지.
　　꾀꼬리와 따오기 서로 송사하는데
　　늙은 황새 판결이 가장 공평하더라네.

說囊

說囊金翁善俚語 聽者無不絶倒 方其逐句增衍 鑿鑿中窾 橫說竪說 捷如神助 亦可謂滑稽之雄 夷考其中 又皆玩世警俗之語也

智慧珠圓比詰中　禦眠楯是滑稽雄
山鶯野鶩紛相訟　老鸛官司判至公

임수월

 임희지의 자는 희지熙之요, 또 다른 자는 수월水月이니 역관의 선비다. 술 마시기를 좋아하고 생황 불기를 즐기며 난초와 대를 잘 그렸다. 그런데 그는 기괴한 것을 좋아하여 말[馬]을 돌릴 수 없을 만큼 좁은 자기 집 뜰에다 못을 파고 가운데에 연꽃을 심으며 물고기를 기르고 있었다.
 어느 날 눈 온 뒤 새벽달이 밝은 때였다. 그는 쌍상투를 틀고 거위깃으로 만든 옷을 입고 다섯째 다리 어귀에서 생황을 부니 지나는 사람들은 그가 신선인가 의심하였다.

> 새깃 옷 떨치고 쌍상투 붙인 저 사람
> 눈 내린 밤 다섯째 다리목에서
> 달빛 아래 생황을 불고 부네.
> 술기운이 손가락에 뻗쳐선가
> 난초 절로 아롱지고
> 대 그림 또한 절로 그려지네.

林水月

 林熙之 字熙之 字水月 譯士也 善飮酒 喜吹笙 畵蘭竹 性好奇 所居庭不旋馬 鑿池於中 傍僅容一履 種荷蓄魚 當雪後曉月明 頂雙髻被羽衣 吹笙於第五橋頭 過者疑其爲仙人也

　　羽衣雙髻夜吹笙　第五橋頭雪月明
　　酒氣指間流拂拂　滿堂蘭竹寫縱橫

박 효자

박 효자의 이름은 지순志順인데 통영 고을의 장교였다. 부모 봉양을 잘해 부모가 병들었을 때 얼음 속의 잉어와 눈 가운데 죽순을 구해다 드렸다. 부모가 죽은 뒤에 산중에 가서 여막살이를 할 적에는 범이 와서 그를 보호하였다. 동리의 부인과 어린애들 가운데 그러한 사정을 잘 알지 못하는 자라 하더라도, 그가 문을 나서는 것을 보기만 하면 '범님〔虎公〕이 온다, 범님이 온다.' 하였다.

눈 가운데 죽순 찾고 얼음 속에 잉어 찾고
팔십 고령 어버이 죽음 슬퍼하였더라.
여막살이 하는데 범도 감동해서인가
무덤 곁에서 밤새우며 효자 보호했더라.

朴孝子

孝子名志順 統營將校也 善養親 病則有氷鯉雪笋之異 喪而廬墓 有虎來護 故婦人孺子 不知其事 見其出門 走輒呼曰 虎公來虎公來

雪笋氷魚事信哉　思親八十尙含哀
廬傍有虎馴如犬　上塚晨昏護往來

배 선달

배 선달은 안성 사람으로 무과에 급제하였다. 나이가 서른 남짓한 때에 매번 밤에 나가면 새벽녘에야 돌아오는데 몸은 항상 젖었고 눈은 붉어져 있었다. 그 안해가 괴이하게 생각하다가 한번은 그가 나갈 때 몰래 뒤따라갔다. 이윽고 선달은 범의 무리 속으로 들어가더니 역시 범이 되는 것이었다. 이것을 본 안해가 크게 놀라 소리치자 여러 범들이 놀라 흩어졌다. 배 선달도 역시 다른 범과 한가지로 도망쳤다.

그 뒤부터 범이 오면 그 마을에서는 배 선달이 온다고 하였다. 범도 그 말에 머리를 숙이고 귀를 붙이며 부끄러운 듯이 재빨리 도망치곤 하였다는 것이다.

무과에 급제하고 범으로 변하여서
눈에서는 불빛이 번쩍이고
발톱은 무쇠 갈고리 같더라.
동리 사람 범을 만나 배 선달이라 부르면
범도 부끄러운 줄 알았는지

멀리 사람 피해 달리더라.

裵先達

　裵先達 安城武擧也 年三十餘 每夜出 向曉方還 身尙濕而晴漸紅 其妻怪之 潛尾往見 入郡虎叢中 亦化爲虎 妻乃大驚叫呼則群虎驚散 裵先達亦走矣 自後鄰里有虎至 輒呼裵先達來 則俛首貼耳 似有慚愧 疾躍而去

　　虎榜榮名變虎身　金瞳鐵爪瑛霖霖
　　相逢輒呼裵先達　猶解羞生遠避人

박뱁새

뱁새의 형은 호를 황새라 하는데 그것은 황새처럼 넓적다리가 길고 힘이 세기 때문이었다. 그 반면에 뱁새는 몸집이 석 자를 넘지 못하고 용모가 대여섯 살 난 아이 같기 때문에 뱁새라 했다.

뱁새는 입 재주가 있어서 입으로는 생황과 퉁소를, 코로는 거문고와 비파 소리를 낼 수 있었다. 일시에 함께 어울려 합주하면 소리에 맞고 율에 고루어서 사람들은 세상의 절품이라고 하였다.

노래도 휘파람도 아닌 것이 구름 위에 울리네.
코로는 줄풍류요 입으로는 대풍류라
한집안 안에 웃음소리 뒤끓는다.
형이 황새라면 아우는 뱁새여라.

朴鷦鷯

　鷦鷯之兄 號曰鸛俠 爲其長腿多力也 鷦鷯身不滿三尺 貌小如五六歲兒 故號曰 鷦鷯 鷦鷯有口技 口而笙簫 鼻而琴阮 一時拜奏 比聲諧律 世以爲絶品伶部

　　非歌非嘯遏雲霄　鼻有琴琶口管簫
　　俠藪佳聲添笑話　阿兄鸛鶴弟鷦鷯

반표자 박동초

박동초朴東初는 강계의 무사다. 활과 총을 잘 쏘고 힘이 세서 일찍이 압록강을 지키는 방수장防守將이 되었는데, 강 건너 쪽에서 인삼을 몰래 캐러 오려다가도 감히 압록강을 건너지 못하였다. 그들은 서로 경계하여 강을 건너가면 반표자를 피하라고 하였다. 반표자는 얼굴이 얼룩얼룩 추하게 생겼다고 해서 이르는 동초의 별명이다.

시위 퉁기는 소리로 잘 사냥꾼 놀래키며
압록강을 손살에 꿰듯 하는 우리 반표자여
가장 무서운 사람 여기 조선에 있나니
삼 캐려고 압록강을 가까이하지 말아라.

斑豹子

朴東初 江州武士也 善弓砲 多膂力 常爲防守將 偸採人蔘者 不敢過鴨綠江 相戒曰 過江避斑豹子 謂東初面甚麻也

  弦聲驚殺獵貂群　四郡山川指掌分
  最是朝鮮斑豹子　挖蔘休近綠江濆

탁 반두

 탁 반두의 이름은 문환文煥인데 나례국儺禮局의 우두머리다. 젊어서 황진이의 춤과 만석중 놀이를 잘하여서 동류들 중에서 따를 자가 없었다. 늙어서 외국 사신을 영접하는 공으로 가선嘉善 품계를 받았다.

 황진이 걸음도 좋거니와
 나비 눈썹 더욱 어여쁘고
 만석중 장삼 휘날리며 너울너울 춤추어라.
 그 놀음 기묘할사 저게 누구인고
 사람들은 칭찬하며 탁 반두라 하더라.

 卓斑頭

 斑頭名曰文煥 儺禮局邊首也 少工於眞妓之舞 萬石僧之歌笑 斑中子

弟 毋能及之者 老以延勅勞 賜嘉善階

　　眞娘弓步斂蛾眉　萬石傞傞舞衲緇
　　旛綽新磨何似者　斑頭先數卓同知

만덕

 만덕은 제주도의 기생인데 한쪽 눈에 동자가 두 개였으며 가산도 많았다.
 정조 임자년(1792)에 제주도에 큰 흉년이 들었는데 만덕은 곡식 수천 석과 돈 수천 냥을 내어서 그곳 백성들을 구제하였다. 정조 임금이 크게 가상히 여기고 사람을 시켜 소원을 물었다. 만덕이 대답하기를 여자의 몸인 데다 천한 사람이라 다른 원은 없고 첫째로 임금을 뵙는 것이요, 둘째는 금강산을 구경하는 것이라고 하였다. 정조가 명하여 파발마를 타고 서울로 올라오게 하였다. 그러고는 내의원의 여자 행수 직분을 주어 대궐에 들게 하고, 노자를 주어 금강산도 구경하게 하였다.

 회청대[1]를 제주도에 높이높이 지어 놓고
 곡식을 산처럼 내어 마곡 고을에 쌓았구나.
 너의 눈이 쌍동자여선가 참으로 잘 보았다[2]

---

1) 제주도에 있는 누대 이름.

임금도 만나보고 금강산도 구경했으니.

萬德

　萬德濟州妓也 家貲鉅萬 一隻眼重瞳 正宗壬子 州大歉 萬德出數千
斛穀 數千緡錢 賑活一邑之民 上大嘉之 使問其所願 曰萬德 女子賤人
也 無他願 惟願一瞻天陛 一見金剛 遂命騎馹上京 屬之藥院內醫女行
首 仍令廚傳 往遊金剛.

　　懷淸臺築乙那鄕　積粟山高馬谷量
　　賦汝重瞳眞不負　朝瞻玉階暮金剛

---

2) 옛사람들은 쌍동자가 범상치 않은 기상을 나타낸다고 생각하였다.

통영 아이

 통영 아이의 성명은 알지 못한다. 그 아이는 스스로 '통영 애'라고 하였다. 통영 아이는 한 다리를 저는데 열 살 때에 동생을 잃어버리고 밤낮으로 울어서 두 눈이 다 흐려졌다. 그리고 부모가 죽자 거지가 되어 행여나 동생을 찾을까 하여 팔도를 두루 돌아다녔다.
 통영 아이는 스스로 여러 가지 새에 대한 노래를 지었다. 꾀꼬리는 노래를 잘하니 첩으로 돌리고, 제비는 말을 잘하니 종으로 돌리며, 까치는 알락달락한 옷을 입었으니 나졸로 돌리고, 황새는 목이 기니 포교로 돌린다고 하였다. 이렇게 하여 새의 족속에게 별명을 달았으니, 마치 옛날에 새 이름으로 벼슬 이름을 지었던 것과 비슷한 감이 있다.

> 노래 잘하는 꾀꼬리 말 잘하는 제비
> 삼백 종류 새 이름을 벼슬 이름처럼 지었더라.[1]
> 할미새의 노래 슬프니

---

1) 전설에 소호씨少皞氏가 새 이름으로 관직의 명칭을 삼았다는 이야기가 있다.

동생을 못 만나는 안타까움인가.
사랑하는 형제가 어느 날에
다시 서로 만나 볼거나.

統營童

統營童 不知姓名 自呼曰統營童 童跛一足 十歲時 失其弟 晝夜泣 兩目皆眊 及父母俱歿 乃行乞 徧于八省 冀或逢其弟 自作百鳥謠 如曰 鶯善歌宜妾 燕能言宜婢 鵲衣斑宜禁皂 鸛頸長宜捕校 數盡羽族 有古紀官底意

鶯歌燕語選姬鬟　三百飛禽總紀官
唱斷鶴鴿雙下淚　弟兄何日更相看

금성월

금성월은 재주와 인물이 뛰어나서 사람들의 평판이 매우 좋았다. 어떤 남자가 그를 사랑하여 함께 살았다. 몇 해 후에 그의 남편이 죄를 짓고 법에 의해 죽게 되었다.

금성월이 탄식하여 이르기를,

"남편이 나를 사랑한 것이 진실로 천하에 둘도 없었으니, 나도 남편에게 갚는 것이 역시 천하에 둘이 없이 하리라."

하고, 드디어 가슴에 칼을 꽂고 죽었다. 당시 사람들은 열녀라고 하였다.

>   구슬 치마 보배 비녀
>   서방님 사랑을 한 몸에 지녔는데
>   님은 가고 저 홀로 남으니
>   아픈 가슴 차마 참기 어려워
>   제 목숨 채우지 못하고 가엾게 죽어 갔구나.
>   향기로운 끓는 피가 원앙 이불 적셨더라.

錦城月

　錦城月 才色傾城 聲價絶代 有某人子愛蓄之數歲 其人有罪 將伏法 錦城月歎曰 郎之愛我 誠天下無雙 儂之報郎 亦當以天下無雙爲期也 遂先伏劍而死 時人咸曰 烈也

　　珠裳寶髻賣千金　塡海孤禽只苦心
　　冤債先於公債了　香生烈血灑鴛衾

다섯 이랑 여덟 식구

다섯 이랑 밭에 여덟 식구 살림
처녀 처녀 뽕 따는 처녀
석 잠 누에 어느덧 고치를 짓자마자
귀뚜라미는 어서 짜라 베틀에서 재촉하누나
공연한 수고 불쌍하누나 처녀야
관가에 쌓인 비단 네 손에서 나온 게라

소 탄 늙은이

늙은 농사꾼 어미소 타고
느릿느릿 시냇가에 왔네.
머리 돌린다고 소더러 나무라면서도
송아지 뒤에 있는 것 아랑곳 아니 하네.

騎牛翁

田翁騎母牛　遲遲到溪口
但叱牛回頭　不知犢在後

달구지꾼의 노래

농삿집 늙은이 새벽녘에 나가서
닭 둥지 같은 작은 수레에 누렁소를 메웠더라.
미끄럽던 길은 겨울 햇볕에 다 녹아
진흙물 콸콸 수레통을 잠그려 할 때
몰이꾼 채찍 끝에는 요란한 봄 우렛소리
꾸짖는 그 소리 깊이갈이를 재촉하는 듯
소는 백 자나 되는 산언덕을 움직이고
수레는 만 석을 실은 큰 배가 가는 듯
움직이는 언덕이며 가는 배가 다 같이 더디어서
돌아오는 길이 저녁 무렵이더라.
벼슬아치 달리는 수레는 네댓 필의 말을 메웠건만
평지로 가면서도 오히려 기울더라.
늙은이 손자를 안고 소는 송아지 낳으니
대대로 밭이랑에서 서로들 길이 따르리라.

牛車行

田家老翁晨出遊　鷄棲小車駕黃牛
冬暖路滑雪盡消　泥水活活侵轂頭
牧童鞭末春雷鳴　叱吒怳疑催深耕
牛如百尺山坡動　車似萬斛江船行
坡動船行兩依遲　歸來幸能及昏炊
豈無高軒與駿駬　平道疾馳還傾危
翁今抱孫牛生犢　世世隴畝長相隨

강촌에서

예나 지금이나 관리들은 오만도 한데
관청 문은 바로 물소리 나는 곳에 앉았더라.
고기 꾸러미 날마다 공물로 들어오고
마바리 왕성에 드나드니
세납은 만 사람을 짓누르는데
나르는 배들은 다섯 고을도 모자란다지.
관리들 등불 돋우어 물고기 대자가 넘는다 자랑하며
철 따라 물건들 생긴다고 기뻐만 하누나.

江村謾詠

傲吏如棠邑　官門坐水聲
苞魚歸日貢　騎馬到王城
牙稅千夫重　帆檣五郡輕
挑燈誇滿尺　時物喜生成

다듬이 소리

가까이는 초막 멀리는 기와집
달이 비치고 바람이 일어
하나같이 서늘하여라.
넘노는 섬섬옥수 더딘 듯 빠른 듯
고동치는 가을 생각 짧은 듯 긴 듯
외짝 벽에 비친 붉은 등불
맑기란 물과 같고
집 둘레 누른 낙엽
서릿바람에 헤매는데
벌레 소리 그치자 기러기 떼 가누나.
그리운 님의 겨울옷 채비
바쁘고 바쁘리라.

砧聲

近自茅廬遠畫堂　月傳風遞一般涼
調來玉手遲還急　鼓動秋心短復長

牛壁紅燈淸似水　數家黃葉細吹霜
鳴蟲已歇賓鴻去　明日催裁公子裳

덕진에서 연을 캐며

채련곡[1] 높아지자 노질이 잦아지누나.
물새들은 놀라서 깃을 치는데
푸른 물결 맑기도 해라.
꽃배 타고 꽃 속으로 들어가니
모두가 한 색이라 사람은 안 보이네.

德津採蓮

蓮唱初高刺掉頻　水禽驚起綠粼粼
畵舫漸入花深處　一色紅粧不見人

---

1) 연을 캐면서 부르는 노래.

동포에 배 들어온다

강촌에서 고기며 쌀은
값이야 묻지도 않는다.
입 큰 고기며 허리 긴 옥백미
날마다 무역에 바쁘기만 하구나.
남쪽 봉우리 높이 올라 바라보니
저 멀리 무수한 돛들
푸른 하늘로 들어가누나.

東浦歸帆

江鄕魚米不論錢　巨口長腰日貿遷
試向南峰高處望　遠帆無數入靑天

뽕 따는 처녀

다섯 이랑 밭에 여덟 식구 살림
처녀 처녀 뽕 따는 처녀
꽃다운 나이라 열여섯
여인들 하는 일 부지런도 해
버드나무 그네 터로는 나갈 줄을 모른다네.
십 리 벌 뽕밭에 봄날이 따스한데
새벽잠 깨니 은근한 비둘기 소리.

연한 가지 너훌너훌 머리채 건드리고
무성한 잎 야드르르한데 섬섬옥수 빠르기도 하네.
늘어진 가지 휘어잡고 잎 따느라 한나절
짙은 그늘 연기마냥 농막은 아득해.

광주리에 가득가득 땀방울도 떨어져
바구니며 치마폭에 마음대로 따 넣네.
처녀는 얌전하여 그대로 봄빛이건만
무슨 심사로 관원 행차 머뭇거리느뇨.
많이 땄느냐는 어머니 물으심에

처녀는 흡족히 대답하며 잠실로 들어가네.

석 잠 누에 어느덧 고치를 짓자마자
귀뚜라미는 어서 짜라 베틀에서 재촉하누나.
공연한 수고 불쌍하구나 처녀야
관가에 쌓인 비단 네 손에서 나온 게라.

採桑女

五畝之田八口家　有女有女條桑女
女年十六女工勤　不隨柳傍鞦韆侶
十里公桑春載陽　曉起碧窓聞鳩語
柔條飄拂翠鬟低　沃葉葱籠纖手擧
攀條摘葉日向午　綠蔭如烟隔野墅
綵筐盈盈滴汗粉　採之繦之隨意貯
雙蛾窈窕自春色　五馬徘徨何意緖
歸來阿母問多少　好向春閨養蠶所
蠶到三眠欲成繭　且待促織鳴我杼
可鄰蠶女空辛苦　官箱疋帛皆出汝

연

누런 실 흰 실 엇갈려 서로 노려보고
부는 바람 위아래서 하루 종일 다투누나.
회오리 찬바람 소리 어데서 일어났느냐
만 사람 머리 들어 푸른 하늘만 쳐다보누나.

紙鳶

黃絲白線細相伺　竟日惟爭上下風
寒嘯一聲何處起　萬人擡首碧霄中

길가의 장승에게

언제나 한결같은 얼굴에 엄연한 몸뚱아리
큰 키에 우뚝 서서 말 안 한 지 몇 해더냐.
만일에 세상일이 다 너와 같다면
세상에 시비할 이 없으련마는.

戲路邊長栍

依然面目儼然身　長立不言問幾春
若使世間皆似爾　應無天下是非人

누운 장승에게

오래 섰기가 수고로워서
소나무 아래 신선마냥 누웠는가.
저에게 이 세상 악착한 것 물으면
희멀건 눈으로 푸른 하늘 바라볼 뿐.

戲臥長栍

長立亦云苦　松下臥如仙
問渠人世齷　白眼仰靑天

농성에서

듣자니 가산 고을에 폭동이 일어
간밤에 원을 잡아 죽였다고.
도적 될 사람이 따로 있나
굶주림과 추위가 너무한 탓이지.
눈보라 사납게 울부짖는데
변방 산천에 한 해가 저무누나.
조정에선 애통한 조서를 내리는데
글자마다 눈물로 젖었더라.

*

크고 작은 고을 가릴 것 없이 무찌르며
청천강 저쪽에서 난군의 칼날이 번쩍
다투어 사방에서 말을 빼앗고
천리 둘레에선 닭소리도 들리지 않네.
난군을 이기려니 영웅이 생각나서
붉은 인주 찍힌 나라 조서 내렸구나.
온 들판엔 해골이 널렸는데

충성은 누가 하고 비분은 누가 품었는고.

  *

고을이 크니 남은 술이 있고
다락은 높아 북풍을 더 맞누나.
사람들 성미도 남쪽과는 다르나
난리 속에서도 매화는 곱게 피었네.
칼을 뽑아 드니 마음 크게 장해지지만
천 편의 시를 쓴 나 늙을수록 궁해지네.
아득히 눈길 가는 곳 서울을 바라보니
별과 달만이 동쪽 하늘에 떠 있구나.

  *

반란군이 쳐 오자 하늘땅이 캄캄해지고
도망치는 무리는 밀려 나가는 조수 같았네.
천리 사방에 주림이 들어
생각하면 편안턴 세상도 한 옛날 일인 듯.
첩첩 관문을 맨주먹으로 들어온 반란군
고을의 관리들을 턱으로 불렀다네.
저물도록 바람 불고 눈 내릴 제
마을마다 밥 짓는 연기 보이지 않네.

*

내 젊어서 두보의 시를 읽다
나도 모르게 눈물 흘렸더니
어찌하여 어지러운 날이 이리 많은가.
먼 타관 길손 된 이 마음 아픔이랴.
집 소식은 아득히 알 수가 없는데
난리 고장에서 돌아갈 길 막혔네.
칠실 여자[1]처럼 나라를 근심하노니
어찌 처자를 먼저 생각하랴.

　　　*

범과 같은 관서 사람들
어루만지기 어려우니 애처롭구나.
그들이 칼을 갈면 흰 눈빛 같고
말을 타면 바람을 일으키는 듯
어찌하여 임금의 은덕에 젖지를 않는 것인가.
외적을 없앨 재주는 오히려 그들이 지녔거늘
자식처럼 대했던들 착한 백성 못 되었으랴.
하늘은 본래가 넓고 넓은 법이거니.

---

1) 노나라 목공穆公 때 임금은 늙고 태자가 어려서 나라에 많은 변고가 있었는데, 칠실 마을의 젊은 여인이 이를 걱정하였다는 데서 나온 말이다.

 　　　　*

일곱 고을에 사나이 적어선가
산골짜기로 살길 찾아 도망쳤네.
관군의 영문으로 반란군이 쳐 들도록
가만히 앉아서 막지를 못했구나.
나무꾼들 집 헐어 땔감 하고
언덕에서는 사람을 밟고 다녔으니
사흘 동안 얼음 눈을 먹으며
갖은 신고 다하여 내성 문을 지켰다네.

　　　　*

청천강 물가에는 부자들이 많이 살고
백성들 살림은 예나 이제나 넉넉했다고.
하루아침에 반란군의 숲이 되어
살벌한 싸움이 송림 벌에 벌어졌는데
불길은 높이 하늘을 찌르건만
관군의 절반은 돈만 탐내는 무리라
홍경래 우군칙의 머리 하나에
그 값이 천금으로 붙었구나.

　　　　*

나라에 보답하려면 항시 검을 간직하고
벼슬을 살려면 돈을 멀리해야 한다네.
몸을 일으켜서는 나라를 생각하고
말에 올라서는 의기를 떨쳐야 하리.
집 소식은 아득도 한데
산천은 모두 비분에 싸였구나.
풀숲에 바람 일고 비 오는 이 저녁에
차라리 일찍 평상에서 눈이나 붙여 보세.

*

사방에 싸움 일어 백성들 피난 가고
이따금 관군들 속에 큰 아우성 소리
나라에선 황황히 군사를 보내니
늙은이들 도시락밥으로 그들을 맞았더라.
군사를 거느린 관군의 부원수
그 역시 한갓 썩은 선비였더라.
내 그를 만나서도 따르지 않았나니
손오[2]의 병서 읽은 것이 도리어 부끄러워.

*

---

2) 춘추시대 병법가 손무孫武와 전국시대 병법가 오기吳起를 말한다.

어느덧 섣달인가 나는 깜짝 놀랐네.
떠도는 내 신세 원망스럽구나.
관군엘 들어가지 못했으니
어찌 반란군을 쓸어 버리랴.
쓰러져 가는 집에는 여우 삵이 욱실대고
빈 성엔 귀신의 말소리뿐
태어났을 땐 세월이 태평했건만
늙어진 이즈음엔 난리만 이는구나.

　　　*

북쪽 장수 그 이름 웅악[3]이라
동으로 나와 봉황성에 주둔했나니
아 슬프다 떳떳한 우리 나라로서
어찌 기다리랴 남의 나라 군사를.
도움을 비는 건 좋은 수가 아니거든
우쭐거리는 웅악의 꼴이라니
우리 백성 보기에 부끄러우리.
그 옛날 왜구가 쳐들어왔을 땐
의리를 서로 지켜 손을 잡았지.

---

3) 웅악熊嶽은 청나라 장수의 이름이다. 당시 청나라는 홍경래 농민 전쟁이 일어났다는 소식을 듣고는 관군을 돕겠다고 봉황성까지 나와서 주둔해 있었다 한다.

*

연한 풀은 뾰죽뾰죽 말발굽 스치는데
아침결 가랑비라 질퍽이지 않누나.
병란에 시달려도 봄바람은 불어와
농성 땅 들판엔 버들도 꽃도 향기로워.

　　　*

정주의 창과 검 서슬이 퍼레서
성 가의 버들가지 짓쳐 버렸더라.
한눈에 바라보는 무성한 삼십 리 벌
봄은 이제 왔건만 푸른 실버들 볼 수 없네.

　　　*

손엔 백우선 머리엔 윤건, 학창의 떨쳐입고[4]
군졸을 지휘하여 어지러이 몰아쳐
공연히 해동의 물만 더럽히니
와룡 선생에겐 천추에 씻지 못할 한이 되리.

---

4) 백우선白羽扇은 흰 깃으로 만든 부채. 윤건綸巾은 머리에 쓰는 관의 일종이고, 학창의鶴氅衣는 빛이 희고 소매가 넓고 가장자리가 검은 웃옷으로 제갈량의 모습을 흉내 낸 것이다.

　　　　*

창고엔 해마다 만 석 양곡 쌓이니
둘레엔 풀 우거지고 낟알은 썩어나
봄철에 반란군 먹을 줄 알았더라면
굶주린 백성에게 나누어나 주었던들.

　　　　*

달리는 마병들 후군을 호위하는데
지방의 군사들이 먼저 박천 나루 건넌다.
부모처자 그들을 보내는데
모래판에선 다만 개 짖는 소리뿐.

　　　　*

아침마다 갑옷 뒤져 이 잡느라 분주하고
열 길 사다리로도 정주성을 못 깨쳐
성루에서 우는 탄환 빗발치듯 하고
반란군 한가롭게 불랑기[5]를 물리쳤더라.

　　　　*

---

5) 불랑기佛狼機는 명나라 때 서양에서 들여온 대포의 일종이다.

굶주린다는 급한 소식 동남쪽에서 전하니
가긍하다 봄추위에 진눈깨비 내렸는데
다행히 숙천에 차 진사 있어
소 잡고 술 걸러 관군을 먹이누나.

隴城雜詠 二十二首[6]

聞道嘉州賊　前宵殺長官
忍能爲寇盜　本不耐飢寒
風雪邊聲急　關河歲色闌
聖朝哀痛詔　字字涕汎瀾
　　　*
郡縣同摧拉　狂鋒閃薩西
四鄰爭奪馬　千里未聞鷄
勝策思黃石　恩綸布紫泥
中原多暴骨　忠憤竟誰齋
　　　*
邑大有餘酒　樓高多北風
人分湖嶺外　梅發亂離中
尺劍心猶壯　千篇老更窮
迢迢望京國　星月在天東

---

6) 원 시는 모두 22수인데 여기에는 그중 19수만 옮겼다.

*

寇來天地暗　漂蕩似奔潮
饑饉方千里　昇平歷七朝
重關徒手入　諸將朶頤招
連夜大風雪　村村烟火銷

*

少讀杜陵詩　凄然涕自垂
如何多亂日　又此遠遊時
家信無黃耳　歸程阻赤眉
向來憂漆室　不敢戀妻兒

*

兕虎關西子　難馴亦可哀
磨刀如雪色　騎馬逐風來
胡不需王澤　非無殺賊才
推心爲赤子　天網本恢恢

*

七州男子少　巖谷盡逃生
坐令崔苻賊　來窺細柳營
薪樵析屋入　原隰踏人行
三晝斲氷雪　辛勤閉內城

*

薩上多豪富　民居稱古今
公然爲賊藪　斬伐及松林
刼火干天運　官軍半貨心

景來君則首　一級直千金
*

報國常留劍　居官不愛錢
挺身思北首　躍馬向西天
家室蒼茫際　山河慷慨前
茗陵風雨夕　曾與對床眠
*

四境譽奔趨　三軍時大呼
青冥下鈇鉞　白髮捧簞壺
西塞副元帥　東方一腐儒
相逢未從去　愧我讀孫吳
*

蕭瑟驚殘臘　飄零怨此身
未能歸白帽　那得掃黃巾
廢屋居狐狸　空城語鬼神
生逢堯舜世　老作亂離人
*

北帥名熊嶽　東來駐鳳城
嗟哉千乘國　何待八旗兵
乞救非長策　跳梁恥亂氓
昔年蠻寇入　匡復荷皇靈
*

軟草茸茸着馬蹄　朝來微雨未成泥
春風不被干戈阻　柳色花香到隴西

*

安陵鐵劍利鎧兒　斫斷城邊楊柳枝
一望槎枒三十里　春來不見綠絲絲

*

羽扇綸巾披鶴氅　指揮士卒如旋蓬
公然海左潢池變　玷辱千秋老臥龍

*

歲歲官倉峙萬鐘　葳蕤沈綠鎖陳紅
早知爲賊三春飽　悔不散之溝壑中

*

突騎輕車殿後塵　土兵先渡博川津
爺孃妻子應相送　惟見沙中犬噉人

*

朝朝蟣蝨捫鐵衣　十丈雲梯未破圍
城上飛丸如雨點　軍中閒却佛狼機

*

東南飛輓告稠飢　惻惻春寒雨雪時
賴有肅川車上舍　擊牛釀酒餉王師

참외 장사

함경 땅의 참외는 참으로 맛이 좋아
빛은 거무스레하지만 달기는 꿀 같네.
바로 관가로 가는 길섶
동문 밖에 참외밭이 있는데
파는 이가 누군가
귀밑이 서리처럼 세었구나.

처서가 지났건만 아직 날씨 무더워서
늙은이 팔월에도 적삼을 입었네.
길 가는 사람마다 갈증에 목이 탈 지경
사는 사람 값의 높낮음을 묻지도 않네.

늙은이 말하기를
"이달이 칠월인데
천문과는 상관없이 역서를 마음대로 꾸몄으니
그것은 임금이 참위[1]의 말 믿어

---

1) 복술과 예언을 적은 글.

윤달을 명년으로 옮길 것을
조칙으로 내렸기 때문이오.
서양의 수학이란 매우 자세하여
천 년에도 털끝만치 틀린 게 없었다오.
육백 갑자에서 난 해를 따지고
이로 미루어 아홉에 하나는 제하는 법
사시를 정하고 해를 이룰 것을
희화[2]에게 명하였다지만
요 임금 시절에 그런 일은 없었소.
농사짓는 백성 잘못된 역서를 걱정하겠소
씨 심으면 봄이고 넝쿨 앉으면 가을인 것을."

나는 이 말 듣고 말에서 내려 절하노니
늙은 참외 장사 그대는 숨은 학자이어라.
생각하면 그대는 강현의 늙은 군사[3] 아니었나
그도 아니라면 청릉후[4]는 아니었는가.

---

[2] 옛날의 희씨羲氏와 화씨和氏를 가리키는데 요순시대에 천문학을 맡았다고 한다.
[3] 춘추시대 강현絳縣에서 성 쌓는 늙은 군사에게 나이를 물으니, "내가 나던 해의 정월 초하루가 갑자일인데 지금까지 사백 마흔 다섯 갑자가 지나갔고 거기서 백을 감한 것이다." 하였다. 사광師曠은 이 말을 듣고 "73세라." 하였으며, 또 사조史趙라는 사람은 "해자가 그 날수라." 하니, 사문백士文伯이라는 사람이 있다가 "그러면 26,660일이 그 나이라."고 대답했다는 고사가 있다.
[4] 청릉후青陵候는 중국의 도교 신앙인 오두미도五斗米道를 만든 장릉張陵을 가리키는 듯하다. 장릉은 청성산青城山에서 수도한 적이 있다.

賣苽行

咸京甜瓜眞佳絶　甜如刴蜜色如鐵
東門有田官道傍　賣者誰子鬢霜雪
今年八月尙單依　處暑以後天更熱
行人喉渴欲生烟　見輒沽之不問錢
翁言今日卽七月　歷法由人不由天
天子方用讖緯說　詔令閏月移明年
西洋數學極纖悉　千歲了無絲毫失
六百甲子籌吾生　自玆推衍九除一
定時成歲命羲和　此事未聞唐堯日
下民食土果何憂　種子爲春抱蔓秋
我聞此語下馬拜　翁乎知爾隱者流
不是當時絳城卒　得非舊日靑陵侯

장곡 농가에서

가운데 며느리 목련화 꺾어다 꽂고
등불 앞에서 앵앵 물레질이 한창이네.
고생 다하여 관가에 바칠 베를 짜건만
몸에는 온전한 역삼 베옷도 못 걸치네.

獐峪田舍

中婦收來吉貝花　燈前軋軋響繰車
辛勤織作充官布　身上都無完枲麻

늙은 군사의 노래

싸움터마다 앞장서는 동안
귀밑머리 세었구나.
진중 생활 몇십 년에
군사 진법을 모르겠는가.

해마다 푸른 변방의 버들
밤마다 애끊는 피리 소리.
우리 장군 부모 같으니
늙는 내가 한이로다.

老兵

百戰猶偏伍　邊霜兩鬢明
樵蘇堪執爨　糟粕解談兵
塞柳年年色　胡笳夜夜聲
將軍能撫養　寧復愛餘生

신안관에서

청천강 남북에 모두 흉년 들어
집집마다 눈비 속에 굴뚝 연기 멎었네.
돈을 가지고도 한 끼 먹기 어려워
강원도를 바라고 모두 떠나네.

新安館歲暮

江南江北告年凶　烟火蕭條雨雪中
滿橐黃金難一飽　流民提挈向關東

반나절 날이 개어

검은 구름 흩어지자 흰 구름이 떠도네.
한 달 나마 긴 장마에 반나절 개누나.
저녁 햇빛에 해오라기 한두 마리 날아예고
매미 소리 울려오자 선들바람 일어나네.
차 한 잔 마시니 시 읊는 목청 열리고
발을 걷어 올리니 앓는 몸이 가뿐하구나.
허나 저쪽 바닷가론 비 내리니
궁한 이 마을에 주리지 않을 백성 없으리.

半日晴

烏雲散盡白雲生　積月長霖半日晴
夕景斜翻雙鷺背　涼飇驟起一蟬鳴
新澆茗椀吟喉爽　乍捲簾帷病體輕
滿眼滄波天又雨　窮閻何處不饑氓

쇄마의 슬픔

용만의 쇄마[1] 지쳐서 개와 같으니
머리가 동쪽으로 향하면
다리는 서쪽으로 비틀린다.
용만 말몰이꾼 옷은 해지고
한 자 길이 채찍만이 그 손에 들렸을 뿐.

사정없이 내리치는 채찍질 소리에
사람들 떼 지어 구차스레 뒤따르네.
떠나며 압록강 가에서 점고를 할 때
관가에선 삼천 마리 값을 내렸더라.

어제의 준마가 오늘은 절름발이
엉덩짝과 목덜미 화인火印만이 완연쿠나.
아전들의 농간에 관장은 성이 나서
애매한 말몰이꾼께 채찍 안기네.

---

[1] 외국에 사신이 갈 때 방물이나 자문咨文 같은 것을 실어 보내기 위하여 나라에서 지방 관청에 배치해 두었던 말을 이른다.

오가는 길 따져 식량자루 주렁주렁
명주라 종이라 짐은 산더미
얼음, 눈 깔린 길 거울같이 어른어른
북쪽 여드레 길 구름 끝에 닿았는데

짐 무겁고 길 멀지만 먹이는 적어서
열 걸음에 아홉 번은 넘어질 뻔 자빠질 뻔
살아남는 말 있다 해도 길바닥에 쓰러져
굶주린 이리와 까마귀 밥 되리니
말몰이꾼 할 수 없이 짐을 갈라 지우지만
가다가다 날 저물면 장막 없이 어이 할꼬.

슬프다 말이 죽는 것도 주인을 위해선데
주인은 안장 풀고는 돌아보지도 않네.

요양의 사나이들 좋은 말 길러서
금안장에 옥굴레 씌웠는데
다 같은 말이련만 처지는 다르구나.
우리 말도 일찍이 요양 벌에 났던들.

刷馬嘆

龍灣刷馬疲如狗　馬首欲東脚西走
龍灣拉子無完衣　一尺木鞭徒在手
叱咤捶擊百不惜　苟充人數隨馬後
來時點馬鴨江邊　三千一匹官雇錢
咋之駿良今蹇劣　腿印項封空宛然
府吏染指官長怒　先以馬故人受鞭
于橐于囊計往還　貢紬貢紙輕邱山
氷雪載路路如鏡　江北八程懸雲端
負重道遠蒭秣少　十步九頓行間關
縱有生者道仆多　飢狼坐伺噪寒鴉
代勞替任旣盡力　又無敝帷將奈何
嗚呼馬死亦報主　使脫羈束掉臂過
遼陽健兒騎善馬　金鞍玉勒散珠踝
均爲馬也異所遭　何不早生冀北野

강진에서[1]

풍년을 원치 않고 흉년을 바라노라
흉년이면 행여 조세가 줄 듯하여.
목화 피기 앞서 무명을 내라 하고
곡식도 거두기 전에 조세부터 독촉하니
약이 좋다 한들 백성의 병 고쳐 보랴.
원컨대 나라에선 그 병 아는 이 보내 달라.
큰 나라 큰 고을이 이다지도 한심한가
남으로 온 지 열흘에 모두가 한 모양이라.

康津

不願豐年願儉年　儉年租賦或停蠲
綿將吐雪先徵布　禾未登場趣稅田
上藥難醫黎首疾　中朝只仗簡心賢
名城鉅國多寥落　十日南來一盡然

---

1) 이 시는 조수삼이 일흔네 살 때인 1835년에 썼다.

가을날 봉천에서

서리와 이슬은 서쪽 밭에 쌓이는데
농사일을 아직도 마치지 못했구나.
농사꾼들 힘겨운 이 정상을 생각하니
차라리 나 혼자 보러 옴이 다행이로다.

괴화나 버들은 아직도 잎이 달려
띠처럼 긴 그림자 물속에 드리웠구나.
깊은 못가엔 쏘가리가 모이고
먼 여울에는 해오라기 떠도는데.

냇물가의 저 집들 주인은 누구일까
초가집 한두 칸이 언덕 지고 섰구나.
제 뜻 지켜 농사짓는 촌 선비 아니면
숨은 재주 감추는 은사의 집일런가.

벼슬길은 애당초 생각조차 없으니
농사일로 소원을 풀어나 볼까.
강물과 호수는 품속이 넓어선가

물오리와 기러기는 잊지 않고 찾아드네.

나의 센 머리칼이 낙발도 심하거니
세상만사 걱정이 하 많아서인가.
밭갈이와 낚시질은 본시 내게 맞는 일
이 밖에 무엇 바라 이 고을로 나왔던고.

*

봄 밭갈이엔 한 가족이 수고로웠지만
가을 추수에선 온 이웃이 즐거워라.
새 떼 지저귐도 한결 기꺼운 듯
새벽부터 날아예며 탈곡장으로 몰려드누나.

기름진 논밭은 먼 강을 에두르고
우뚝 솟은 나무들은 집 둘레에 서 있구나.
토란 밭도 좋거니와 생강 밭이 더욱 좋아
뽕나무 대나무도 천 그루로 헤아릴까.

자급자족 착실하니 뽐낼 만하고
사람마다 즐거워서 태평세상 만난 듯
예부터 이름 있는 부여가 여기로다
물고기도 흔하고 쌀도 많은 곳이라.

산에서는 져 들이고 바다에선 실어 나르니
부담 말도 떼를 지어 사방에서 모여드네.
예부터 전하는 말 그른 데가 없구나
봉황새 날아드는 봉천 땅 제일일시고.

*

나그네 베개에 긴 밤이 지루한데
비 내리는 소리 그칠 줄을 모르네.
끝 벼린 송곳으로 귀청을 찌르는 듯
야무진 실오리로 마음을 잡아맨 듯

지루한 빗소리 주룩주룩 떨어지고
알알이 방울처럼 구슬을 꿰었네.
시끄럼도 지나치면 정적이 깃드는 듯
안타까움 다하면 기쁨이 솟는 듯

비라고 생각 있어 제 홀로 가능하랴
구름이 일어남도 제 생각 아니라네.
처음 가물 들다 나중엔 장마 지거니
따져 보면 모두가 자연의 한 이치라.

자연은 편벽을 모르리니
누구를 북돋우며 누구를 깔아 엎으랴.

하지만 사람들은 자기를 두고
이해를 판단할 뿐이라네.
새로 심은 밀보리는 우썩우썩 자랄 테지만
늦곡식은 말도 마라 피해 크게 입으리.

초가집들 배보다도 작아서
가을장마에 떠 내릴까 걱정인데
이 마을엔 살찐 돼지 없건만
해마다 비를 빌어 기우제만 지내는가.

*

사람들은 아침저녁 끼니에 근심이고
나라에는 한때 먹을 식량도 없구나.
나만이 불행하여 이런 세월 만났는가
아니면 이런 탄식 예부터 오는 건가.

묻노니 뉘라서 안 먹고 안 마시고
홀로 바람 쏘이며 살아가랴.
하도 안타까워 글월을 지었으나
끝내 못 올리고 궁궐문을 쫓겨났네.

칠십의 늙은 몸이 박봉에 매달려
벼슬길에 나감을 사양치 못하였더라.

관가의 세금 채찍으로 독촉하니
백성의 살림은 어떻게 이어 가랴.

닥쳐올 이 봄에는 열 집에 아홉 집은
먹을 것 찾아서 사방으로 흩어지리.
악전[1]의 말을 억지로 빌어서
솔잎 먹고 살자 권할 건가.

    *

농사 형편 보러 가을들녘에 나와 보니
나의 늙은 생각이 짧음을 알겠구나.
새벽에 일어나선 논두렁을 밟고
밤에 돌아와선 마을 초막에 잠자리 정하노라.

농사꾼의 고달픔 옛 시에서 찾아보고
때로는 수리水利 읽어 농사일도 연구하였지.
힘을 덜기 위해선
불로 풀을 태워야 한다고
더 많은 수확 위해
수차 쓰라 타일렀더라.

---

1) 악전偓佺은 옛날 솔잎을 먹고 살았다는 신선이다.

옛사람들 한 치 땅도 아껴서
뜨락에도 빈틈없이 남새 심었다고.
우리 늙은 농군들도 새 소식 듣고는
모두들 둘러앉아 기쁨 함께 하더라.

나는 그들과 더불어
풀대를 꺾어 들고 절기를 의논하며
땅바닥에 금 그어 농장기 그렸더라.
빈말 같지마는 그대로만 된다면
농군 살림 한결 편해 그 즐거움 한없으리.

    *

온 가을 장마가 그치지 않아
마가을까지도 서늘한 바람 맛을 못 보네.
낟알은 아직 밭에 묵어 있고
농부들은 여태 여름옷을 걸쳤구나.

늙은 나무 거친 들에 무심히 서 있고
밥 짓는 연기는 드물게 오르네.
그래도 손이 왔다 반가워서
기장밥에 아욱국을 끓이고
막걸리까지 손수 부어 주며
나더러 수고한다 위로해 주네.

문인들의 모임은 아니나
허물없이 대하는 맛 더욱 반가워
기쁨과 슬픔을 잠깐 새 바꾸는
시속에 물든 자들과는 인정이 다르네.

　　　*

입 있으니 물이야 못 마시랴
손 있으니 글인들 못 쓰랴.
내 어찌 그 즐거움 버리고
먼 지방 예 와서 벼슬에 얽매이나.

흉년 들어 백성 살림 말이 아닌데
간사한 벼슬아치들 명리에만 눈 어두웠네.
관가의 논밭은 갈수록 늘어나고
농사 재촉하는 관원들 제 잇속만 채우네.

논 사이 물길은 전과 달리 돌리고
밭뙈기도 해마다 관가 차지로 넘어가네.
농사꾼들 새나 짐승처럼
모이고 흩어지며 살 곳을 몰라 하네.

달려와서 앞을 막고 하소하는 농사꾼들
기한에 쪼들려 예절도 차릴 수 없는 듯

농사가 되지 않아 조세 바칠 곡식 없다고
농구 하나 없어 농사를 못 짓겠노라고
악에 받쳐 품었던 원망 쏟으며
서슴없이 관원을 맞서 나서누나.
마음에 측은한 생각 들어
그들 앞을 차마 떠나지 못했나니.

비 내리는 저녁녘 그들과 헤어지며
"어서들 귀밀이나 심으소.
관가에서도 조세를 못 물리리라.
하늘의 뜻이야 본시 공평하거늘
부지런히 힘쓰면
살아갈 길 있으리니 염려 마오."

   *

흰 눈이 날리자 만물이 얼어붙는 듯
외로운 등불에 이 밤도 고요히 잠든 듯
겨울날 긴긴밤 나 홀로 앉았노라니
고요를 사랑함은 내 천성 탓이 아니리라.

묵고 있는 초가집은 비좁고 누추하지만
문 닫고 앉으니 그윽하기 산속 같구나.
찾아오는 사람 하나도 없어

그림자를 동무하여 서로 마주 대할 뿐
스스로 묻노니 요즈음 즐거움이 무엇인고.
마음엔 엉킨 울화 말하기 어려워라.

鳳川秋日 次陶詩韻 八首

霜露積西疇　農功訖未休
念玆勤服力　喜余獨行遊
槐柳尙不凋　疎影帶長流
深潭聚文鱖　遙灘散皎鷗
川上彼誰屋　茆茨負曾邱
倘有嚴呂伴　得無沮溺儔
于時計已違　結構願可酬
江湖自浩蕩　鳧雁相忘不
我髮短而禿　非關天下憂
耕漁小人事　此外復何求
　　　　*
春耕婦子勞　秋熟朋鄰娛
鳥雀聲欣欣　天曙集場墟
良田夾遠水　喬樹依人居
芋薑各一區　桑竹或千株
自足誠傲然　相樂同熙如
壯哉魚米鄕　名縣稱扶餘

山負及海載　繈屬來趁虛
古諺非夸大　鳳翔天下無

*

客枕苦長夜　雨聲不肯止
若錐刺耳門　如絲擊心裡
點點滴竅中　箇箇貫珠子
鬧多轉味靜　惱盡還生喜
雨下本無心　雲亦起處起
始旱必終潦　往來推一理
天意豈培傾　人情分害利
新麥想茁然　餘禾應已矣
茅舍小於舟　汎汎秋水涘
村里無腒鱐　頻年設禜祀

*

人有朝夕憂　國無時年積
不自我先後　此歎匪今昔
疇能絶飮啄　獨奮靑霄翮
懷書字已敝　遂與君門隔
稀齡就薄廩　未敢辭往役
公賦伏鞭撻　民食恃交易
來春坐可推　十室九蕩析
願爲偓佺言　逢人勸松柏

*

監秋趣期會　衰翁策迂疎

晨興踏阡陌　夜歸宿村廬
微吟甫田詩　默究河渠書
省勞說火耨　興利教水車
闞人惜寸土　場圃春種蔬
父老獲新聞　班坐驚喜俱
折草籌歷紀　畫地成器圖
空言果見用　其樂顧何如

*

一秋苦恒雨　季月無涼飂
餘穧在田間　農夫未授衣
老木立荒村　烟火望依微
客至解延款　作黍烹寒葵
酒醪隨手酌　醇厚云扶衰
雖非文字飲　眞襟相發揮
遠愧流俗兒　斯須異忻悲

*

有口水可飲　有手書可著
奈何捨此樂　遠來嬰世故
洊荒適曹遇　衆姦滋依附
官田漫不量　佃戶點難語
溝瀆改前流　畦畛移舊處
野人如鳥獸　聚散無定住
奔訴擁馬前　倔强昧禮數
或稱乏王稅　又云缺農具

片言判愛憎　對面騰毀譽
我心憫其愚　徘徊不忍去
暮雨下冥冥　爲爾種麥懼
天意本好生　勤力且勿慮
　　　＊
小雪歛群動　孤燈息微喧
三餘得燕坐　愛靜性之偏
野屋雖湫隘　閉戶深如山
只許影相對　更無人周還
所樂問何事　在心難成言

가을날 동둔에서

관리는 배를 불리지만
농사꾼은 굶주려 고달프구나.
바람과 서리 가물과 홍수
이 재해를 어찌할 건가.
어떤 나라는 우물 정 자로
밭을 나눈 적 있고
어떤 나라 군사는
황무지를 개간했는데
오늘날 우리 하는 노릇은
왜 이리 폐해가 많은고.
일년 중 가을철이 가장 불쌍하여라.
돌아올 제 한가롭게 저 멀리 바라보노라니
오목대에 비낀 석양 나의 탄식도 모르는 듯.

東屯省秋

吏飽民飢事可哀　風霜水旱奈爲災
周官劃井分溝洫　漢將屯田闢草萊
今日吾行眞病矣　一年秋氣極悲哉
歸時喜得閑憑眺　無限斜陽五木臺

겨울비

겨울철 갑자일에 비 내리면
소와 양이 얼어 죽는다고
이런 뜬소리를 역사가는 전하였는데
오늘은 무슨 날이기에 비가 이렇듯 내리나
늙은 농사꾼들 하늘을 원망하누나.

봄은 가물었고 여름 내내 장마 들어
밭곡식 남새가 죄다 말랐구나.
사람들은 먹을 것 찾아 사방으로 흩어지니
떨어진 낟알인들 어데 있으랴
마른 흙덩이도 없구나.

빈창자 안고 걷는 진흙길 더욱 미끄러워
엎어졌다 일어나도 힘이 다해 쓰러지고
굶주리고 배고픈데 추위까지 덮치누나
누덕누덕 기운 옷이 젖기까지 하였으니.

넉넉하다는 집에도 한 섬의 쌀 없거든

우리네야 무슨 수로 아침저녁 끼니 이으랴.
처자들 먹는 것을 입에서 긁어내어
때늦은 가을철에 간신히 밀을 심었건만.

밀 싹 보이나마나 명년을 어떻게 기다리랴
밀 싹과 사람이 모두가 얼어서 죽을 지경.
물웅덩이 고기처럼 굶어 죽기 눈앞에 닥쳤구나
먹을 것 없어 참새도 굶어 죽는 이 세월에.

이런 사연 들은 낸들 무슨 말로 위로하리
눈물 어려 마주 볼 뿐 아무 말도 못 하였더라.
지난밤 나라의 고마운 소식 고을로 전해 와서
삽시에 그 사연 세상에 퍼졌나니

"관찰사들아 가난한 백성들에게
조세도 덜어 주고 세금도 면제하여
주린 백성 급히 구제하여라."

백성을 염려하는 그 소리 반갑구나.
고을과 변방의 관원들은 힘을 다하여
남서의 입쌀과 좁쌀로 그대들을 구제하리라.

그대들은 아는가 우리에게 어진 임금 있음을
옛날의 요순이라도 이보다는 못하였으리.

이제는 먹을 것 생겨 기러기 안 날아가고
도랑 속에 웅크렸던 따오기도 몸을 추세우리.

이 고을의 유 태수는 인자하고 국량 있어
밥 먹고 잠잘 때도 양주 고을 백성 잊지 않아서
아침마다 백성들을 어버이 정으로 돌보고
밤마다 향불 피워 하늘에 정성 기울이더라.

인제 우박도 안 내리고 바람도 순조로워
온 고을이 잘사는 따뜻한 봄이 닥치리라.
나갈 적에 양식 있고 돌아와서도 밥 넉넉하고
이처럼 잘사는 사람 수천수만으로 넘쳐 나리라.

동녘 하늘에 붉은 해 솟아오르자
누런 두루마기 걸친 사람
하늘 높이 노래를 부르누나.

冬雨歎

冬雨甲子牛羊凍死　漢時謠言傳太史
今晨何日天又雨　野老向天天莫訴
春旱夏潦大告匈　禾赤于田菜赤圃
仳儺就食散四方　安有滯穗無乾土

欲起無力還顚仆　肚空泥滑脚不由
濕透百結無完布　旣令我飢忍令寒
小人奚暇謀朝夕　大戶不能儲儋石
辛勤種下秋畦麥　刮出妻兒口吻中
苗與人殭俱凍瘃　明年餺飥尙何論
不少須臾紇干雀　幾多時日涸轍魚
淚眼相看空脉脉　我聞此語慰何辭
王曰嗟予觀察使　昨夜恩綸下州裏
憧憧一念環千里　蠲租停稅急賑飢
南米西粟將哺爾　邑宰藩臣盡率職
堯舜未必今如此　爾等豈知有聖君
漸見鶉鵠溝中起　不聞鴻雁野外飛
食息不忘楊之民　太守柳侯才且仁
夜夜焚香禱蒼旻　朝朝撤餔保赤子
熙皡一州如陽春　了無氷雹與風烈
全活非徒數千人　去有粻糧來有粥
黃綿襖子歌四鄰　東天愛看紅日出

우리의 사또

우리 겨울은 삼한사온이라고
예전에 늙은 농부에게 들었더니
아침 일찍 고을에 내려온 사또
저녁에는 다시 서울로 올라가네.
오늘도 오두 마차 아니 타고
방자에게 채찍 들려 말을 달리니
그 뒤로 아전 하나 문서책만 끼고 따를 뿐.

책 속엔 주린 백성 만여 호 이름 적혔는데
사또는 나라의 쌀 내어 구제하자 조르니
재상들은 눈 흘기고 눈썹을 찡그렸네.
그러나 사또는 서울 왕래 더욱 분주했네.
집집에 연기 멎고 하늘에서 눈만 내리니
굶주린 백성들 사또만 안타깝게 기다리네.

使君行

三寒遞四溫　昔聞老農言
朝州而暮京　今見使君行
使君行不馭五馬　短衣官僮鞭果下
府吏執冊從馬後　冊中飢民殆萬口
催賑請糶不憚頻　按使睢盱丞相讐
往往來來何屑屑　蔀屋無煙天雨雪
嗸嗸眼穿繼流血

양관에서 설을 맞으며[1]

세월은 덧없어 이 해도 벌써 저물어
낡은 해 꼬리에 새해가 물리었구나.
두메 객관 외로운 등불 새해 아침 기다리고
거친 성 위의 주라 소리 새해를 재촉하누나.

손자가 찾아와서 이 밤을 함께 묵는데
윷 장기로 밤새니 나그네 수심 사라지는 듯
맨발 바람으로 소반 들이는 관비
몇 접시 고인 것으로 설날 상이라 하거니.

어포 국에 누런 조밥 오르고
얼음 속에서 꺼내 온 두세 접시 김치 놓이고
산골에서 손님 대하기 신을 공경하듯
산자며 중배끼는 작년 가을에 담갔으리.

간수한 밤 없거니와 도토리도 없는데

---

1) 이 시는 조수삼이 여든 살 되던 1841년에 쓴 것이다.

관가에선 술 금하고 소도 못 잡게 하였구나.
이 고장 백성은 열 집에 아홉 집이 굶으니
한 끼라도 배불려 봤으면 그 한이 풀리리라.

그대는 모르는가 오두 마차 타고 온 임 태수
백만 곡식 내어서 백성들 살리겠다더니
기생의 섬섬옥수로 흰 옥잔에 술만 붓게 하고
지지벌건 술기운만
눈자위에 비치고 있음을.

楊館守歲鐵孫來伴

老子惜年年不留　舊年尾續新年頭
山館燈火待曉色　荒城鼓角催更籌
吾孫遠來同夜守　誼呼博簺寬羈愁
赤脚官婢木盤子　盤中飣餖稱時羞
乾鱐之羹脫粟飯　兩菹三菜氷中抽
峽俗享客如賽鬼　餼餴餰粢餘前秋
私藏無栗亦無橡　公門禁酒兼禁牛
楊民十戶九不食　一飽捫腹夫何憂
君不見　百萬補賑林太守　翩翩五馬赴西州
纖纖妓手白玉盞　酒浪搖紅映明眸

씀바귀

아이들 다투어 냉이를 캐건만
늙은이는 홀로 씀바귀를 캐더라.
약삭빠른 아이들 늙은이 두고 속삭이는 말
"좋은 나물과 나쁜 풀을 어찌 모를까?
달면 삼키고 쓰면 뱉는 건
사람마다 저절로 아는 일인데."
늙은이는 가만히 듣고 있다가
무겁게 입을 열어 아이들을 타일렀더라.

"냉이는 맛이 달아 사람마다 앞을 다투어
캐고 또 캐어 옹근 땅이 없지만
씀바귀는 쓰길래 누구나 다 버리니
마당과 채마전에 꽉 들어찼겠지.

남이 버린 것 캐 먹기는 쉬우나
다투는 데 끼어들면 죄를 질까 두려워
씀바귀의 쓴맛은 익히면 그만이지만
냉이를 다 캐고는 어데 가서 캐겠느냐.

쓴맛에 익숙하면 입속만 쓸 뿐인데
갑자기 쓴 것을 넘기면 뱃속까지 쓰니라.
입에 넣어 겨우 세 치만 지나면
달거나 쓰거나 매한가진걸.

우리네 생활이란 참으로 괴로운 것
온갖 쓴맛 일찍이 보고 듣고 했더라.

천함을 쓰게 여기니 귀족이 아니기 때문이며
가난을 쓰게 여기니 부자가 아니기 때문이라.
주린 것이 쓴데 손발톱마저 닳았고
찬 것이 쓴데 개잘량도 적구나

아낙네의 씀이란 관포를 바침이요
사나이의 씀이란 조세 무는 일이라.
문으로 나가자면 머리 숙임이 쓰고
집에 누우면 기둥에 부딪힘이 쓰며
용모는 곱지 못한 게 쓰고
말씨는 아름답지 못함이 쓰니라.

봄 밭갈이에는 가뭄이 쓰고
가을 추수에는 긴 장마가 쓰며
김매는 데는 호미자루 긴 게 쓰고
나무하는 데는 도끼 무딘 것이 쓰니라.

안해가 부르짖으면 남편 된 것이 쓰고
애들이 울면 아비 된 것이 쓰며
풍년에는 가렴잡세가 쓰고
흉년에는 환자 이자가 쓰며

채찍은 양의 볼기에 쓰고
아전은 범처럼 쓰니라.
근심이라는 게 즐거움의 근본이라면
쓴 것이란 단 것의 조상이라 하리로다.

쓴 것이 다하면 단 것이 온다고
옛날부터 옳은 말 전해 오거니
쓴 행실은 어진 선비를 만들고
쓴 말은 밝은 임금을 깨우치느니라.

너희들은 보았느냐 부귀한 자들에게도
쓴 것이 많아서 괴로움이 그지없단다.
부자는 더 탐내어 큰 부자 되려는 게 쓰고
귀한 자도 욕심내어 더 높이 되려 함이 쓰니라.

쓴 것이 없으면 스스로 쓴 것을 찾아야 하느니
남의 비위 맞추기에 겨를이 없어서야 되겠느냐.
내가 캐는 씀바귀는 비록 쓰다 하지만
배불릴 수 있거니와 활개 펴고 잠잘 수 있지."

그때 내 가만히 들어 보니

장저나 걸닉[1]의 그 뜻과 같기에

두 번 절하고 다시 도리를 물으려니

늙은이는 벌써 구름 속으로 사라졌더라.

돌아와서 이 말을 차례대로 써 두고

잊을세라 때때로 띠를 어루만져 보노라.[2]

采苦

群童競采薺　老翁獨采苦

童點笑翁癡　胡不審棄取

人情所共知　甘吞苦卽吐

翁乃向童曰　來汝吾當詰

薺甘衆輒爭　挑挖無完土

苦苦人皆棄　綿連被場圃

取棄易食力　趨爭畏罪罟

且習苦之苦　薺罄不旋武

習苦苦咽舌　猝苦苦心腑

纔過三寸後　甘苦同一腐

---

1) 장저長沮, 걸닉桀溺 두 사람 다 옛날에 매우 어질었다는 사람들로, 세상에 나아가 공명을 다투지 않았다.
2) 옛사람들은 옳은 말을 들으면 띠에 써 놓고 늘 외웠다.

吾生良苦人　百苦嘗記睹
苦賤無貴族　苦貧非富戶
苦飢乏爪牙　苦寒少毛羽
婦苦納官布　男苦輸田賦
門苦出低首　室苦臥觸柱
貌苦鮮皎潔　語苦不媚嫵
春耕苦亢旱　秋穫苦多雨
耨草苦長鑱　斲樵苦鈍斧
妻號苦所天　兒啼苦爲父
樂歲苦徵斂　凶年苦糴簿
鞭扑苦驅羊　胥吏苦闞虎
憂是樂之本　苦乃甘之祖
苦盡而甘來　格論傳諸古
苦行爲賢士　苦諫悟明主
君看富貴人　苦亦不勝數
富苦跨猗陶　貴苦致公輔
無苦自求苦　不遑任仰俯
我榮雖云苦　飽眠舒兩股
余時竊聽之　意與沮溺迕
再拜欲聞道　翁去入雲塢
歸來次斯言　襟帶時時撫

관아에서[1]

가을 곡식 익자 농부들 봄 댈 걱정이라
제 집의 계량도 어려운데
관가에서 인징까지 물라 하네.
이런 처사 내린 것도 고을 원이었지.
배불리는 관리를 탓하진 않고
여윈 농민들만 들볶으려네.

至牧所戲作

秋熟田翁怨嗣春　自家難給況逋鄰
監臨主守伊誰事　不責腴官責小民

---

1) 조수삼이 여든네 살 때인 1845년에 썼다.

밭갈이와 길쌈 낳이 〔次耕織圖韻〕

문밖에 조록조록 때마침 비 내리는데
우석우석 막밥 소리 들을 만도 하여라
누에는 살쪘는데 아씨는 여위누나
허나 등불 밝혀 가며 정성 다하누나

씨 담그기

농사의 첫 시작은 제때에 씨 담그는 일
잘 여문 좋은 씨앗 알알이 한결같구나.
비 그친 긴 둑엔 봄물이 넘실넘실
집집마다 서로 씨 담글 채롱 내리라네.

浸種

潛滋時物肇農功　嘉種堅圓萬顆同
雨過長提春水活　八家相告下是籠

밭갈이

밤새 걷은 봄비에 밭 감 들었는가
불깐 검은 소는 배불러 깊이 가네.
부지런하고 영리한 저기 나는 뻐꾹새
아침 내 뻐꾹뻐꾹 씨 뿌리라 재촉하네.

耕

土脈春融夜雨晴　烏犍宿飽好深耕
辛勤最是桑巓鳥　啼送終朝布穀聲

써레질

긴 써레에 소마저 든든하니
둘이 다 걸맞아서
앞으로 몰다 뒤로 돌려도
끄는 그 힘 무던하구나.
온 논을 골라 바둑판 같은데
오늘 새벽 보슬비 더욱 알맞춤하네.

耙耨

耙長牛健兩相依　纔北旋南力不違
萬井均平如奕局　今晨兼得雨霏霏

논판 고르기

봇도랑 흐르는 물 졸졸졸 귀맛도 좋은데
첨벙이며 논판을 휘저어 잠시도 쉬지 않누나.
그중에 부러울손 흰옷 입은 해오라비
종일토록 무심히 논 가운데 서 있네.

耖

溝渠高下響潺湲　踏水衝泥未暫閒
却羨雪衣雙白鷺　無心終日立田間

돌고무래

돌을 교묘하게 갈아 둥글게 만든 것이
가고 오며 오고 가서 쉴 줄을 모르네.
미끈해진 진흙 논판 무릎이 빠질 만하고
철철 흐르는 봄물은 허옇게 논둑에 찼네.

碌碡

巧磨頑石作圓周　去去來來故不休
滑滑新泥靑沒膝　粼粼春水白盈疇

모 붓기

남은 추위 아직도 쌀쌀한데
논이랑에 볍씨를 뿌리네.
살구꽃 피고 창포잎 푸르러
그 운치도 보암직하네.

농사꾼들 볏모를 사랑함이
귀여운 자식을 대하듯
하루에도 열 번이나
논머리에 나와 돌아보네.

布秧

稌畦分播怕餘寒　杏白蒲靑政可觀
農父愛渠如愛子　壠頭一日十來看

어린 모

기름진 비 보슬보슬 내려
논물이 철철 넘치고
파릇파릇 볏모가 새로 돋아나
요즈음엔 그것이 가장 반갑네.
바람은 부드럽고 날씨도 따스하여
하룻밤 사이에도 어린 모 한 치씩 자라네.

初秧

膏雨絲絲水淺深　嫩黃新綠最關心
仁風惠日溫存極　一夜能長寸一鍼

거름 앙금

김매고 재 뿌리며 부지런히 일을 하세
논판이 십 분이라면 논물은 삼 분을 대어야지.
사람의 공력으로도 자연을 이기리니
한 치 거름 앙금이 만 이랑 물결 이루리.

淤蔭

殺草鋪灰用力勤　十分田地水三分
人功始覺如天氣　膚寸淤泥萬畝雲

모뜨기

만 줌의 볏모를 냇물에 활활 씻어
겉붙은 흙 다 없애니 푸르고 깨끗하다.
하마 벼 뿌리를 더럽힐까 두려웁고
장마철 만나서 정성 들여 다루네.

拔秧

萬握春絲濯一川　滓泥消盡緣湛然
恐敎玉粒根沾汚　政値梅霖麥瘴天

모심기

이랑이랑 모를 꽂아 파란 들을 펼쳐 놓네.
더구나 제때 비 내려 모심기 더욱 알맞네.
베짱이 나올 철도 머지않았으니
앙마[1]를 달려서 일손을 미리미리 다그치세.

挿秧

靑靑刺破自瀰瀰　曾見培栽雨及時
倘待莎雞愁畹晚　莫教秧馬坐依遲

---

1) 옛날 논판을 고를 때 쓰던 농기구의 일종이다.

애벌김

사람과 왜가리가 논물 위에 넘놀거니
키다리 싱거운 돌피를 아니 빼고 어이하리.
나라의 옳은 정치 백성의 고달픔을 덜어 다고
모든 농군들 이 가을에도 풍년 곡식 바치리니.

一耘

人與春鋤俯水波　油油稂莠不耘何
吾王惠政除民病　野老秋來進瑞禾

두벌김

기러기 줄 맞춰 물고기마냥 떼 지어 나아가니
검은 어깨 붉은 다리 그 수고를 모르랴.
임금의 병풍에는 경직도도 있다는데
응당 농군들의 힘겨운 사정을 아파하시리.

二耘

雁齒魚頭作隊行　灸肩赤脚太勞生
御屏聞有豳風畵　應軫農家食力情

세벌김

어지러운 풀을 매어 주니
포기마다 싱싱 자라난다.
호미 멘 농사꾼의 그림자
물속에 비끼어라.
남풍이 지나가자 서풍이 불어오니
논판에 눈 내린 듯 이삭이 한창 패누나.

三耘

亂草除來碩穎長　荷鋤人影入陂塘
南風乍過西風起　早雪紛紛稻吐芒

물 대기

통나무를 쪼개고 수통 만들어
언덕 위에 대 놨더니
수차 바퀴 삐걱삐걱 샘물처럼 쏟아져라.
농사꾼도 좋은 수를 생각하고 본받아
논밭에 물을 대고 한밤에야 돌아오누나.

灌溉

剖木懸筒接翠微　踏車鴉軋水泉飛
農夫亦解龍公法　行雨田間半夜歸

가을걷이

석새 베잠방이 선선한데
새벽이슬 마르누나.
논물과 햇볕을 아울러 살피어라.
허리에 비껴 찬 낫
하늘가 초생달 같은데
황금물결 헤치며 저녁 늦게 돌아오네.

收刈

犢鼻涼多曉露晞　漸看田水幷餘暉
腰鎌白似天邊月　破盡黃雲向夕歸

마당질

수수와 벼 마당질 모두 끝내니
낟알이 쌓여 산같이 높아지네.
봄에 힘써 일하였더니
가을에는 배불리 먹을 수 있네.
요순 시절 부럽지 않게 우리도 살아가리라.

登場

黍塢禾場已告成　穰穰如抵復如京
春能力作秋能飽　不羨勛華世上生

이삭줍기

곳곳마다 도리깨질 풍년 가을 자랑인가
남녀가 한가지로 기뻐하니 세상인심 좋아졌네.
나락 짐 져 들이다 이삭도 주워 오지만
그래도 남긴 이삭 있어
가난한 홀어미 주워 가며 환성을 올리네.

持穗

連枷處處報秋成　女悅男欣見物情
持穗以還猶滯穗　聖時窮寡亦歡聲

방아

알알이 너미는 쌀 흰눈이 쏟아지듯
방아타령 공이질 소리 울 너머 집집에서 화답하니
무둑한 밥그릇 술에 처분처분 안기리라.
깊은 궁궐 종묘 제사에도 한 그릇 드려 볼까.

春碓

粒粒春來玉雪吹　村歌相杵隔疎籬
思將大椀流匙滑　拜獻深宮九飯時

체

맑디맑은 구슬알이 체 안에 그득 뒹굴어
한 알도 허비 마라 벌기 어려운 금이로다.
풍년 흉년 두고 귀천을 묻지 마소
제 배 부르다고 주린 사람 없다 할 수 있으랴.

簁

明珠無數走箕盤　一粒從知出處難
莫以豐歉分貴賤　飢人何似飽人看

키질

키를 높이 추켜 힘주어 까부르니
겨와 쭉정이가 비처럼 내리다가
앞 숲으로 가뭇없이 흩어지네.
구슬처럼 영근 것이 눈처럼 소담해
농삿집의 공든 열매 더없는 소중함이여.

簸揚

細簸高揚着力深　粃糠如雨散前林
珠圓雪白非堪愛　珍重農家費寸心

돌방아

사람의 어깨가 부풀고
나귀 발굽이 달 지경인데
분주하게 돌면서 주린 것도 잊은 듯.
좁쌀도 반들반들 윤기 돌고
기장쌀도 기름이 자르르
온 마을이 배부르니 즐거움이 절로 솟아라.

礱

人肩驢踏兩胼胝　𨓎迊奔趍自忘飢
粟米流脂梁米滑　千村鼓腹樂熙熙

관가 창고로

소달구지에 한 섬 두 섬 분주히 져 나르니
시월달 관가 창고로 조세를 바치노라.
조세를 다 바치니 살 길이 아득쿠나
간신히 시래기로 목숨이 이어질까.

入倉

牛車儋石各紛然　輸入官倉十月天
租稅畢來無宿計　惟將旨蓄禦殘年

두레놀이

농악 소리 두리둥둥 풍년을 노래하며
누런 닭 맑은 술에 온 동리 즐기누나.
소 잡아 괴었으니 신이여 마음껏 흠향하라
풍년을 마련한 그 공을 우리 함께 갚으려네.

祭神

簫鼓喧轟賽歲豐　鷄黃酒白一村同
大牢高鑛寧無享　粒我神功報不窮

누에알 씻기

옛 시편엔 구월에 옷을 바꾼다 하였거니
부녀자의 수고로움 봄날부터구나.
따뜻한 이즈음 누에알 씻기 알맞은데
꽃은 앞산에 만발하고 물은 시내에 넘치누나.

浴蠶

九月衣成七月篇　女工辛苦自春天
喧姸近日蠶宜浴　花滿前山水滿川

두잠

뽕나무 숲 보슬비에 푸르싱싱
따스한 바람이 문발 새로 스미니
한낮은 한결 더디어라.
집집마다 문틀보에 손을 기한다고 썼으니
누에 두 벌 잠자는 줄 모두 알리라.

二眠

桑林小雨綠差差　風暖簾帷午影遲
到處門楣題忌客　知應蠶子再眠時

석잠

석 잠 자는 봄누에 좋은 날씨 받았네.
처녀들은 어데서 연한 뽕을 따 왔느냐.
돌아와도 살금살금 소홀할까 두려워서
밤 늦도록 촛불 잡고 정성 들여 보살피네.

三眠

三臥春蠶屬艷陽 女娘何處採柔桑
歸來或恐多疎漏 秉燭相將到夜央

막잠에서 깬 누에

자고 일어난 누에 잠실에 가득한데
뽕잎 찾아 앞을 다퉈 배불려라.
안방에 부녀자들 팔다리 부지런히 놀려라
그러면 실고치 광주리로 무득무득 안기리.

大起

老蠶眠起滿深堂　索葉芸芸也自忙
莫惜閨中閒手脚　會將絲繭獻盈筐

막밥

문밖에 조록조록 때마침 비 내리는데
우석우석 막밥 소리 들을 만도 하여라.
누에는 살쪘는데 아씨는 여위누나.
허나 등불 밝혀 가며 정성 다하누나.

捉績

初驚房闥雨紛紛　食葉聲多政可聞
蠶愈肥瑩娘愈瘦　燈前猶復看慇懃

누에채반 갈아 주기

날씨와 바람 훈훈하여 발을 드리웠네.
흰 실을 뽑으려면 푸른 잎을 더 줘야지.
잠실 천정까지 가득 괴어도 모자라
누에채반을 더러는 처마 밑에 옮겼네.

分箔

溫容風日四垂簾　雪縷旋長綠葉添
滿屋充梁猶不足　分將幾箔上高檐

뽕 따기

누에가 잠을 자고 일어나는 그때마다
긴 언덕 뽕나무 그늘 짙어지지 못하네.
예쁜 광주리 옆에 끼고 자귀까지 들고 가니
우는 꾀꼬리를 잘못 건드려선가
다른 가지로 옮아 앉네.

採桑

陌上桑陰不漸滋　蠶眼蠶起卽隨時
懿筐小斧來相伴　錯打啼鶯過別枝

누에 올리기

뽕 따기 몇 날인가 힘겨운 줄 모르고서
저는 굶주려도 누에 주릴세라 애태웠지.
수고롭던 지난 일은 돌이켜 생각 마라
이처럼 많은 누에 알알이 고치 지으리니.

上簇

幾日求桑未覺疲　我飢不念念蠶飢
艱辛往事休回薄　見此重重作繭時

누에채반 덥히기

갓난애처럼 누에는 찬 것을 싫어하거니
관솔불로 누에채반 쪼여 세심히 돌보아라.
발 젖힐 젠 바람 들까 생각하고
자주자주 어루만져 애지중지 다루어라.

灸箔

蠶似嬰兒太怯寒　松明灸箔護更闌
開簾怕有春風入　只許頻頻手撫看

고치 따기

오래 전 옛글에도 부녀 할 일 적혔는데
그들이 해야 할 일 길쌈 낳이 첫째로다.
지금 와서 옛일을 물은들 무엇 하랴
주렁주렁 고치 풍년 보아도 알리로다.

下簇

周禮周詩著婦功　功成終始在公宮
如今故事憑誰問　惟見纍纍我繭同

고치 고르기

좋은 고치 골라서 비단 짜는 데 돌리고
못한 것은 남겨 뒀다 풀솜으로 두어 입자.
이내 눈도 무척 자세한 편이지만
잘못 고를까 봐 딴 사람에게 다시 뵈네.

擇繭

絲輕眞合織氷紈　綿重偏宜禦雪寒
不是儂心無仔細　更須珍重倩人觀

고치 움

고치실 다 뽑고도 할 일이 있어
많은 일 중에서도 부녀의 일 가장 많아
호미 들고 나와 간신히 움을 파고
푸른 그늘 아래 고치 누에채반
깊이깊이 간수하였네.

窖繭

功成還有未成功　百事人家最女紅
却把鋤頭艱作窖　深藏氷雪綠陰中

실 뽑기

푸른 연기 실실이 울타리 가에 오르네.
집집마다 고치를 삶노라니 어느덧 대낮이라
천 오리 만 오리 기쁨도 늘어날사
버치에 비낀 얼굴 한껏 아리따워.

練

靑烟如縷映門籬　煮繭家家卓午時
千緖萬絲牽喜氣　先將盆水照蛾眉

누에 나비

번데기에서 나비 나고 나비에서 알이 난다.
고치나 나비는 제 난 곳을 모르리.
오묘할손 만물의 존재여
우주 만물 깊은 이치 그 누가 깨달았노.

蠶蛾

老繭吐蛾蛾吐子　繭乎蛾也不知之
生生一理藏于密　誰悟乾坤物始資

누에제

장독만 한 누에신 부상 뽕을 먹는다는데
한번 보려 하나 멀어서 못 갔노라.
해마다 누에제[1]에 가지는 못하지만
누에신 끼친 혜택 잊을 수 있으랴.

祀謝

神蠶如甕食扶桑　願往觀之遠莫償
不及年年娘子祭　西陵遺澤被無疆

---

1) 누에치기를 처음 시작했다고 전해지는 서릉씨西陵氏에게 지내는 제사를 말한다. 선잠제를 지냈던 터가 서울 성북동에 남아 있다.

물레질

푸른 뽕잎 우거져 초가지붕 덮었는데
아씨들 금년 고치 잘 되었다 웃음꽃 피우네.
동녘 집 서녘 집 고치 켜기 바쁘고
성긴 울타리마다 물레 소리 가락 맞네.

緯

綠桑深覆白茅家　兒女蠶成笑語譁
東舍繰餘西舍繰　疎籬次第聽繅車

길쌈

누에 농가 젊은 아낙 고생 심해서
비단 짜기 배운 것 그리도 뉘우치네.
칡배자에 베치마 차갑기라니 무쇠 같은데
깊은 밤 후후 손을 불며 억지로 북을 놀리리.

織

蠶家少婦服勞多　悔學當窓織綺羅
葛帔布裙寒似鐵　夜深呵手强鳴梭

베짱이

미물인 벌레들도 인정을 아는가.
베짱이는 베짱베짱 소리 내고
밤마다 밤마다 게으른 아낙네 깨워
등불 돋워 한 앞 더 짜라 재촉하누나.

絡緯

微蟲亦有感人情　蟋蟀聲如絡緯聲
夜夜空然驚懶婦　挑燈催得一絇成

비단 짜기

솜씨 곱고 맘씨 고와 손끝에 난초꽃 아롱지니
흰 비단 무늬 비단쯤은 신기한 것 아니라네.
천 오리 만 오리 엇갈려 무늬 진 비단
냇물에서 비단 헤우며 크게 웃음 터뜨리네.

經

巧手精心數若蘭　尋常爲綺又爲紈
千條萬理分張去　河練時時笑仰看

염색

비단실에 물들여 짜는 법 그 누가 전하였노
구름 무늬 노을빛 아름답기 그지없어.
임금 옷감 염색도 저 아낙네들 솜씨려니
큰 채비 않고라도 오색 빛 물들인다네.

染色

錦水誰傳入草絲　雲章霞綺間離離
天衣染就須渠手　五色何煩更設施

수놓이

가난한 집 저 아낙네 한 뜸 두 뜸 꽃수 놓네.
착한 마음 솜씨 재주 모두가 한이런가.
석류꽃에 나비 찾는 치마폭 하도 아름답건만
이웃집 예쁜 기생 오히려 싫구나.

攀華

寒女金針刺繡紋　心工目巧兩辛勤
西鄰獨有傾城妓　厭看榴花簇蝶裙

마름질

생초 숙수 가지가지 빛깔도 고운데
가위 쥔 손끝에서 사뭇 정이 흘러라.
마음속에 가로세로 자 끝이 오락가락
어떻게 말라야 입기 좋고 보기 좋을까.

剪帛

吳紈魯素色鮮淸　金剪當頭更注情
不是中心存尺度　衣裳那得合裁成

새 옷을 짓고

온 필로 마름하고 가는 바늘에 실 꿰어
낭군 옷 지었는데 어이 그리 신통한고.
한 오리 한 실밥도 소홀히 안 했으니
규문 안 수고로움 몰라보지 마시라.

成衣

手裁全匹細針紉　爲作郞衣恰襯身
一縷莫敎閒看過　閨中還有費心人

땅은 남북으로 멀지만 백성은 한 핏줄기
〔北行百絶〕

다리 널판자가 멀리 남강에 떠내려가자
좁쌀 실은 배 북해로 올라왔더라
땅은 남북으로 멀지만 백성은 한 핏줄기
조 실어 보낸 은혜 이 땅에 길이 남으리

머리말

나는 스무 살이 넘어서부터 사방으로 돌아다니며 놀기를 좋아하여 지금까지 머리가 허옇도록 그치지 아니하니 사뭇 버릇이라고나 할까, 그도 아니면 운명이라 할까.

환갑 되는 임오년(1822)에 관북에 갈 일이 있어 춘삼월에 떠나서 초겨울 시월에 돌아왔는데 날수로 치면 이백여 일이요, 길 이수로 따져 보면 만여 리나 되어 평생 유람 중 오랜 시일과 먼 거리를 이처럼 다녀 본 적이 없었다. 나는 심심산골과 바닷가를 두루 다니며 용과 뱀이나 범과 표범을 비롯한 괴물, 그리고 요사한 도적 무리의 행적과 각지의 인정 풍습 등을 직접 듣고 보았다. 때로는 나무 열매를 먹고 풀숲에서 밤을 새우기도 하였다. 이것은 젊은 장정으로도 능히 겪지 못할 터인데 하물며 나처럼 노쇠한 자가 무사히 돌아온 일을 생각하면 기적이라 할 만큼 다행한 일이 아닐 수 없다.

여행 도중에 날마다 듣고 본 사실을 시 백 편에 담아 '북행백절'이라 하였다.[1] 전기錢起라는 사람의 '강행 고사江行故事'에 견준 것

---

1) 이 책에는 그 가운데 89편을 옮겨 실었다.

이라 하겠다.

그런데 여행 중에 종이와 붓이 없어 가슴속에 기록하여 두었다. 여행을 마치고 돌아왔어도 그해 겨울에는 집안일에 골몰하여 종이에 옮겨 베끼지 못하였고 이듬해 봄에는 정주에 가게 되어 종시 겨를이 없었다. 구월에 이르러서야 맡은 공무에 겨를이 생겨 가슴속에 기록했던 원고를 막상 종이에 옮기려고 보니 오랜 옛일처럼 기억이 막막하였다. 그리하여 가만히 앉아 눈을 감고 정신을 가다듬어 전날에 듣고 본 사실을 더듬어 보니 마침내 여러 가지 일들이 내 귀와 눈에 몽롱하게나마 떠오르기 시작하였다. 그와 같이 하여 밤과 낮을 몇 번이나 거듭하는 동안 기쁘고 슬프고 놀랍거나 우스운 일, 꾸짖을 일, 통곡하고 눈물겹고 탄식할 만한 여러 가지 사실이 역력히 머리에 떠올랐다.

시 백 편을 종이에 옮기고 나서 생각하니 이 몸이 다시 여행하고 다시 시를 짓는 것과 다름이 없었다. 나이가 젊고 총명한 사람으로도 그렇게 하기가 어렵거든, 하물며 나처럼 노쇠한 자에게 있어서랴. 돌아보건대 역시 생각을 오로지 하고 마음속에서 찾아내기를 부지런히 한 결과라고 하겠다. 예전에 두보도 촉 땅에 들어갔다 온 뒤에 지은 시가 더욱 기이하고 장엄한 풍격을 지닐 수 있었다고 하였다.

이제 나의 시는 속담과 인정 풍속을 읊은 데 지나지 않아서 별로 볼 것이 없으니 또한 부끄러운 일이라 할 것이다.

한 해를 넘겨 계미년(1823) 구월에 추재 노인은 신안관新安館에서 이 글을 쓴다.

포천 가는 도중에

우거진 수풀 저 너머 작은 주막이 있고
어지러운 물을 끼고 거친 길은 뻗었다.
두어 봉우리는 물을 들인 듯 푸른데
영주산인 줄 멀리서도 알겠구나.

其一 抱川道中

小店平蕪外　荒道亂水間
數峯靑似染　遙認永州山

양원을 바라보며

이번 길은 글 짓자고 가는 것 아니니
이제 또 양원을 바라고 길을 떠나노라.
멀리 보니 눈이 펑펑 내리는 듯
배꽃이 피어 나무에 가득하더라.

其二 望梁園

此行非作賦　又向梁園路
遠見雪紛紛　梨花開滿樹

풍전역에서

보리는 누른 채 시들고
밀은 푸른 채로 말랐구나.
주리고 흉년 들어 얼굴마다 시름에 잠겼는데
어느 곳이 풍전이란 말이냐.

其三 豐田驛

大麥黃而萎 小麥靑且乾
飢荒愁溢目 何處是豐田

철협에서 1

옛 굴에는 용과 구렁이 살았다는데
깊은 산에는 새와 짐승이 드물구나.
숲이 깊어 비라도 내릴 듯
높은 산봉우리엔 저녁노을 비꼈건만.

其四 鐵峽

古窟龍蛇去　深山鳥獸稀
森沈疑有雨　高處見斜暉

철협에서 2

세 길이나 되는 갈잎 배에서
상앗대로 복숭아 꽃물을 저어라.
두메산골이라 길 가는 사람도 적으니
둥둥 물 가운데 배를 띄워라.

其五.

三丈葦葉船　一篙桃花水
峽口少行人　汎汎在中沚

철협에서 3

거칠어 뵈는 저 산은 궁예 나라 옛터이고
늙은 나무 선 저기가 바로 철원성이라.
무덤도 있건마는 제사하는 사람 없고
사람들은 해마다 화전 일구러
산속으로만 들어가누나.

其六

殘山弓裔國　古木鐵原城
有墓無人祭　年年入火耕

보리 여울에서

흰 것은 찧어서 저자에 팔고
푸른 것은 막 빻아 저녁거리 삼는다.■
보릿고개도 넘기 어렵거니
보리 여울을 또 어이 건너랴.

其七 麥灘

舂白趁虛市　殺靑充夜餐
麥嶺斯難過　如何又麥灘

■ 해마다 보리 익을 때면 백성들이 식량난을 몹시 겪기 때문에 '보릿고개'라고 하는데, 이는 지나가기 어려움을 말한 것이다. 익은 것은 찧어서 저자에 갖다 팔고 익지 않은 것은 그대로 막 빻아 밥을 짓는데 이것을 '살청'이라고도 한다.

평강에서

푸른 산 가운데 고을이 있으니
길이 하 높아 산은 눈 아래 뵈네.
봄빛은 푸른 풀에 안겼는데
사람은 다시 발을 떼어
역루 서쪽으로 떠나가네.

其八 平康

縣在靑山裏　路高山四低
霏霏春草色　人去驛樓西

삼방 골짜기에서

산봉우리 어지럽게 담장처럼 둘렀으니
울타리와 문을 다시 세울 것 있으랴.
한낮이 되도록 밥 짓는 연기 없고
집집마다 찧는 건 칡뿌리러라.■

其九 三防谷

亂峯環似堵　不復設籬門
日午無烟火　家家擣葛根

■ 당시에 큰 흉년이 들어 백성들이 칡뿌리를 먹었다.

동촌에서 1

촌락은 땅속에 박혔는데
나그네는 하늘 위로 오르는 듯
촉 땅에 구지 구멍[1] 있다더니
이런 고장을 두고 이르는 말이리라.

其十 峒村

村塢地中藏　行旅天上去
蜀有仇池穴　也應如是處

---

[1] 구지仇池는 중국 감숙성에 있는 산인데, 이 산 위에는 못이 팬 큰 웅덩이가 있다고 한다.

동촌에서 2

용소 깊고 깊어 헤아리기 어려운데
사면 둘레에는 한 치 빈 땅도 없구나.
늪 속에는 크고 검은 물고기 있어
때때로 우레와 비를 일으킨다고.

其十一

石湫深不測　四環無寸土
中有大黑魚　時時作雷雨

추가령에서 1

두메 객줏집 해는 상기 기울지 않았건만
주인 늙은이 손을 끌며 자고 가라네.
나무꾼이 전하는 말 들으니
동쪽 마을에서 범이 송아지를 물어 갔다고.

其十二 鄒家嶺

山店日未西　主翁挽人宿
傳聞樵子語　虎噉東鄰犢

추가령에서 2

동쪽 산골에 황 사장[1]이 있어
낟알도 꾸어 주고 돈도 마련해 주니
이웃에 사는 열세 집이
흉년에도 걱정 없이 살더라.

其十三

東峪黃社長　借糧兼乞錢
鄰居十三戶　了不覺荒年

---

1) 사창社倉의 곡식을 관리하는 사람을 뜻한다.

추가령에서 3

굶어 죽은 사람이 길가에 나뒹굴어도
이곳 회양 고을만은 누워서 다스릴 만하다고.
묻노니 이 고을 관장은 급장유[1]처럼
언제쯤 창고 열어 백성들 구제하려는가.

其十四

餓莩多橫道　淮陽可臥治
借問汲長孺　發倉能幾時

---

1) 한나라 사람 급암汲黯으로 장유長孺는 그의 자다. 회양 땅을 잘 다스려 이름이 났다.

추가령에서 4

안타까워 발 구르며 애들과 늙은이 재촉하는데
저저마다 말하기를 서울로 떠나간다고.
봄바람 야속하여 부황 든 얼굴 스치네.
어느 날에나 가 닿으리 저 먼 서울에.■

其十五

頓足呼童叟　皆言上漢京
春風吹菜色　何日入東城

■ 유랑하는 백성들이 다 서울로 가느라 밤낮으로 길에 사람이 끊이지 않았다.

추가령에서 5

오생▪은 거지를 잘 그려서
물감 쓰고 먹 쓰는 법 예전부터 신통해.
그렇게 능한 솜씨로 어떻게 그릴지는 모르나
그림이 다 되면 임금한테 드려 다오.

其十六

吳生畵流丐　粉墨昔通神
此手那能作　圖成獻紫宸

▪ 평양의 오생은 거지를 잘 그려서 호를 '오거지〔吳丐子〕'라고 하였는데, 내가 아이 때에 그를 본 적이 있다.

추가령에서 6

서울 장안은 십만 호건만
부자 또한 많지 못한데
불쌍도 하여라 저들은 발이 부르트도록
모래를 밟고 밟아 여섯 모의 모래■ 만들려나.

其十七

京城十萬戶　富者亦無多
憐渠已繭足　空踏六稜沙

■ 서울 사람의 속담에 '세 모의 모래를 밟아서 여섯 모의 모래를 만들어도 오히려 밥 얻어먹기가 어렵다'는 말이 있었다.

추가령에서 7

소나무 껍질 벗겨 산이 죄다 허옇고
풀을 너무 뜯어 들이 푸르지 못하구나.
보리가 있다고 이르지 말라
겉은 말라 누르고 늦벌레가 먹었으니.

其十八

剝松山盡白　挑草野無靑
莫道來牟在　乾黃又螟螣

삼방에서 1

철령은 남과 북의 지경인데
푸른 하늘에 꽂힌 듯하여라.
그 누가 이 길을 열어 놓았는고
활에 비긴다면 활줄 타고 가는 셈.■

其十九 三防口

鐵關南北限　萬古挿靑天
此路何人闢　由弓直走弦

■ 철령은 관령關嶺과 경계한 산이다. 삼방으로 가는 데는 가깝고 평탄한 지름길이 있지만 예부터 이 길을 버리고 다니지 않는 것은 깊은 뜻이 있었기 때문이라고 일러 왔다. 근년에 금령이 풀려 길손들이 끊임없이 이 지름길로 다니고 있다.

삼방에서 2

진창[1]에 옛길이 있어서
열흘이면 위수 물가에 다다른다지.
제갈량이 일찍이 위나라와 싸울 때도
한신이 예전에 진나라를 칠 때도
이런 길을 거쳤으리.

其二十

陳倉有古道　十日達渭濱
蜀相曾謀魏　淮陰昔襲秦

---

1) 중국의 험한 산 이름인데 그곳의 험한 산길을 비겨서 말한 것이다.

학성에서 1

작은 주막집에 살구꽃은 날리고
손님들은 흥겹게 서로 인사 나누네.
구수한 시루에선 새로 떡이 익고
흰 사발엔 술개미 동동 뜨네.■

其二十一 鶴城

杏花飛小壚　壚上客相呼
甑香餠初熟　甌白酒新篘

■ 큰 흉년이 들어서 길가 객줏집에는 술이나 떡이 없었다. 그러나 학성 지방에 들어서니 거리에서 흉년과 굶주림을 알지 못하는바, 듣건대 태수가 고을을 잘 다스려 흉년에 대비해 일을 잘하였기 때문이라 한다.

학성에서 2

녹봉 갈라 백성들 조세 물어 주고
창고 열어 주린 백성 구원하니
촌 늙은이와 어리석은 자들도
입에 침이 마르도록 어진 원님 자랑하더라.

其二十二

割俸充租錢　開倉賑飢口
翁嫗至愚者　嘖舌誇賢守

원호에서 1

원호의 수천 집들
집집마다 비단옷 입었으니
무학이 일찍이 이 땅을 보고서
돈 쌓은 사두가 예 있다고 하였더라.▪

其二十三 黿湖

黿浦數千家　家家曳綺羅
學師曾相地　云有積錢砂

▪ 무학이란 중이 일찍이 호수 가운데 섬들은 다 돈이 쌓일 사두가 된다고 하였다 한다. 사두 砂頭는 묘지의 양옆이나 앞에 두드러진 땅을 가리키는 말이다.

원호에서 2

가을 되면 곡식에 말이 잠기고
물가를 끼고 있어 개도 고기를 물었구나.
곡식 들이쌓이고 물고기 많이 나서
배와 수레는 그득그득 실어 나르네.

其二十四

秋登禾沒馬　浦近犬銜魚
委積將波及　輕舟與重車

원호에서 3

바닷물 넘쳐 올라 홍수 난 지 십 년인데
촌락 꼴 여전히 쓸쓸하구나.■
예전엔 개와 닭도 기름졌는데
생각하면 그때가 전성시대였더라.

其二十五

溟漲今十年　村容向蕭瑟
鷄犬有光輝　憶昔全盛日

■ 경오년(1810) 여름에 해일로 홍수가 나서 천여 호의 인가가 물에 잠겼다.

원호에서 4

고깃배가 그물 감당 못 해서
파도에 밀려 먼 바다로 흘러가건만
관원들은 집안에 깊이 들어앉아
후룩후룩 생선국만 먹누나.

其二十六

漁艇不勝網　飄搖截海行
官人坐深屋　頓頓喫魚羹

문천의 아전촌에서 1

샘물을 갈라내어 논배미에 대고
소나무를 심어서는 무덤을 보호하네.
이곳 사람들은 제 조상 자랑하며
고려 시대 평장사[1]를 이르더라.

其二十七 文川吏村

分泉灌稻畦 種松護墳地
屠孫誇乃祖 高麗平章事

---

[1] 고려 시대의 벼슬 이름. 정2품의 고위직으로 조선 시대 판서에 해당한다.

문천의 아전촌에서 2

들 물에선 물오리 미역 감고
널판자 다리에선 말발굽 소리 요란한데
물오리들 놀라 날다가 도로 돌아들더니
한 놈 한 놈 사람들에게 굽벅굽벅 절을 한다.

其二十八

野水容鳧浴　板橋鳴馬啼
驚飛還自返　一一向人低

마랑도에서 1

차디찬 이 섬에서 말 치기 어려워
한겨울에는 얼어 죽는 말 많아라.
봄이 돌아올 적엔 밭을 팔고는
아울러 자식까지 팔더라.▪

其二十九 馬廊島

寒島不宜牧　三冬馬多死
春來還故失　賣田兼鬻子

▪ 나라 법에는 말을 고의로 잃은 자를 징계하는 조목이 있다. 이 섬은 매우 추워서 얼어 죽는 말이 많다. 그러나 관가에서는 얼어 죽은 말도 말 기르던 자가 고의로 잃은 것이라고 하면서 배상금을 징수하므로 말을 기르는 자는 감당할 수가 없었다.

마랑도에서 2

가을에 열 말 쌀 받아들이고
봄에는 닷 말의 겨를 내주네.
잘 찧은 쌀은 어디로 가져가나
날마다 불리는 건 아전의 배로구나.

其三十

秋輸十斗米　春糶五斗穅
精鑿歸何處　日飽吏人腸

정평에서 1

금당못 삼십 리
마름 속에 고기 깔렸네.
해마다 복숭아꽃 필 제면
관가의 배엔 기생만 실리네.

其三十一 定平

金塘三十里　魚在荇藻裏
每年桃花節　官船載紅妓

정평에서 2

지난해 봄에 물고기 많이 잡히어
회 치고 굽는 냄새 이웃 고을에 풍겼더라.
옛 책에 이르기를 그런 해 가을엔
곡식이 잘 안 된다더니 진정 옳은 말이어라.

其三十二

前春魚大上　膾炙厭傍州
見說秦皇記　其年未有秋

정평에서 3

다리 널판자가 멀리 남강에 떠내려가자
좁쌀 실은 배 북해로 올라왔더라.
땅은 남북으로 멀지만 백성은 한 핏줄기
조 실어 보낸 은혜 이 땅에 길이 남으리.▪

其三十三

橋板漂南江　船栗來北海
分土不分民　遺頌碑斯在

▪ 박문수朴文秀가 영남의 관찰사로 있을 때 관북에 큰물이 나서 그곳 다리 판자가 영남의 바다 연안으로 흘러 내려왔다. 이것을 안 관찰사는 그날로 십만 석을 배에 실어서 겨울이 되기 전에 북관에 들여보냈다. 지금도 그 다리목에는 "영남 관찰사 박 공은 영원토록 잊혀지지 않으리라."고 쓴 비가 세워져 있다.

정평에서 4

실바람은 가느다란 버들개지 어루만지고
가는 비는 남은 꽃을 미역 감긴다.
넘어야 할 산이 멀다고 이르지 마라
이 한밤 주막에서 묵은들 어떠랴.

其三十四

微風扇飛絮　小雨沐餘花
休道前山遠　何妨宿酒家

정평에서 5

원천 이씨네 집 머슴꾼이
임진왜란 겪은 일을 자세히 말하더라.▪
구리 사람[1] 어루만지는 날에
그 누가 계자훈의 탄식을 들었는고.

其三十五

院川李家傭　自述經倭亂
銅狄摩挲日　誰聞薊子歎

▪ 이곳에 280여 세 되는 사람이 있었다. 그는 원천의 이가 성 가진 집에서 8대나 고용살이를 하고 있었는데 보고 들은 것을 잘 기억하고 있어 임진왜란 때의 일을 이야기하였다.
1) 《후한서後漢書》 '방술열전方術列傳'에 "계자훈이라는 사람이 어떤 늙은이와 구리로 만든 사람을 어루만지며 서로 이야기하기를 '이것이 만들어지던 것을 보았더니, 벌써 오백 년이 되었는가' 하였다."는 이야기가 있다.

정평에서 6

전날 밤 앞산 고개에서
도적 나서 사람을 죽였다네.
슬프다 두 필 무명 그것으로
몇 해나 신을 버선 만들겠는가.■

其三十六

前夜對門嶺　有人相殺越
哀哉二疋綿　能作幾年襪

■ 어젯밤 웬 사람이 무명 두 필을 가지고 고개를 넘다가 도적을 만나 무명을 빼앗기고 칼에 찔려 죽었다. 도적은 객줏집에 내려왔다가 객줏집 사람에게 발각되어 체포되었다 한다.

석왕사에서

산 가운데 일백 골의 샘물 흐르고
바람비에 빈집이 홀로 우는 듯
눈썹 센 중 두엇과 더불어
옛정을 이야기하였네.■

其三十七 釋王寺

山中百道泉　風雨動虛館
晧眉三兩僧　舊結香火伴

■ 내가 계유년(1813)에 이 절에서 이틀 밤을 묵었는데, 그때 사귄 두세 명의 중이 아직 이곳에 있었다.

황초령에서 1

남쪽 고개엔 구름이 첩첩한데
북쪽 고개엔 푸른 하늘이 한 줌만큼
붉게 떨어진 꽃 아껴 밟노라니
여름의 흰 눈을 놀라 보았노라.

其三十八 黃草嶺

南嶺雲千疊　北嶺天一握
盡踏落花紅　驚見氷雪白

황초령에서 2

옛날 장진 고을 들렀을 땐
다락도 높고 연못엔 배도 띄우더니
이제 보니 백 이랑 밭에
보리 물결만 바람에 넘실넘실.■

其三十九

昔入長津府　樓高池泛舟
今來田百頃　風麥浪油油

■ 내가 계유년(1813)에 장진 고을로 왔을 때에는 못과 다락의 경치가 아름다웠다. 그러나 지금은 고을이 옮겨지고 그 경치는 없어져 밭이 되었다.

황초령에서 3

옛 고을엔 삼과 보리 우거지더니
새 고을엔 은과 금이 난다고
황금 부스러기 백은 싸라기 캐내느라
일만 이랑 논밭에 구덩이 깊어 가네.

其四十

舊邑宜麻麥　新州産銀金
零星採黃白　萬畝草萊深

황초령에서 4

옛 동네 이름은 사태라고 하였지만
사태가 아니라 사타가 옳은 말
어떤 자들 일컫는 오만령五蔓嶺이란 지명도
틀림없이 오만烏蠻의 잘못이리.■

其四十一

古洞名沙汰　沙汰卽沙陀
或云五蔓嶺　乃是烏蠻訛

■ '사타沙陀'는 거란의 장수 이름이었으며 '오만령烏蠻嶺'은 태조가 '오랄烏喇'을 정벌할 때에 행군하던 길 이름이었다.

원주령에서 1

산신에게 제사하지만 신은 알지도 못하고
배를 불리는 건 까마귀와 들쥐 새끼뿐이로다.
아첨으로 섬김도 진실로 어리석음이니
세상에서 한스러운 일 이 두 가지 짓이어라.■

其四十二 原州嶺

祭神神不知　秪飽烏鼠也
諂事誠愚哉　世間多二者

■ 고개를 지나는 사람들은 반드시 신에게 제사한다. 제물은 까마귀와 들쥐 들이 먹어 버리지만 사람들은 신이 흠향하였다고 오히려 기뻐한다. 까마귀나 들쥐 들도 역시 습관이 되어서 사람을 피할 줄 모른다.

원주령에서 2

오기서가 땅속에서 우니
접동새는 나뭇가지에서 우짖네.
그 울음소리 하도 처량하여
풀 깔고 누운 길손 잠 못 이루네.

其四十三

地中五技鼠　枝上批頰鳥
聲聲恐客心　不能眠藉草

- 이날 밤에 산골 안에서 노숙하였다.
- 오기서五技鼠라는 쥐가 밤에 땅속에서 우는데, 그 소리 요란하여 승냥이 울음과도 같았다.

대원주에서

눈 밟으면서 쥐와 담비 때려잡고
소금물 뿌려 고라니와 사슴을 홀쳐 잡더라.■
추우나 더우나 삼베옷 걸치고
벗나무 껍질 집에서 나고 자라 살더라.

其四十四 大原州

躡雪打鼨貂　灑鹽囮麋鹿
寒署麻布褌　生長樺皮屋

■ 소금물을 땅에 뿌리고 올가미를 그 아래 묻으면 사슴이 와서 핥아 먹다가 올가미에 걸려 달아나지 못한다.

대라신동에서 1

저쪽 사람 우리 나라 와서 사냥하고
우리 사람 저쪽 가서 광석을 캔다네.
비해 보면 술집 주인 같아서
동쪽 가면 그곳 술 먹어 보고
서쪽 가면 그쪽 술맛 탐내고.▪

其四十五 大羅信洞江州界

彼人獵于我　我人礦于彼
譬若兩酤家　東西互買醉

▪ 변방 왕래를 금하는 법령이 차츰 해이해서 저쪽 사람은 이쪽으로, 우리 사람은 저쪽으로 넘나들지만 지방 사람들은 관가에 알리지 않고 서로 숨겨 준다.

대라신동에서 2

변방 초소 불빛 강변을 비춰서
듬성듬성 자리 잡은 강가의 게막 같건만
뇌물로 인심을 사 서로 좋게 지내자 하며
씨 붉은 단절과 입 푸른 황절에 건너온다지.■

其四十六

戍火照江邊　星星如蟹芨
自有好商量　穩坐丹黃節

■ 삼을 캐는 사람들은 씨가 붉은 때를 '단절丹節'이라 하고 잎이 푸른 때를 '황절黃節'이라 한다. 그때마다 저쪽 사람들 중에는 우리 지경에 건너와 삼을 몰래 캐어 가는 자가 있는데, 그들은 우리 편 국경을 지키는 자들에게 뇌물을 먹이고 건너온다고 한다.

대라신동에서 3

부모 제사 치르기도 쉽지 아니한데
이웃 사람 다 먹여야 하니
그 일이 사뭇 어려워라.
상복 입은 채 십 년을 지내니
그 집 살림 가난함을 알겠노라.■

其四十七

易也祭其親　難乎饗四鄰
服衰過十祀　知汝坐家貧

■ 북방 풍속은, 기제사와 삼년상을 지낼 때 소나 술을 갖추어 놓고 모인 사람을 대접해야 한다. 여러 마을 사람들이 제삿집에 모여들어 그 비용이 적어도 수백 금보다 적지 않게 든다. 만일 집이 가난하여 제사를 못 지내면 십 년이 지나도록 상복을 벗지 못하는 경우도 있다.

구파에서 1

뭉어리 돌로 어지러이 쌓은 보루
그 안은 좁아서 수레 하나도 돌리지 못할 듯
모두들 보루라 일컫지마는
겨우 두서너 채 민가를 에둘렀을 뿐이더라.

其四十八 舊坡

亂壘鵝卵石　中不容旋駕
强名曰堡城　兩三繞民舍

구파에서 2

삼나무 숲 속에 창을 꽂아 놓고
초초하게 구실 자리 갖추었네.
더벅머리 나무꾼 애 하나
관원과 심부름꾼 노릇을 도맡아 하더라.

其四十九

挿戟萬杉中　草草備官制
鬖頭一樵童　身都校吏隷

구파에서 3

쑥대나 겨릅대에 쌀뜨물 발라
불을 켜며 강등이라 하거니
임금도 옛 제도 잊지 못하여
강등에 불을 달고 조상 능묘에 나갔더라.

其五十

蓬麻塗米潘　明點號糠燈
帝不忘舊物　燃之謁祖陵

- 쌀뜨물에 조거나 피겨를 섞어 쑥대나 겨릅대에 발라 말려 햇불이나 촛불을 대신하여 쓰는데 이것을 '강등糠燈'이라 한다.
- 순조 18년(1818)에 임금이 거둥할 때 능을 지키던 신하가 강등을 준비하지 않았다고 하여 이르기를, "능에 나갈 때 강등을 사용하는 것은 옛 일을 잊지 아니하려 함이요, 또 검소한 덕을 밝히려는 것인데 지금 강등을 갖추지 않았으니 공부工部의 관원을 파직시키라." 하였다.

구파에서 4

검은 벼랑길에선 바위를 더위잡아 오르고
흰 벼랑길에선 힘겨워 주저앉는다네.
돌층계는 굽이굽이 천백 번 꺾여서
코에서는 불이 날 지경.■

其五十一

黑厓可攀登　白厓行且坐
石棧千百折　折折鼻生火

■ 강 연안의 사오백 리가 다 험하여 가기가 어려운데 '흑애黑厓', '백애白厓', '석대石臺', '오감잔烏嵌棧' 등 수십 곳이 더욱 심하였다.

구파에서 5

맑은 물은 띠처럼 둘려 있고
뾰족뾰족 봉우리는 생황이 박에 꽂힌 듯
평생에 가 보고 싶던 초계와 삽계 생각으로[1]
여기 풀숲에서 살고 싶구나.■

其五十二

澄水帶圍玦　叢峯笙揷匏
平生苕霅想　於此欲誅茅

---

1) 초계苕溪와 삽계霅溪는 중국 강남에 있는 지명으로, 은거하기 좋은 곳으로 알려져 있다.
■ 나난보羅暖堡는 산 가운데 깊이 자리 잡고 있어 겨울에도 그리 춥지 않으며 기이한 봉우리도 있는데 그 앞으로는 강물이 띠를 띤 듯 흘러서 마치 강남의 풍경처럼 보인다.

장령 위에서 연지봉을 바라보며

산에 오르니 백두산이 마주 보이고
연지봉이 석양빛에 빛나네.
산에서 내려오자 소낙비 내려
길은 진데 샘물 소리 돌돌 울리네.

其五十三 長嶺嶺上 望見臙脂峯

上山對白頭　臙脂明夕照
下山驚雨過　道泥泉鳴礉

무산령 어귀에서

산 귀신이 사람의 이름 아는가
멀리서 소리치니 친구가 나오는 듯
동쪽에 응답하면 서쪽에서 다시 불러
가고 가기를 밤새도록 하였더라.■

其五十四 茂山嶺口

山鬼識人名　遙呼若友生
應東西又喚　趨走達天明

■ 무산령의 샛길은 곧장 갑산으로 통하는데 산골길 육백 리에 수목이 우거졌다. 거기에는 인적이 하나도 없어서 사람이 그 속에 들어가면 문득 귀신이 희롱하는 듯싶었다.

혜산령에서 1

백두산이 발부리에 닿을 듯
허나 아직도 갈 길은 멀어
나무도 찍으며 천리 길 들어서
도롱이 쓰고 일곱 밤을 새웠네.

其五十五 惠山嶺

白頭如可蹴　此距尙遙遙
刊木行千里　披簑宿七宵

혜산령에서 2

풍수들 속임수에 넘어간 사람들
강 건너 저 나라에 암장을 하고는
한 해 한 번씩 얼음 타고 가서
마른 고기 놓고 수달피 제사를 흉내 내더라.

其五十六

形家大誤人　江外或埋瘞
歲一乘氷去　乾魚行獺祭

■ 저쪽 나라와 우리 나라의 국경이 띠처럼 좁다. 사람들은 더러 풍수설에 넘어가 강 건너로 가서 남몰래 묘를 쓰기도 하는데, 강이 언 뒤에야 비로소 성묘하러 갈 수 있다.

오매강에서

오매강 물로 술을 빚어
오매강 가에서 술을 파네.
그득 부어 마셔도 취하는 줄 모르니
나그네 마음이 본래 울적해선가.

其五十七 烏梅江

釀酒梅江水　賣酒梅江渚
滿酌不知酣　客心本酸楚

지주천에서 1

바윗골 안엔 태곳적 눈 그대로요
노송나무 떡갈나무엔 사철 바람이 부네.
길은 굽어 양의 배알 같고
산은 험하여 범의 입 안에 든 것 같구나.

其五十八 蜘蛛遷

巖峒太古雪　樅櫟四時風
路入羊腸內　人行虎口中

지주천에서 2

열넷이 짝 지어 김을 매는데
으헝 하고 세 마리 범이 달려들어
네 사람은 범한테 물려 죽고
세 사람은 범에게 삼키워 버렸다지.■

其五十九

十四人同耘　三虎䟓啼逼
四人虎咬死　三人虎啖食

■ 내가 가기 전날에 있은 일이다.

신선 바위에서

두 벼랑이 마주 서서 대궐문 되었는데
한 돌이 가로질러 다리까지 놓았구나.
다리를 건너면 장기판이 놓여 있어
붓으로 그린 듯이 십자 길이 짜여 있네.■

其六十 仙巖

兩厓對爲闕 一石橫作橋
過橋有棋局 十路靑似毫

■ 돌장기판이 돌다리 건너 저쪽에 있는데 사람들이 다리로는 그곳에 이르지 못하였다. 민첩한 어떤 사냥꾼이 봉우리 위에서 밧줄을 타고 내려가 보니 흰 돌에 푸른 줄이 가로세로 열 갈래여서 천연의 장기판이었다고 한다.

수측에서

오색빛 청동석은
반듯하여 벼루 삼기에 알맞네.
비취새 깃으로 엮은 듯도 하고
자고새의 반점도 찍혔더라.[■]

其六十一 水測

五色靑銅石　端宜斲硏山
斜編翡翠羽　細點鷓鴣斑

[■] 동광銅礦에 돌이 있는데 비취색이 아롱져서 산의 경치를 도울 만했다.

사발곶이에서

길은 꺾이어 한번 크게 돌아가더니
돌고 돌아 가는 듯 돌아오네.
인간 세상 굽어보니
연기와 티끌이 덮개로 덮인 듯.

其六十二. 沙鉢串

一折路一回　回回去似來
俯看人世色　如蓋覆烟埃

명당곶이에서 1

곰이 앞길을 막아섰네.■
털은 한 자 넘고 크기는 한 수레에 가득 찰 듯
깊은 숲 속에서 숨죽이고 있으니
스스로 풍첩여[1]가 부끄럽구나.

其六十三 明堂串

有熊當道立　毛尺大專車
屛息深叢裡　自慚馮婕妤

■ 이날 큰 곰이 나와 길을 막아섰다.
1) 풍첩여馮婕妤는 한나라 때 여인. 풍첩여가 임금과 함께 동물 우리에 갔을 때 곰이 우리 밖으로 뛰어나오자 그 앞을 막아섰다. 이때 여러 사람이 모두 달아났지만 풍첩여만은 임금을 보위하기 위하여 그대로 서 있었던 것이다.

명당곶이에서 2

문을 두드리며 옹졸한 말 늘어놔야 하니
하룻밤 잠자리도 빌기 어려운가.
달팽이 차림 못한 것 못내 한스러워라
가는 곳마다 집을 지고 갔으면.

其六十四

敲門拙言辭　難借一宵宿
恨不學蝸牛　到處行戴屋

전장평에서

그 옛날 남이 장군
칼 휘둘러 오랑캐 무찌르던 곳
깊은 산 좁은 골짜기
지금도 그곳을 전쟁터라고 전하더라.■

其六十五 戰場坪

昔日南元帥　揮刀斫虜兵
深山窮谷裏　猶有戰場名

■ 여기는 남이 장군이 오랑캐를 쫓아낸 곳인데, 어떤 이는 잘못 알고서 '전장평箭匠坪'이라고도 한다.

은광에서 1

나무를 쪼개 만든 깊숙한 구유마냥
은광 구멍은 샘물 끼고 뚫렸는데
남자는 밭 갈지 않고 여자는 길쌈 낳이 몰라도
먹고 입을 걱정 없이 삼백 년을 살아왔다네.

其六十六 銀礦

嵌槽承刳木　礦戶夾山泉
男婦不耕織　溫飽三百年

은광에서 2

캐고 캐어 은은 벌써 다했는지
텅 빈 광 구멍만 벌집처럼 뚫렸구나.
밤낮없이 모래를 일면서도
다가오는 그날에 세금 못 바칠까 두려워하네.

其六十七

採銀銀已竭　空穴如網眼
淘沙忘晝夜　恐過公稅限

은광에서 3

집을 나와 머리 깎고 중이 되었건만
계집 얻어 아들 낳으니 부처가 손자 본 셈▪
멀쩡한 장정들은 무슨 죄가 있다고
관가에선 채찍질을 해 대는가.

其六十八

出家而有室　佛子生佛孫
閑丁獨何罪　鞭撻滿公門

▪ 중이 아내를 거느리고 아들을 낳는다면 평민과 다를 것이 없다. 다만 머리를 깎고서 비린내 나는 것을 먹지 않을 뿐이다. 홀로 집에 있는 중이라 하여 군역軍役을 면하려는 자가 흔히 이 노릇을 하고 있다.

은광에서 4

손에 놓으면 이슬처럼 방울지고
입속에 넣으면 사탕처럼 녹는 것
조선에서는 그 이름 지분자라 하고
영고탑에서는 수홍화라 하더라.■

其六十九

入手流凝露　沾脣爛點砂
朝鮮地芬子　寧塔水紅花

■ 지분자地芬子라는 과실이 있다. 빛깔과 향기와 맛이 다 훌륭하지만 아침에 익으면 낮에 풀어져서 얼음 녹듯 하는데 영고탑 사람들은 그것을 '수홍화水紅花'라고 한다.

길주에서

첩첩 산길을 헤치노라니
솜옷으로 초복을 맞는구나.
오늘 아침에야 국경에 다다르니
다리께 물속에서 애들이 미역 감더라.

其七十 吉州

行穿萬重山　綿裘度初伏
今朝始入境　橋水群童浴

칠보산에서 1

농암의 '칠보산기' 어려서 읽을 때*
내 발로 칠보산에 오른 듯하더니
산 아래를 바라고 걸음 옮기노라니
이 경치 글에서 본 것과 다름없구나.

其七十一 七寶山

少讀農巖記 如登七寶山
今從山下過 還似記中看

---

* 어려서 농암農巖 김창협金昌協의 '칠보산기七寶山記'를 읽었다.

칠보산에서 2

부자들은 곡식을 산처럼 쌓아 두지만
가난한 집들은 저들끼리 융통했더라.
저자에서 한번 돈을 쓰고부터
이웃끼리도 빌리고 꾸지를 못한다고.▪

其七十二

富豪多積粟　貧戶相沽漑
一自市錢行　四鄰無假貸

▪ 함경도 지역에서는 예전에 돈을 사용하지 않았기 때문에 풍속이 순후하였지만, 근래에는 저자를 내고 돈을 사용하여 부자들은 편리하였으나 가난한 백성들은 괴롭게 여겼다.

칠보산에서 3

군인이 다투어 말을 치는데
풀은 푸르고 말도 살쪄 울부짖네.
석양녘에 꾸며서 내세운 말 무리
구름인 양 비단인 양 무연한 언덕에 흩어졌네.

其七十三

武人爭出牧　草綠馬驕嘶
夕陽好粧點　雲錦散平堤

회령에서

마구간이 삼백 칸이나 되어
해마다 만주 시장으로 나가네.
새벽녘 선춘, 후춘에 닭과 개 울 제면▪
물에 젖은 옷차림들 이웃에서 몰려드네.

其七十五 會寧

馬廊三百間 歲歲滿洲市
鷄犬先後春 盈盈衣帶水

▪ 매년 만주 사람들과 무역을 하는데 선춘先春과 후춘後春이 가장 가깝게 모이는 시장이다.

칠리탄에서 1

한 곳을 남양이라 하고
제갈량의 사당을 지었으며[1]
한 산을 수양산이라 하고
백이의 사당까지 지었더라.
이 여울은 칠리▪건만
어찌하여 엄자릉[2]의
사당은 세우지 않았는고.

其七十六 七里灘

南陽祠葛相　首陽祠伯夷
此灘名七里　不建子陵祠

---

1) 제갈량이 중국 남양 출신이라 이를 기념하여 우리 나라에서도 남양이란 곳에 제갈량의 사당을 지었다는 말이다.
▪ 부령의 옛 이름이 '부춘富春'인데 거기에 칠리탄이 있다.
2) 동한東漢 때 사람으로 부춘 칠리탄에 은거한 엄광嚴光을 말한다.

칠리탄에서 2

우리 나라의 소금 보습 소를
건너편 나라의 염소 양의 갖옷과 바꾸더니
근년에 들어선 나라의 금령이 풀리어
국경엔 백 가지 잡화가 산더미처럼 쌓이더라.▪

其七十七

以我鹽犂牛　易彼羔羊裘
近年邦禁豁　百貨籠山邱

▪ 해마다 국제 시장에 규례가 있어서 관시官市로는 우리 나라 소금 600섬과 보습 2,600개와 소 114마리를 가지고 저쪽 나라의 염소나 양의 갖옷 200벌과 바꾸었다. 사시私市로는 소를 가지고 말과 바꾸는 것뿐인데 지금은 금지령이 풀리고 간상奸商 행위가 많아져서 무슨 물건이나 다 매매되고 있다.

칠리탄에서 3

이 고장도 장정의 호적 만들었고
산마루엔 봉화대를 꾸몄더라.■
그러고도 팔짱 끼고 앉아서 관북 땅을
강 건너 저쪽에 넘겨준단 말인가.

其七十八

劃井籤丁籍　開山設戍烽
坐令關以北　斂衽入堯封

■ 육진은 절재節齋 김종서金宗瑞가 개척하고 지휘처를 설치한 곳이다.

부계에서 1

밭 갈고 길쌈 낳이 즐거운 업이 되고
아름다운 강산은 그림에 넣기 아름차라.
북쪽 변방을 금릉[1]이라 이른 말
내 일찍이 《택리지》[2]에서 들었더라.

其七十九 涪溪

耕績家爲樂　江山畵不能
曾聞擇里志　塞北小金陵

---

1) 경치 좋은 고장을 가리켜 부르는 지명.
2) 조선 시대 이중환李重煥이 쓴 지리서다.

부계에서 2

좋은 벼루란 진실로 캐내기 어려운 법
진흙 속 열 길이나 깊고 깊으니.▪
이 벼루는 팔가새 눈알에 금실을 띤 듯하여
단계 벼루[1] 부러울 것 없으리.

其八十

佳硯誠難採　深深十丈泥
金絲帶雛眼　不必羨端溪

▪ 벼룻돌이 매우 좋은데 진흙이 깊어서 캐내기가 어렵다.
1) 중국에서 제일로 치는 벼루 이름.

부계에서 3

적은 푼수라도 틀림이 없어야만
춘하추동 사철이 믿음성 있는 것이라.
어찌하여 빚 받는 문서엔
한 해에 윤달이 네다섯*이란 말인고.

其八十一

餘分少無差　四時方有信
奈何糶簿中　一歲三五閏

---

* 관청에서 부과한 조세는 지정된 날짜에 마땅히 받아들여야 하는 것인데, 백성들이 물겠다 하여도 도리어 다음 해 여름에 받겠다고 하며 받지 않다가, 3할에서 5할의 이자를 덧붙여 받아들인다. 사람들은 이것을 '세 윤달, 다섯 윤달'이라 말한다.

휘흠총에서

사람은 팔뚝 길어 활을 둥근달처럼 구부리고
말은 발굽이 높으니 바람처럼 빠르구나.*
북 다섯 번 울릴 때 살대 다섯을 쏜다니
이 고장 두루 놀며 용감한 기상 보겠구나.

其八十三 徽欽塚

長臂弓彎月　高蹄馬及風
五騶鳴五皷　環顧氣豪雄

---

* 북쪽 풍속에서 활 쏘고 말 타기를 숭상하는데 더욱이 이 고장 사람들은 활을 잘 쏜다.

미인어

고기잡이꾼 나는 듯 창질을 하는데
그 솜씨 능란하여 평지를 달리듯.
뱃머리에 바다 미인 나와서는
밤마다 혼인하자 청한다오.

其八十四 美人魚

漁子走叉魚　穩如平地踏
船頭海美人　夜夜來求合

■ 《미공비급眉公秘笈》이란 책에서는 늙은 나비들이 서로 큰 소반처럼 뭉쳐 바다에 들어가서 미인어가 된다고 하였는데 이것을 두고 말하는가 싶다.

팔지못에서

팔지못*에는 늙은 조개가 살아서
구슬을 낳는데 밝은 달을 토하는 듯
해마다 여름과 가을이 바뀔 때마다
오색 연꽃도 만발한다네.

其八十六 八池

八池老蚌珠　輝輝吐明月
每當秋夏交　五色蓮花發

---

* 이 못에는 큰 구슬이 나고 오색 연꽃이 핀다고 한다.

조산진에서

굳세고 굳센 충무공 이순신이
둔전 만들고 말 치며 변방 크게 개척했거늘
강물이 넘쳐서 물줄기도 여러 갈래
좋은 땅 버려진 지 이백 년이 되었다네.■

其九十一 造山

桓桓李忠武　田牧大開邊
只爲江沱決　陳荒二百年

■ 옛날에는 조산진이 두만강 동쪽에 있었다. 땅이 비옥하여 밭 갈고 말 치기에 좋았다. 충무공 이순신이 만호萬戶가 되었을 때 이곳에 둔전까지 설치하였으나 그뒤 강이 범람하여 여러 갈래로 갈라졌다. 지금은 조산진이 강 서쪽에 옮겨지고 그 둔전은 없어졌다.

슬해에서

슬해 강물 콸콸 흘러 어디로 가는 건가
바다 속 깊은 데로 거세게 달리거니.
고기 잡는 한두 척 착피선*만이
석양 무렵에 뵐락 말락 하더라.

其九十二 瑟海

瑟海水沄沄　知應尾閭洩
幾箇窄皮船　夕陽看沒滅

* 강 저쪽 사람들은 고깃배를 '착피선窄皮船'이라고 하였다.

마운령에서

어제는 마천령에 오르고
오늘은 마운령에 오르네.
영감 마누라 서로 마주 앉아서
아들 손자 들을 수많이 벌여 놓았구나.

其九十七 摩雲嶺

昨上摩天嶺　今日上摩雲
爺孃相對坐　羅列幾兒孫

신판에서 이숙령으로 가며

벼랑 뿌리 큰 강가로 뻗어
나무 틈 사이로 우물을 엿보는 듯
탐승객 하 궁금하여 승여 타고 내리려면
두레박줄 천 길이나 드리워라.

其九十八 自新坂至李淑嶺

厓根流大江　樹罅窺深井
挽縤下肩輿　轆轤千丈綆

이숙령에서

깊은 산이 사람 기운 압도하는데
하늘가 부는 바람 다시 소리 내누나.
단풍나무 숲 속 헤쳐 만리 길
술 마시지 않았건만 붉은 기운 오르누나.

其九十九 李淑嶺

深山奪人氣　天風更蕭蕭
萬里穿楓樹　不飮上紅潮

보리판에서

비탈 이름 본래 보리판인데
잘못 볼이라 하더니 다시 보리라 하네
중들이 보리라 읽는 것을
견見이나 맥麥의 풀이로 알았더라.▪

其百 菩提坂

坂名本菩提　訛見轉訛麥
僧讀菩提字　音如見麥釋

▪ 보리판菩提坂을 보통 사람들은 '보리판〔麥坂〕' 혹은 '볼이판〔見坂〕'이라 한다. 정금남鄭錦南의 《북천록北遷錄》 주석에 이르기를, "보리판에 대하여 그 뜻이 자세하지 않았으나 근간에 화악 선사華岳禪師에게 들으니 불교 서적에서 보리의 '리提' 음이 '니尼' 음과 같다 하였다." 하였으니, '보菩'와 '리提' 두 자를 이어서 읽으면 '맥麥'이나 '견見' 자의 풀이와 같기 때문이다.

압록강 물 넘실넘실 흐르누나

마음속엔 연경 길이
역력히 보이는데
눈 아래론 압록강 물
넘실넘실 흐르누나
이른 새벽 산들바람
거나한 술기운 날리고
저 하늘의 차디찬 달
고향 생각 비춰 주네

삼월 보름날 유란동에서

눈부시게 찬란한 골짜기는
언덕을 에둘렀는데
사방에 봄빛은 아물아물
옷을 적실 듯하여라.

활짝 핀 꽃 한낮이 되자
차츰 무거워지고
바람결에 간간이 들려오는
아름다운 꾀꼬리 소리
동산의 숲 그림마냥 눈에 흐뭇한데
벗들은 정다워 향기로운 술을 마신 듯.

성긴 소나무 그늘에서
한가로운 마음으로 시 읊으며
샘물 곁에 모닥불 피우고
한잔 술 호기 있게 마셔라.

暮春望日賞幽蘭洞

一壑玲瓏帶一皐　四邊春色欲沾袍
花光向午霏霏重　鶯語含風間間高
悅眼園林如細畫　盡情賓友似醇醪
閒吟却到疎松下　活火新泉試白豪

강 달

강 달은 아름답게 돋아 오르는데
강 구름 차츰차츰 사라지려 하누나.
물고기와 용은 쓸쓸도 하련만
두꺼비와 옥토끼 달 속에 거닐더라.
땅은 널따라니 금을 녹인 듯
밀물은 눈을 휩쓸며 밀리는 듯
하늘땅이 환히 밝고 맑아
티끌 붙을 곳조차 없어라.

江月

江月娟娟出　江雲冉冉開
魚龍應寂寞　蟾兎政徘徊
地面鎔金闊　潮頭捲雪來
空明同上下　無處着塵埃

기러기 소리를 듣고서

한 조각 구름 속 저 기러기
기럭기럭 봄은 가고 가을이 오네.
철 따라 남북으로 오고 가면서
사람들 머리만 세게 하누나.

聞鴈

一點雲中鴈　嗈嗈春復秋
南來忽北去　白盡世人頭

단원의 그림 네 폭에 쓰노라

졸졸졸 샘물 소리 골짝에 잠겼는데
사람들은 이 봄빛을 보는 이 없구나.
새 떼는 갔다가 되돌아오고
사뿐사뿐 떨어지는 꽃은 붉은 눈송인 듯.

  *

갈매기 떼 해거름에 미역 감는데
두루미 한 마리 쪽빛을 가른다.
비단 병풍 둘렀나 무연한 십 리 길
시냇가로 가면서 지난날을 그린다.

  *

황새와 두루미 수없이 나는데
흐르는 찬 물이 저녁노을에 재롱부린다.
맑은 물에 알른알른 강 가운데 솟은 바위
밤사이 내린 서리 오히려 담뿍이 안았네.

시월의 남쪽 길은 푸르러
날씨가 오히려 따스하여라.
시내와 산이 모두 어제 본 듯한데
오직 나만이 그려 있지 않구나.

題檀園畵四幅

泉聲鎖洞門　春色無人見
幽鳥去還來　輕花落紅霰
　　　*
群鷗浴晚涼　孤鶴割深碧
十里錦屏風　溪行懷宿昔
　　　*
鸛鶴飛無數　寒流弄夕陽
粼粼水中石　猶帶夜來霜
　　　*
十月江南道　葱蘢氣尙暄
溪山渾如昨　惟不着芝園

송도에서

옛 도읍이 오늘에도 여전히 번화하구나
단청한 집 비단 창이 사만 호가 되거니.
헤매던 무당 패의 풍악도 쉬었는데
앵두꽃 시절에 비만이 흩뿌린다.

*

서방님은 장사하느라 말채찍 울리며
관북과 호남으로 몇 해나 지나다녔나.
석류꽃 다 졌건만 낭군님 돌아오지 못하니
오월 단오 뉘와 함께 그네 구경할거나.

松都 二首

故都今日尙繁華　綠戶紋窓四萬家
行徧巫牌絲管歇　櫻桃時節雨斜斜

*

阿郎販貨去鳴鞭　關北湖南度歲年
落盡榴花猶未返　端陽誰復看秋千

연광정에서

정각은 백 자나 드높아 공중에 뜬 듯하고
열두 개 붉은 난간 어느 거나 같아라.
풀과 나무 푸르러 옷 색깔과 어울리고
강과 산은 무연해서 그림 폭에 든 듯하다.
드리운 발 사이로 강물이 샛말갛고
한밤에 피리소리 바람결에 들려오는데
정 노인과 연옹이 다시 일어나기 어렵구나.
푸른 구름 멀고 먼데 다함없는 추억이여.

練光亭

高亭百尺泛層空　十二紅欄面面同
草樹靑蔥裙帶色　江山平遠畵圖中
新晴簾幕虛明水　午夜笙歌繚嫋風
鄭老淵翁難更作　碧雲迢遞思無窮

부벽루에서

해 저문 물가에 마름 따는 노래 드높아라.
발 걷어 올리니 고기 떼 재롱 피우듯
기린 말 오른 자리[1] 그 뉘에게 물으랴
영명사 절 밖에는 흰 구름만 피어오르네.

浮碧樓

芳洲日暮採菱歌　簾捲魚龍弄碧波
麟馬朝天何處問　永明寺外白雲多

---

1) 평양에는 동명왕이 기린 말을 타고 하늘에 올라갔다는 전설이 있다.

가산 길에서

해질 무렵 보슬비 붉은 노을에 물드는데
바람결에 풀잎들 하늘하늘 물결치누나.
십 리 어간 꾀꼬리 소리 끊이지 않는데
가평관 밖으론 푸른 산도 많구나.

嘉山途中

夕陽微雨染紅霞　風草㲯㲯遠作波
十里鶯聲聽不斷　嘉平館外碧山多

망신루에서

북두칠성 보이는 난간으로
나 혼자 오른 누각이여
그리운 님과 멀리 갈라져
서녘 고을에 떨어져 있구나.

마음속엔 연경 길이
역력히 보이는데
눈 아래론 압록강 물
넘실넘실 흐르누나.
이른 새벽 산들바람
거나한 술기운 날리고
저 하늘의 차디찬 달
고향 생각 비춰 주네.

나랏일에 수고로움은 본래 신하의 일
내일 아침 수레에 기름 치면
더는 머물지 않으리.

望宸樓 次板韻

北斗闌干獨倚樓　美人迢遞隔西州
心中歷歷燕山路　眼底盈盈鴨水流
五夜微風吹酒氣　一天涼月照鄉愁
賢勞自是王臣事　脂牽明朝不敢留

중사대에서

대 앞으론 일백 굽이 깊은 숲 이어지고
대 위에는 군데군데 푸른 봉우리 둘려 있다.
봉우리의 참뜻과 아름다운 그 모습은
미인의 용모에 장부의 마음이랄까.

中獅臺

臺前百曲度深林 臺上叢叢遶碧岑
要識玆山眞意態 美人容貌丈夫心

곳간산에서

빈산이란 본래 주인 없는 법인데
무엇 때문에 곳간이라 이름 했느뇨.
세상에서 기이하고 진기한 것 다 모아
깊이깊이 이 산에 간직해선가.

　　*

산은 본래 나라의 보배이거니
간수하는 것 어찌 허술하랴마는
행여나 우공[1]이 올까 두려워
따로 이름 지어서 소중히 지키려나 보지.

---

1) 우공愚公은 나이 아흔 살에 집 앞에 있는 태항산과 왕옥산王屋山을 옮기기 위하여 날마다 흙을 져서 날랐다 한다.

上庫

空山本無主 何事庫名爲
萬古聚奇玩 深深藏在玆
*
靈山國之寶 神護豈尋常
恐有愚公至 名言戒慢藏

박연폭포에서

내 맑은 구슬 삼만 석 있어
구름 못 첫 굽이에 간수하였더니
못 밑의 늙은 용 잠 깊이 들었는가
세상으로 흩어지는 구슬 도무지 몰랐구나.
하늘도 이렇듯 마구 버림 못내 아까워
영롱한 발을 짜서 드리웠나.
예부터 세상 사람 이 사정 아는 이 적어서
흔히 한 필의 비단으로 보았더라.
향로봉 아래서 이태백도 그런 말 하였으니
애들의 소견 같아 참으로 가엾구나.
떨어지는 명월주 야광주 알지도 못하고
망령스럽게도 은하수가
구천에서 떨어지는가 의심했더라.
허나 그것은 야박한 시속에 걷어치울까 두려워
사다리를 하늘에 천 길 높이 올려놓은 것.

朴淵

我有明珠三萬斛　藏在雲潭第一曲
潭底老龍睡方酣　散下人間都不譜
好事天公惜暴殄　織爲一桁玲瓏簾
世人自古識者鮮　視以尋常一匹練
香爐峰下李謫仙　小兒管見眞可憐
不知明月含夜光　妄疑銀河落九天
縱然薄俗恐掇去　梯上靑冥千仞懸

서굴에서

공공씨[1]가 산을 받아 머리는 깨지고
기운은 다하여 악 하고 큰 입 딱 벌렸네.
이빨은 빠지고 목구멍은 뚫리어
벌레와 개미들 차츰 뱃속에 들어갔네.

몇천 년 내려오는 동안
육포처럼 말라 화석이 되어
모든 무리가 이 가운데로
마구 드나들게 되었네.

한 굽이 지나면 더욱 칠흑으로 어두워
쌍횃불 앞에서 이끌며 손에는 촛불을 잡네.
해와 달이 아무리 밝아도 광명을 비추기 어렵고
하늘땅이 넓다 해도 여기는 딴 세상인 듯.

---

[1] 옛날에 공공씨가 축융씨祝融氏와 싸우다가 져서 성난 김에 부주산不周山을 받았다는 전설에서 나온 고사다.

손가락 끝으로 어루만지고
발꿈치로 더듬어 보거니
믿는 것은 평생에
염통이 됫박처럼 큰 것.

혹은 좁아서 생선 두름 꿰듯 나아가고
혹은 넓어서 갈아 놓은 백 이랑의 밭과 같네.
구부리면 잇닿은 석순이 소리 내어 울리고
우러르면 종유가 서로 얽힌 것 보이네.

이상한 형지 기괴한 형태 위아래에 통하였고
천만 가지 죽순과 꽃술이 좌우에 벌여 있네.
가뿐한 새 알이 상기 까지 않은 듯
간과 허파가 어석버석 처음 돋아나는 듯.

굼벵이가 먹던 오얏인가
개미에게 뚫린 구슬인가.
일곱 구멍의 염통
아홉 굽이의 창자들

눈이 꿈벅거려서
두려운 김에 돌아오려다
문득 조화 속에
모든 것 있음을 알았네.

앞길이 물에 막혔으니
그 깊이를 알 수 없구나.
아마도 미려[2]로
곧바로 통하는가 싶네.

고을 사람들 지금도 흰 용 이야기 전하거니
창파를 거슬러 비늘 간직한 지 오래임을 알겠구나.
하룻밤 사이 뇌성과 비바람에 산이 문득 터지니
용은 가고 바다는 옮겨도 이 숲만이 남았던가.
나무 위에 매미 허울은 그대로 있고
고임대 거북 껍질은 썩지 않았구나.

윗머리의 돌집은 넓고도 평평한데
뱀이 지나가듯 바라지창 같은 곳으로 통하고
겨울날엔 피어오르는 더운 기운
여름철엔 쏴쏴 서늘한 바람

예전에는 어떤 사람들
여기서 왜란을 피하였고
이즈음엔 베 짜는 아낙네
있다고 하거니.

---

2) 바다의 물이 들어간다는 곳인데 《장자》 '추수' 편에서 나온 말이다.

오지그릇과 사기잔은 뉘 집 물건이던가
귀신에게 분부하여 길이 지키는 것인가.

높은 데는 탁자요
깊은 데는 구유통인가
구유통 가운데 푸른 샘물은
달기가 술 비슷하네.
서른여섯 신선 집 동천 중에서
그 첫째 신선 술이 바로 이것 아닌가.
더구나 안기생[3]이 같이 왔으니
긴긴밤 새워 가며 서로 오래 살기를 권하세.

西窟

共工觸山仍碎首　氣盡呀然張巨口
牙齒脫落喉門鑿　蟲蟻潛蝕到腹部
枯腊千載化爲石　容君百輩此中走
走過一節轉勤冥　雙炬導前燭在手
日月難廻遍照光　天地都非積氣厚
視寄指端息在踵　所特平生膽如斗
或隘如魚貴一索　或闊如牛耕百畝

---

3) 본래는 신선 이름인데 여기서는 그때 같이 동행했던 친구를 가리킨다.

俯聽海眼鳴㴨洞　仰見鐘乳相結紐
異觀壞形達上下　千筍萬蘂森左右
㲉卵輕盈惜未破　肝肺槎枒驚初剖
如蛆食李蟻穿珠　心開七孔腸回九
目瞤神悸欲返走　方知造化無不有
行窮阻水深不測　直與尾閭通其後
邑人尙傳白龍名　知向滄波擁鱗久
一夜雷雨忽破山　龍去海移空其藪
寒蟬上樹蛻猶在　敗龜揩床殼不朽
上頭石室寬且平　蛇行可以達旁牖
冬日霏霏煖氣蒸　夏天刮刮陰風吼
昔年有人避蠻寇　近時或云見織婦
瓦盆甖盃誰家物　分付鬼神長相守
峙爲案卓窪爲槽　槽中碧天甘比酒
仙家三十六洞天　其一玉醴卽此否
同來又有安期生　可與長夜相勸壽

함관령에서 교군꾼에게

벼슬 없는 사람으로 가마 타기 어렵지만
이제 내가 가는 길 지체하기 어렵도다.
교군꾼들 나를 메고
위태롭게 비탈길 걷는데
나는 가만히 앉아서 하늘에 올라가는 듯.

산빛은 해마다 푸르러 가고
백성의 어깨는 날마다 붉어지누나.
만일에 오정[1]이 다시 난다면
행여 이 고개 깎아 길을 열어 주지 못할까.

咸關嶺贈輿夫

不昇無官者　難淹有限程
使渠危地步　致我上天行

---

1) 옛날 중국의 힘 센 장사로서 험준한 촉도蜀道를 처음 열어 놓았다는 사람이다.

山色年年碧　民肩日日禎
五丁如復作　何妨削之平

약산을 찾는 길에서

나그네 생활 몇 해에 내 신세 그르쳤나
몸도 파리하고 글도 메말랐구나.
관가 기생 내 술 솜씨 매양 조롱하나
중국 사람 멀리서 가짜 벼슬 치하했더라.■
홀로 앉아 장검을 노래함도 마땅치 않고
나 또한 말 타고 우쭐댈 일도 없노라.
푸른 잎 붉은 꽃은 센 머리를 희롱하니
성 밖을 나서는데 봄빛은 저무누나.

將遊藥山出城作

幾年萍跡誤儒冠　身與吾詩兩瘦寒
營妓每嘲眞率飮　華人遙賀假衛官

■ 지난해(1824년) 봄에 연경에 갔는데 그때 오란설(吳蘭雪, 오숭량) 등 여러 사람이 나더러 무슨 벼슬을 하느냐고 묻기에 짐짓 세류영細柳營의 종사관이라 대답하였더니, 여럿이 기뻐하면서 축하해 주었다.

蕭條不合歌彈鋏　矍鑠非關示據鞍
草映靑袍花颭髮　出城春事已闌珊

송도 만월대에서

들판에 누대가 파묻혔으니
오백 년 고려 왕업 간 곳 없구나.
한때의 번성은 어데로 갔는가
거친 산 적막한데 강물 소리 요란쿠나.

過松京 登滿月臺

樓臺埋沒野田中　五百高麗此地空
一代繁華何處去　荒山寂寞水流東

백마성에서

노룡령을 바라고 가는 길에
먼저 백마성을 찾으니
물줄기 멀리 비끼고
백마산 형세는 한눈에 안기네.
임경업의 사당에는
나무가 무성하고
백마 타고 나온
이 제독의 노래도 있네.▪
서생의 얽힌 감회 풀 길 없는데
뉘와 함께 군사를 다시 말해 볼 건가.

白馬城

將穿盧龍塞　先登白馬城

▪ 만력 연간에 '백마가 동쪽으로 오네.' 라는 노래가 퍼졌는데, 임진년에 제독 이여송李如松이 백마를 타고 왔다.

江原天上發　山勢雪中平
樹木林公廟　歌謠李督行
書生多感慨　誰與更談兵

압록강을 건너며[1]

용만[1] 국경 하룻밤 눈에
아전들은 얼음이 굳게 얼었다고.
이제 얼음 타고 건너가면
이국에서 새해를 맞겠구나.
푸른 산은 말 머리를 막고
찬바람은 사람 앞을 막누나.
세 강줄기 바라보노라니
수자리엔 가물가물 연기만 피어오르네.

渡鴨江

一宵灣館雪　候吏告氷堅
行矣又今渡　悠哉將隔年
蒼山圍馬首　寒日落人前
指點三江口　微茫見戍烟

1) 이 시는 1829년 조수삼이 예순여덟 살 때 여섯 번째로 중국에 가는 길에 의주에서 쓴 시다. 용만은 의주의 옛 이름이다.

관문을 나서면서

만리장성 관문은 번거로워
동쪽과 서쪽이 여기서 나뉘고
높은 산 깊은 바다는
이 문과 나란히 있다네.
뉘라서 여기를 수월히 넘으랴
날아서도 넘을 수 없는 문
한 알의 가짜 청심환
그 힘이 장하여 문을 연다네.■

出關

長城頷頷限東西 大海高山夾路齊
莫到重關飛不過 開門亦借一丸泥

■ 관문의 관리들은 뇌물을 요구하니, 들어주지 않으면 관문을 닫아 버린다. 청심환을 요구하는 경우가 많은데, 우리는 진흙으로 만든 가짜 청심환을 준다.

야경꾼

초경 되자 야경꾼의 패쪽 소리 딱딱딱
앞에선 종소리 뒤에선 북소리
성안이 소란키 시작하여
말은 번개처럼 달리고 수레는 우렛소리 내며
사람마다 제 집 향해 서로서로 발걸음 재촉하네.

이경이 되자 야경꾼 패쪽 소리
더욱 크게 딱딱딱
긴 거리에는 이슬이 흠뻑 내려
티끌 한 점 없네.
술집과 찻집 죄다 문 닫히고
이따금 등불 빛이 집 밖으로 스며 나오네.

삼경 사경에도 딱딱딱 패쪽 소리 더 잦건만
침침한 만호장안 단잠에 취해 있네.
아마도 성 지키는 장군 마음씨 하 좋아서
아침 해 퍼질 때까지 잠 잘 재우라 신칙한 모양.

묻노니 야경꾼들아 이즈음 가을 서리 내리는데
칡 베옷 입은 몸이 춥지들은 아니한지.
오경이 지나도 딱딱딱 듣기도 거북쿠나.
성 머리에 지는 달만 희끄름할 뿐.

천리 밖의 나그네가 조국을 그리는데
돌아가는 기러기 소리 남쪽 구름 속에 사라지네.
야경꾼들이야 귀공자들 사는 것 어이 알랴
선비도 뜻 못 얻으면 저런 일을 할 수밖에.

무심한 패쪽 소리 손의 수심 자아내고
이국에 온 낯선 귀를 분주히 울려 주네.
구중 큰 문도 해가 떠야 열리는데
수레 타고 오는 관원들 그제야 모여드네.

擊柝行

一更擊柝聲格格　前鐘後鼓喧城陌
馬如奔電車如雷　人皆各歸相促迫
二更擊柝聲轉大　長街露下無塵壒
酒肆茶坊盡閉門　時有燈光漏壁外
三更四更若珠纍　沈沈萬戶方酣睡
將軍知是好官員　朝日申嚴約部吏

借問擊柝子爲誰　近夜秋霜侵葛帔
五更以後不堪聞　惟見城頭落月白
千里遊子思東國　一聲歸雁叫南雲
侯生豈識魏公子　士不得意皆如此
擊者安知聽者愁　渠自信手驚吾耳
九關魚鑰平明開　道傍坐看車騎來

동쪽 나라 우리 땅은 극락 정토

역사 깊은 이 땅엔 기이한 유적 많으니
크고 깊은 산으론 묘향산을 꼽으리라
나라가 위급할 제 여기서 서산대사 나왔고
이 나라 첫 임금 단군도 묘향이 낳았더라

한산섬에서

동해를 바라보니 동쪽은 끝이 없구나.
동쪽 사람이 서쪽 보아도 이와 같이 멀련만
만 리나 먼 곳 거친 물결 저쪽에서
오만한 오랑캐들 삼한 옛터를 침노했더라.
한산섬 요해처가 바로 여기인데
사람들은 충무공을
큰 영웅이라 이르더라.
고기비늘 보아도 거북선을 보는 듯
순풍 역풍 모르는 용감한 거북선이여.

閒山島

東望東溟東復東　東人西望亦應同
如何萬里波濤外　來鬧三韓國界中
地到閒山眞保障　人如忠武極英雄
一鱗可見龜船制　隨意飛揚順逆風

권율 장군 무덤에서

권 공은 지혜와 용맹을 겸비한 장수
떠가던 구름도 그 발밑에 머리 숙이는가.
그 위훈 옥에 새겨지고
그 이름 나라에 알려졌으니
왜적들을 남해에서 베고
말을 관서로 달리었더라.
가을날 나뭇잎 떨어지니
적막한 산천에
오늘도 북소리 울리는 듯.

權都元帥墓

權公眞將帥　屹立陣雲低
勳業銘蒼璞　盟書耀紫泥
斬鯨鏖海上　策馬觀關西
大樹飄零盡　寥寥想鼓鼙

남한산성에서

가을 성 머리 바람과 우레 요란도 한데
성 아래 긴 강은 땅 구르며 흐른다.
높은 산 스스로 생겨 험준도 하다마는
후생은 일없이 날마다 대에 오른다.
바다로 산으로 돌아다닐 때 나막신만 남았고
영웅들을 마음속에 그리며 또 한 잔 마신다.
해질 무렵 풀피리 소리 처량한데
하늘이 메도록 찬비만 오락가락.

南漢

城頭秋氣鬱風雷　城下長江動地來
先據有山天設險　後生無事日登臺
周遊海嶽餘雙屐　歷數英雄又一杯
向晚胡茄吹自裂　滿空寒雨翳還開

송도를 지나면서 만월대에 올라

그 옛날 고려 궁터
오늘에는 풀밭 수풀 되었는데
노래하고 춤추던 땅 돌아보니
처량한 바람 속에 까마귀 떼만 우짖네.

過松京 登滿月臺

舊時高麗宮　今日草木中
回看歌舞地　啼鴉喚凄風

송도 남루의 옛 종

소라 머리 용 입으로 큰 고래가 우는구나.
오백 년의 고려국 이 한 소리만 남았는가.
한때 세상 사람들이 불도를 숭상할 제
왕과 공자님네 이름 종에 새겼더라.

원나라 사람들도 이곳 와서 빌었건만
조선에선 이 종 떼다 남자성에 달았더라.
가늘게 새겨진 글자 획도 또렷또렷
그때 이곡 선생 이 글 썼다 하더라.

松京南樓古鐘

蠡頭龍口華鯨吼　五百高麗此一聲
野客山僧同入定　國王公子盡書名
元人來禱東征省　昭代移懸南子城
細字記文森刻劃　當時稼老亦能鳴

심하에서

버드나무 몇 그루 서 있는 곳
저기가 바로 옛날 싸움터라
밤에 심하를 건너려니
옆에 찬 칼이 우는구나.
오랑캐도 그대의 절개와
의리 사랑하였고
황제도 큰 인물로 찬양했다 하거든[1]
백면서생 두고 사람들은 웃으련만
붉은 갑옷 대장 보고 귀신들도 놀라리라.
일곱 자 긴 활에 지는 달이 비치는데
어느 곳에 서녘 정벌 있었더뇨.

---

1) 심하는 압록강 너머에 있는 지명으로, 1619년 명나라의 요청으로 출정한 조선군 3천 명이 후금의 6만 군사에 대항해 싸웠던 격전지다. 이 전투에서 조선 장수 김응하金應河가 전사했는데, 후금도 그의 용맹을 칭송하였다 한다. 명나라 황제는 김응하에게 요동백遼東伯의 작위를 내렸다.

深河

數株楊柳古行營　夜渡深河劍一鳴
死日胡兒憐節義　來時天子屹干城
書生白面人皆笑　大將紅袍鬼亦驚
七尺角弓殘月在　不知何處問西征

송도로 가는 길에서

성거산 아래는 저녁 구름 뭉게뭉게
돌사람 선 언덕 위엔 초목이 우거지고
가는 말 오는 소 얼마나 바쁜 것이뇨
저녁노을 옛 궁터에 머물지를 않더라.

　　　*

정몽주의 충성에 해와 달이 밝고
이색의 시구는 예부터 전해지는 것
문장과 절의를 제가끔 지녔으니
고려조 오백 년을 수놓아 꾸몄음이여.

　　　*

아씨는 의리를 좋아하고 강개한 생각 품어
박연 물 깊은 곳에 치마폭 걷어 앉았더라.
옛날의 관습이며 연지 꽃을 다 씻었노니
어째서 황진이 아씨를 범 언덕[1]에 장사했느뇨.

松京道中雜咏 三首

聖居上下暮雲生　翁仲原頭艸木平
去馬來牛忙似許　斜陽不滿古王城
　　　　*
圃老精忠日月懸　牧翁佳句古今傳
文章節義俱身分　繡飾前朝五百年
　　　　*
兒女好名懷慷慨　朴淵深處便褰裳
舊習臙花都洗了　虎邱何必葬眞娘

---

1) 여기서 '범 언덕〔虎邱〕'은 주로 기생들이 묻히는 곳이다.

비봉에서

한 옛날에 세워진 진흥왕의 순수비
거북이 받침돌 처마는 새가 나래 편 듯
들리는 말엔 도선도 이 비 일찍부터 알았고
무학도 이 비를 보았다 하더라.

그사이 흐른 세월 오백 년이건만
두 사람 마음이 똑같았는가.
풍수의 이야기란 본시 허황한 것
아름다운 산수만이 호탕하구나.

가랑비는 바닷가 멀리로 지나가고
석양은 옛 서울 거리에 비꼈구나.
십만 가호 저녁연기 뿜는데
검은 기와지붕들 고기비늘 같아라.

신라와 고려 세월이 흘러 흘러
의관과 문물, 도덕도 변하고
사람의 일은 땅의 영기로 변한다지만

세상의 모든 일 부처님 조화 아니어라.

사람들은 알지도 못하고 중 얘기만 전하면서
비석에 새긴 글자 보지도 않아
누런 이끼 꼈을 뿐
물 흐르듯 사람들은 날마다 오르내리나
그 누가 이 비문을 알아낼 수 있으리.

碑峰

眞興北狩碑　龜趺檐鳥革
詵公有前識　學師見後得
相去五百歲　符心乃不忒
蒼茫風水說　浩蕩山河色
微雨度海門　夕陽滿京國
煙火十萬屋　瓦背魚鱗黑
羅麗克丕變　冠裳崇文德
人事或地靈　天命非佛力
識文載人口　石字荒苔蝕
此意孰能辨　滾滾日登陟

정주성 다락에 올라서

난리[1] 후 다락에 오르니
나그네 마음 상하누나.
멀리 냇물가 벌판엔
석양이 비끼는데
무너진 성에 비가 지나서
불탄 자리 더욱 거멓고
황량한 집터엔 사람 자취 없건만
밀은 저 혼자 익는구나.
흐르는 청천강 산세도 조용하고
선천 고을 가는 길 멀기도 하구나.
평생에 나라 위해 묘책 하나 못 드리고
속절없이 글을 지어 싸움터를 조상할 뿐.

---

[1] 1811년에 일어났던 홍경래 난을 가리킨다. 홍경래는 정주성에서 최후의 항거를 하다가 1812년에 패하여 죽었다.

登定州城樓

亂後登樓客意傷　川原極目帶斜陽
崩城過雨灰猶黑　廢塢無人麥自黃
薩水東來山漠漠　宣州西去路茫茫
平生未獻治安策　漫欲操文弔戰場

정주성을 다시 지나면서

정주성 서쪽 바람 맑은데
달빛은 희미하여라.
길가에 흐르는 냇물도
아득하니 길고도 멀어라.
새벽이슬에 옷이 젖는데
수레와 말도 가을빛으로 젖누나.
흩어졌던 마을 사람들
이제는 사방에서 모여들고
봇도랑도 다시 열리어
난리 흔적 가시도다.
굶주림과 난리 형편
내 눈으로 보았거니
새삼스레 말할 것은 아니지만
이 마음 거듭 상하누나.

再過

澹風疎月定西城　夾道漫漫野水明
浥露衣衫生曉色　出關車馬作秋聲
閭閻四望流民集　溝洫重開戰地平
飢饉亂離曾目擊　不須提說更傷情

정주성을 세 번째 지나면서

밤비에 도랑물 푸른 무늬 수놓으니
정주성 봄날에 기운도 새로워라.
옛 성안엔 오붓한 마을 들어앉고
집집마다 푸른 나무요
산은 넓은 들을 에둘러
뭉게뭉게 구름송이라.

정주 앞벌 파발 길에 세 절사[1] 돌아오고
그 전날 진 치던 곳에는
소 잡아 제단을 꾸미누나.
시절도 좋아 풍년 들고
백성들 더없이 편안하니
둥둥 울리는 두레 북 소리
가는 곳마다 들리더라.

---

[1] 세 절사란 상절上節, 중절中節, 하절下節로, 여기서는 외국에 갔던 사신 일행을 말하는데, 이때 조수삼도 수행원으로 따라갔다 돌아오는 길이었다.

三過

夜雨濠梁縝綠紋　新安二月氣氤氳
村依古郭家家樹　山繞平郊面面雲
驛路將回三節使　牲壇曾駐十州軍
時淸歲稔民多暇　社鼓鼕鼕到處聞

변방을 순시하는 길에서

오랑캐 방비하는데
나라고 큰 계책이 있으랴만
친구들은 나를 보낼 때
술을 가득 부어 주었더라.
나라 일이니 감히 사양을 못 하고
장수 재목 아닌 내가 하도 부끄럽구나.

풍년이 들 젠 변방 곡식을 모으고
농사 틈에는 봉화대를 쌓고 있네.
내 재주 변변치 못해
이제는 한갓 찌꺼기 같으니
병법을 이야기하는데도
또한 낡아 빠졌구나.

巡邊道中作

防胡無上策　送客有深杯
不敢辭王事　多慚乏將才
豐年積邊穀　農隙築烟臺
碌碌皆糟粕　談兵亦固哉

좌채에 들러서

젊어서는 적을 치겠노라 기약했건만
늙어서는 작은 공도 없었더니
격문으로 군사를 부르매
내 파발마를 달려서
북쪽 변방 왔노라.

하늘을 찌를 만한 검 허리에 찼고
돌에 새길 만한 글 머리에 있노니
아득히 먼 훗날 천년 뒤에
그 누가 조 참군[1]을 알아주리.

入左寨

少負請纓志　老無橫草勳
羽書徵戍卒　駔騎赴河湏

---

1) 참군은 옛날 군직의 하나인데, 여기서는 조수삼 자신을 이른 말이다.

腰下沖霄劍　腦中勒石文
寥寥千載後　誰識趙參軍

대라신동에서

야경 돌고 바라 치면서
나라의 서쪽 지켜도
강포한 이웃은 아침저녁 엿보누나.
군무의 일이사 잘 알지 못하건만
나라 은혜를 기어코 갚아 보련다.

오랑캐 군사들을 살펴보면서
압록강을 거슬러 백두산 밑에까지 이른다.
그 옛날 한나라 장건이
곤륜산 보았다는 뜻 비로소 알겠도다.[1]

---

1) 장건張騫은 한나라 사신으로 흉노 땅에 갔다가 수십 년 동안 억류되어 있다가 끝내 한나라로 돌아온 사람인데, 그곳에서 곤륜산을 보았다고 하였다. 여기서는 자신이 아주 먼 변방에 갔음을 표현하는 말이다.

到大羅信峒

擊柝國西門　强鄰覘蚤昏
未能曉軍事　竊欲報君恩
點盡烏蠻戍　行窮鴨水源
始知張博望　當日睹崑崙

좌채에서

— 좌채에 있으면서 글을 지어 오랑캐에게 보냈더니 근일에 차츰 물러 간다는 소식이 있어 내 기뻐 이 시를 짓는다.

우리 나라 왕법이 추상같이 엄하니
교만한 오랑캐가 쪽지 글에 벌벌 떨더라.
소위 발해를 놀래웠다는 것
이태백뿐만이 아니오
파촉을 무마했다는 격문은
사마상여만 지을 수 있었으랴.

어찌 내 문장 글재주에서 나왔겠느냐
오직 나라의 분부를
잘 지키려는 충성에서지.
견지하던 곳 항강이 어디인가
장할시고 박동초"여.

■ 강계의 무사인데 용맹하고 지략도 갖추었다. 국경을 수비하는 장령이 되어 삼을 노략질하는 오랑캐를 격퇴하기로 이름이 났다. 오랑캐들은 박동초를 두려워하며 항강項江을 건너 오지 못하였다.

余在左寨 作文告示彼人 聞近漸退歸 喜賦此詩

王法森鈇鉞　驕奴畏尺書
嚇蠻非李白　喩蜀愧相如
豈謂文章好　惟承指授餘
項江鏖戰處　壯矣朴東初

자성에서 홍이지에게

백두산 산빛이 군복에 가득한데
누대는 칠백이요 지휘소가 여덟이라.
요동의 도적들이 우리 국경 범하니
강계 종사관 위엄을 떨쳤더라.

험한 길 구불구불 양의 창자 같은데
늠름한 대장부 말 타고 몸 날리어라.
큰 공을 세운 그대 압록강 가을 물에
칼을 씻어 들고 돌아오길 기다리노라.

行到慈城 洪老履祉以詩來迎 遂和其韻

白頭山色滿戎衣　七百亭臺八指揮
遼左亂民來犯界　江州從事去宣威
縈紆路自羊腸出　矍鑠身猶馬上飛
料得勾當公事日　鴨江秋水洗兵歸

묘향산에서

역사 깊은 이 땅엔 기이한 유적 많으니
크고 깊은 산으론 묘향산을 꼽으리라.
나라가 위급할 제 여기서 서산대사 나왔고
이 나라 첫 임금 단군도 묘향이 낳았더라.

서산의 설법에 물고기도 울었고
지팡이 날리니 표범도 숨었더라.
불가에선 묘향산을 기달산이라고
동쪽 나라 우리 땅은 극락정토로다.

入香山

地古多靈蹟　山深聞妙香
中興參釋將　首出有檀王
聽法魚龍泣　飛筇虎豹藏
佛天名怾怛　東國是西方

변방의 노래

가을 하늘 변방 성에 깃발이 휘날리고
군사들의 갑옷도 햇빛 받아 번쩍인다.
군사들을 위로하여 나라에선 말을 내려 주니
용성 천 리에 말굽 소리 높이 울린다.

塞下曲

高秋旗脚動邊城　漢甲鱗鱗向日明
天子來時親賜馬　龍城千里四蹄輕

책으로 성을 쌓아

고조선 옛터는 어드메뇨.
진나라 한나라를 변방으로 둘렀거니
북쪽 동쪽 오랑캐를 막아야 했더라.
만 권 서책 쌓아 놓고 외론 등불 벗 삼아
도덕만 외치고야 나라 걱정 어이 없앨꼬.

書城

漢塞奏關貊一邱　東防諸夏北防秋
如何萬卷孤燈客　道德圍中坐忘憂

흥천사 옛 종의 노래

흥천사 우리의 옛 종이여
풍우 한설 겪은 구리 그 무게 팔백 섬
아구리 너비는 열 자요 높이는 그의 두 곱인데
종 둘레로는 구름 속에 용이 꿈틀거리고

종의 생김 하도 실해 하늘이 낸 듯
조각도 교묘하여 귀신같은 솜씨구나.
티끌을 씻어 내니 고색이 찬연하고
누런빛 안받침에 검붉은 빛 띠었어라.

여기에 새긴 글은 한계희가 지었고
왕명을 받들어 글씨 쓴 인 정난종이라.
세조 팔년[1] 가을철 구월에
효령 공자 이 종 만듦에 공이 있었나니.

일찍이 공자는 회암사에서 강론 듣고

---

1) 1462년.

백성들과 향 피워 성수 축원했으며
오색이 영롱한 사리 삼백 알 가지고
구중궁궐에 돌아가 임금 앞에 드렸더라.

밤에는 금소반에 백호상[2]이 빛나고
관옥 같은 형상은 꿈속에 나타나더니
신령한 징험이 상서로운 운수 맞혀
무궁히 전하려 이 종 만들라 명했더라.

종소리 웅글어 고래 울음 듣는 듯
절간 문은 드높아 낙타봉을 마주한 듯.
우리 나라 유학을 숭상하여
절간 없애고 학당으로 만들었더라.

종 크기 아름차서 만 마리 소로도 못 끌어
성 동쪽 종각 위에 높이 달아 놓았거니
왜구 여진 침입해 병란 많이 겪었지만
이 종이 하도 커서 가져가지 못했더라.

종 안은 텅 비어 흙먼지로 채워지고
그것이 오래여서 푸른 이끼 꼈더라.

---

[2] 석가여래의 상은 서른 두 개라고 하는데, 그중 하나로, 부처님 미간에서 나오는 빛을 가리킨다.

내 기이한 것 좋아하고 옛것도 좀 알아
온종일 어루만져 회포 금치 못하노라.

상나라 그릇 주나라 솥이라면 그 부스러기도
더없는 보물이라며 호사가들 사들이지만
우리 나라 이 보배를
어이하여 홀로 두는 것인가.
손끝으로 한번 퉁기어도
두웅 크게 울려 사방에 메아리치더라.

물건이란 하도 크면 쓸데없어 보이는가.
이따금 손으로 가슴 쓸어내리며
우리 보배 몰라봄을 한탄하노라.
이 종을 울리면 온 천하가 놀랄 거라
오직 이 자리에서 한하노니
북틀을 높이 괴지 못했음을.

興天寺古鍾歌

興天佛寺舊時鍾　重八百石風磨銅
口徑一丈高二倍　雲雷駢首蟠螭龍
膚肉端厚若天造　刻畵森嚴愁鬼工
拂拭塵煤發古色　醬黃隱映野駝紅

作銘詞臣韓繼禧　奉敎書者鄭蘭宗
天順六年秋九月　孝寧公子敦厥功
公子往聽檜巖講　焚香祝聖黎民同
五色舍利三百顆　歸來再拜獻九重
金盤夜放白毫相　玉像髣髴淸夢中
異徵靈瑞膺寶運　命鑄大鍾傳無窮
鍾聲悅聞華鯨吼　寺門高對橐駝峯
聖朝由來尙儒術　梵宇斥爲今學宮
萬牛喘死猶不動　屹然古閣城之東
南寇北燹屢經過　盜竊不能如髙甗
積土谽谺實其腹　綠蘚陰沈嵌諸空
書生好奇兼博古　摩挲盡日懷忡忡
商彝周鼎量尺寸　好事購之如不逢
國寶奈何獨抛擲　徒聞觸爪鳴丁冬
吾知物大本無用　有時手摸礛䃛胸
一鳴秪應驚天下　安得鐵簴懸穹窿

장경각에서

삼백 간 넓은 다락 팔만 권의 책 괴었으니
우리의 고려 나라 그 힘이 장할시고.
흰 말을 달려 절에 실어 왔고
신령한 용이 모여 장경각 보호했으리.
패다나무[1] 잎은 불에도 타지 않고
나는 새도 이곳에 이르지 못했더라.
홍도에 간직된 예서나 서안의 빗돌을[2]
온종일 어루만지던 옛일이 다시 생각나누나.

藏經閣

三百間樓八萬編　高麗國力想當年

---

1) 패다貝多나무의 산지는 인도라고 하는데, 종이를 대신하여 이 나뭇잎에 불경을 썼는바, '패엽경貝葉經'이라고도 한다. 일반적으로 불경을 지칭한다.
2) 홍도는 동한東漢 때의 태학太學인데, 예서체로 경전을 새긴 석경石經을 두었다. 그 석경을 '홍도 석경'이라고도 한다. 서안에는 한나라와 당나라 때의 빗돌 천여 개를 공자묘에 모아 놓은 '비림碑林'이 있다.

應須白馬輸金地　自有神龍護木天
貝葉獨超灰劫外　禽飛不到屋山巓
鴻都隷字西安石　終日摩挲憶入燕

김 각간[1]의 무덤

역사에 전해지는 그 무덤
푸른 산 위에 모셔 있다.
삼한 때의 용맹한 장수
그 영웅 죽었거니
용천검은 어데서 울고
큰 활은 어데서 쉬고 있나.
아서라 돌난간 허물지 마라
큰비 오고 뇌성이 울리리라.

角干墓

遺墓靑山上　高名綠簡中
三韓眞將帥　一世大英雄
有殉龍騰劍　無憂鳥盡弓
石欄誰毁撤　雷雨慴蠻童

---

1) 김유신이다.

돌빙고에서

얼음을 떠내는 옛 법이 있어서
돌을 쌓아 응달 만들었다.
삼동의 찬 기운 묻어 두려고
백 길 깊이 구멍을 뚫었구나.
용과 뱀 그 안에 얼기설기 서렸을 듯
해와 달이 그 속에 잠겨 있는 듯
빙고 옆에 구리 사람 어루만지며
지나간 옛일을 깊이 생각노라.

石氷庫

伐氷存舊制　壘石作凌陰
蘊蓄三冬氣　窮穿百仞深
龍蛇應蟄伏　日月只森沈
銅狄摩挲嘆　平生有古心

첨성대에서[1]

돌층대 쌓고 쌓아 열 겹인데
끝진 데는 하늘과 통하였네.
넓고도 웅장하여 하늘의 조화인 듯
높고도 드높아서 귀신도 못 오를 듯
우러르면 성좌도 가까운데
꼭대기엔 숨은 사다리 놓였구나.
듣자니 중국의 자은탑도
이와 비슷한 모양이라더라.

瞻星臺

石臺登拾級　級盡卽層空
磅礴疑天墜　崢嶸愁鬼工
盤心星度近　絶頂暗梯通
中國慈恩塔　聞言此製同

---

1) 이 시는 1826년에 쓴 것이다.

임경업 장군의 칼 노래

장군이 어렸을 때 뱀이 바위 구멍으로 들어가는 것을 보고 잡아 뽑았는데 칼이었다. 서슬이 퍼레서 무쇠도 썩썩 자르므로 장군은 늘 그 칼을 차고 몸에서 떼지 아니하였다. 장군이 요동에서 돌아와 죽자 칼도 잃어 간 곳을 알 수 없었다. 지금 덕원德源의 원으로 가 있는 필영必榮은 바로 장군의 6대손인데 순천의 영장營將으로 부임하였던 사람이다. 그는 흥양의 어느 민가에서 그 칼을 찾았다. 거기에는 뚜렷이 장군의 이름이 있었기 때문에 사람들은 보배로 여겼고 또 능히 귀신을 물리치고 학질을 예방할 수 있다고 떠들었다. 이 소문이 연줄이 되어 필영이 그 칼을 찾아냈던 것이다.

계유년(1813) 팔월에 내가 청해靑海에 종사관으로 나가 군량을 검사하면서 덕원에 내려갔는데 그때 필영이 나한테 칼을 내보이므로, 노래를 지어 그 사연을 기록한다.

장군이 뱀을 잡아 뽑는데
산 돌이 뻐개지며
푸른 무지개 나와서
밤이면 상어 칼집으로 들어갔네.

힘으로 서녘 하늘 돌이키려 했건만
뜻을 이루지 못하고
고국으로 돌아온 날
신기한 칼은 주인과 함께 간 곳 없었네.

물건은 있는데
사람은 사라진 지 이백 년
북두 별 남쪽 언저리엔
그 정기 언제나 비껴 있는 듯
오늘날 덕원의 임 사또는
바로 장군의 육대손이라.

지난해 순천 군영에
스스로 나아가 순시할 제
백금을 주고 그 칼을 홍강에서 사 왔다네.
마을이나 절간에서 요사한 마귀를 물리쳤고
배꾼이나 낚시꾼의 학질도 떼어 줬다고.

돌아온 합포의 구슬[1]
조씨의 옹근 구슬[2]이 틀림없는데
옛날에 새긴 이름 그대로 있었다네.
촛불 켠 관가 서재에 가을밤 고요할 때
여기 담긴 긴 내력을 기쁘게 듣는다네.

---

1) 물건을 다시 찾는 것을 의미하는 말이다. 중국 합포合浦에서 구슬이 많이 났는데 수령들이 가혹하게 채굴하자 점차 나지 않게 되었다. 그러다가 맹상孟嘗이란 사람이 수령으로 와서 채취를 금지하자 구슬이 다시 많이 나왔다고 한다.
2) 조나라의 보물 구슬을 진나라에 빼앗겼을 때 인상여藺相如가 진나라에 가서 무사히 구슬을 찾아왔다는 데서 나온 말이다.

나에게 한번 보이려고 휘두르려 하는데
계집애들 겁나서 모두 숨어 버리네.
장군의 보검이 무섭게도 날카로워
별로 꾸밈새는 없어도
속에 든 기운이 더욱 값지네.

그물 같은 쇠사슬은 바람에 갈린 구리요
단단한 칼자루는 벼락 맞은 대추나무라네.
한 자가 채 못 되지만 서슬이 퍼러니
아마 어장이나 맹로[3]가 아니겠는가.

으쓱 일어선 머리칼은 찬 거울에 비치고
싸늘한 손가락은 가을 물결을 만지는 듯.
그대 조상의 유풍으로 재주와 힘이 빛나
두 눈썹이 칼 같고 수염도 창 같네.

이 칼이 그대에게 돌아온 것
어찌 까닭이 없다 하리.
자연의 뜻은 이루 헤아리지 못하겠네.
서녘을 바라보니 가을바람 불어오는데
바라노니 그대여 이 칼을 더없이 아끼어라.

---

3) 어장魚腸과 맹로孟勞는 다 보검의 이름이다.

林將軍小刀歌

將軍少時 見蛇入巖穴 拔之則刀也 而釯利斫鐵 愛之佩服 不離身 自遼歸死 刀失 而不知處 今德源使君必榮 卽將軍六世孫也 任順天營將 得之興陽民家 以其有 將軍款識 故人皆寶之 且能辟鬼禳癘 故傳者噪 而使君亦由得之也 癸酉仲秋 余 以靑海從事 出按軍儲 傳次德源 使君出視之而語其事 余爲此歌以識之

將軍拔蛇山石裂　靑虹夜入寒鮫室
力挽西天天不廻　神物飛去東歸日
物在人亡二百年　精靈隱現斗南邊
今日春州林使君　乃爲將軍六世孫
往歲出視順天軍　百金贖之興江村
江村野寺鎭妖魅　舟子漁童弭癘祟
珠還璧返宛無疑　古款不滅金鏤字
剪燭官齋秋夜靜　喜聞此事長話柄
請君試出壯余觀　僮姬膽怯皆先屛
大人天然絶纖巧　不假外飾中修好
連環麗鏃風磨銅　小把刮劘雷餘棗
長不盈尺光芒豪　得非魚腸與孟勞
森然毛髮照寒鏡　凌兢手指摩秋濤
君有祖風好材力　兩眉如劍髯如戟
此刀還君豈無端　神意蒼茫不可測
側身西望秋風來　使君使君須自惜

명나라 실록의 노래

명나라 역대 임금의 실록은 461권으로 홍무(洪武, 1368~1398)에서 천계(天啓, 1621~1627)에 이르는 기간을 서술하고 있다. 다만 숭정(崇禎, 1628~1644)의 실록은 갑신년(1644) 변란 때문에 미처 편찬하지 못한 듯하다.

이 실록은 사관 곡씨谷氏가 편수한 것인바 실로 명나라의 전체 역사를 포괄하는 것이다. 그 후손이 가난하여 그것을 지닐 수 없었기 때문에 세상에 흘러나왔다.

순조 29년 기축년(1829) 겨울에 내가 사신을 좇아 연경에 갔는데 이석여李錫汝 군과 한 여사에서 같이 묵고 있었다. 그때 이 군이 책방에서 많은 값을 주고 이 실록을 사 가지고 와서 나와 함께 사실과 차이 나는 점을 정정하였다. 그리고는 그것을 지니고 귀국하여 나라에 바쳤다. 그 뒤 그것은 북단北壇 장서각藏書閣에 소장되었는데 이로부터 문헌 고증에 많은 도움을 줄 수 있었다.

누구나 이 책을 본다면 비록 명나라와 인연 없는 먼 나라에 사는 사람이라 할지라도 슬픔과 탄식을 금치 못할 것이며 눈물 흘려 울지 않을 수 없겠거든, 하물며 임진왜란 당시에 도움을 받고 잊지 못하는 우리 나라 사람들에게 있어서랴.

이 군은 가난한 살림도 돌보지 않고 나라를 위하여 천금을 내어 그와 같은 큰 책을 마련하였으니, 옛 의로운 선비의 유풍을 지니지 못한 사람이었다면 어찌 그리할 수 있었으랴. 이에 긴 노래를 지어 기특한 일을 기록하는 바이다.

사백육십일 권 명나라 실기 있노니
그것은 당시의 사가 곡씨의 저술이라.
중원을 통일한 지 이백팔십 년은
천계가 마지막 홍무가 처음

예악과 형정은 문물을 밝히고
묘당에 제사함도 정성 들여 하였으며
조종의 공덕은 온 나라에 퍼지고
문무의 광채는 만년에 드리웠네.

뽕나무 밭 바다 되는 변란 때에
숭정 황제 명군주라 일컬었으나
대궐을 어떻게 외기둥으로 지탱할꼬.
재상이 마흔아홉 태평성대 외쳤으나
봉록에 눈이 어둔 탐관만 있었더라.

숭정도 처음엔 어진 사람 구하더니
남사씨[1] 같은 이를 얻지 못했는데
폭약에 당긴 불길 궁궐을 뒤덮었을 제
그는 유언 한마디 남기지 못했더라.

황제의 좌우에서 사관들이 기록하였더니
옛 신하 곡응태谷應泰가 임금의 뜻 받들어
누구도 돌보지 않는 역사를
곡씨 홀로 비서성에 불 밝히고
깨알 같은 글씨로 기록을 하였더라.

---

1) 춘추시대 제나라의 유명한 사관.

유족하던 곡씨 집안 차츰 쇠미해져
이 책이 책방에 굴러다니는데
그 나라 선비들도 먼발치서 바라볼 뿐
객지에 나온 우리 말이나 붙여 보랴.

장돌뱅이 파는 책 그리도 귀하랴만
신묘한 이 서책은 보존되었도다.
연경 온 조선 사절 한 사람
아침부터 한나절 이 책 보고 긴 한숨

간교한 장사꾼 귀신보다 약아서
눈치를 보아 가며 값을 높이 불렀건만
천금을 아끼잖고 이 책을 사들였으니
고마워라 이 군이여 강개한 선비로다.

그 나라 금하는 것 이 책의 유출이라
사관에서 문 닫고 촛불 켜고 읽었더라.
어두운 눈 비벼 가며 역사를 상고하고
정성을 다하여 편차를 정정하였더라.

읽어 가는 글자마다 감회가 무량하여
가슴에 뭉킨 것을 어이 다 씻어 내랴.
오늘 저녁 이 책을 내 눈으로 보게 되니
그 나라 흥망 보고 임진 때를 생각노라.

큰 수레 타고 와서 압록강 건너오니
고국 땅에 문물의 무지개 비쳤더라.
이 책 가져다 공북문 위에
훗날 위해 귀중히 간수하였더라.
명나라 문헌이 우리 나라 와 있으니
그 역사를 알려면 우리 나라에 와야 하리.

상아나 물소 뿔은 살 생각도 아니 하고
가난한 살림에 이 책을 샀으니
그 마음 홀로 아름다워라.

아, 이 군은 강개한 선비로다.
우리 임금도 감격하여
그대 과연 훌륭하도다 하셨어라.

皇明實錄歌 幷序

明列朝實錄 四百六十一卷 起自洪武 止于天啓 若崇禎實錄 則以甲申之變 未暇纂述歟 此書 蓋史館(舊藏)谷氏之所據修全史者 而後孫窮竆不能守 流落人間也 歲己丑冬 余從國使入燕 與李君錫汝同館 李君以厚直沽諸書肆 屬余共編訂訖 載而東歸 獻于朝皮 奉於北壇之閣 閣中文獻 自此可徵矣 嗚呼 覽是書者 雖窮髮騈趾之人 莫不咨嗟悼嘆流涕痛哭也 況我東國遺民 有龍蛇再造之恩 而百世不能忘者哉

　李君顧家貧時詘 而乃出捐千金 爲國家辦盛擧 少無幾微色 苟非有古義士風者

烏能如是乎 遂爲賊長歌 庸識其事云爾.

四百六十一卷明實紀 當時史才稱谷氏
一統二百八十年 天啓爲終洪武始
禮樂刑政燦典章 山川郊廟精禋祀
祖功宗德奠九區 文謨武烈垂萬禩
滄桑百變崇禎朝 嗚呼帝亦明天子
大廈固難一木支 四十九相空唯唯
堅碑黨籍有東林 執策赴亂無南史
但見爆火起金宮 未聞遺音傳玉几
左有記事右記言 舊臣應泰今皇旨
犬啣膏燭祕書省 蠅頭細字番黃紙
豐潤之谷後式微 此本流落燕南市
三蝕神仙老脈望 瑟縮不敢來容嘴
槐肆雖非石室藏 神物守護猶相俟
朝鮮使者館玉河 摩挲永嘆窮朝暮
西堂書儈點於鬼 察眉索價高如彼
不惜千金買全部 嗟哉李君慷慨士
史有邦禁不示人 閉門蠟炬中宵紫
老眼讀盡天下書 紙上拭花編屈指
一字一涕涕無從 斗酒未澆胸磈礧
豈意今夕親見之 存亡肉骨恩浹髓
大車檻檻渡鴨江 箕尾仰看文虹起
拱北門開尺壇高 壇前日月奠閣庋

大國文獻在小邦　夏禮殷禮徵宋杞
不購象犀珠玉購此書　國富家貧心獨喜
嗟哉李君慷慨士　天心感激嘉曰爾

힘 장사 검 도령을 장자방[1]과 같이 진나라에 들여보내노라

난하가 위수[2]로 흘러듦도 이 한 길뿐이로다
그 옛날 우리 선군 그 길 따라 갔나니.
우레가 우리 나라에서 울리고
천 근 철퇴 든 장사도 여기 있으니
오대 충신 장자방이 이를 알고
한나라 구하려 이 땅에 왔더라.

떠나는 이에게 술 가득 부으며
보내는 이 강개한 눈물 흘리는데
서쪽으로 건너는 포구에서
바람 안은 돛배가 머뭇거려라.

---

1) 기원전 2세기 경에 중국의 진나라 시황이 6국을 점령하였다. 이때에 한韓나라 사람 장자방 곧 장량張良은 자기 나라가 망한 후 진 시황에 대한 원수를 갚기 위하여 동지를 구하던 중 창해 나라, 곧 우리 나라에 검 도령이란 힘쓰는 장사가 있다는 소식을 듣고 우리 나라에 와서 검 도령을 보내 도와 달라고 간청하였다. 그리하여 검 도령은 장자방과 같이 진나라에 들어갔다. 하남성 양무현의 박랑사라는 곳에서 검 도령은 진 시황이 탄 수레를 철퇴로 내리쳤으나 철퇴를 맞은 수레는 진 시황의 수레처럼 가장한 빈 수레였다고 한다.
2) 난하와 위수는 중국의 강 이름이다.

땅도 멀고 문물도 다르건만
우리 나라도 한 하늘을 이었거늘
진나라가 하늘 아래
모든 나라의 원수임을 뉘 모르랴.

부끄러울손 크나큰 주나라도
진나라 앞에 무릎을 꿇었는가.
장하여라 노중련3)의 기개여
백절불굴의 굳은 의지여

저들은 하 많은 군사를 길렀으니
무엇에 쓰려 하였는고.
소식을 듣자니 중원에서도
우리보다 뒤늦기 십 년이라고.

초췌한 행색으로 산 넘고 물 건너
서쪽 땅에서 찾아온 길손
백 근 황금 내놓으며
검 도령 한 사람을 청하더라.

한나라 임금의 은혜를 입어
오대를 재상으로 내려오던 장자방은

---

3) 노중련魯仲連은 춘추시대 때 제나라 사람으로 애국지조가 강하였다 한다.

호협한 장사를 구하여
나라의 원수를 갚겠다 벼르는데.

진나라에 대한 원한이야
한나라가 더욱 갚겠지만
우리 나라는 동해의 의로운 나라거니
어찌 약한 나라를 돕지 않으랴.

넓고 넓은 중원 땅에
담력 있는 사나이 하나도 없으니
오만한 진 시황 앞에 사기가 꺾였는가
진나라 백성 됨을 사양치 않음인가.

우리 나라엔 장수 있어
그 힘 그 담력 헤아리기 어려우니
춘추시대의 주해[4]보다 못지않은 영웅이어라.

중원의 쇠붙이는 진나라가 다 모았지만
동방의 우리 나라 무쇠가 그득한데
철퇴를 미리미리 장만하여
무적의 병기 부어 주었더라.

---

4) 주해朱亥는 춘추시대 위나라 사람으로 힘이 센 장사였다 한다.

서쪽 하늘 만리 길로
검 도령 보내는 마음이여
떠나는 배에다 돛을 올리는데
붉은 햇발 동쪽에 솟아오르더라.

배는 평지를 기어가듯 물나라를 헤엄치고
사람은 이웃집 가듯 진나라 서울로 향하더라.
멀리 바다 하늘에는 흰 무지개 비꼈는데
문득 형가[5] 칼을 품고
진나라로 떠나던 새벽이 생각나노라.

떠나간 검 도령이여
그대는 주나라 옛터 기장 밭을 지나리.
맥수가[6]가 생각나서
보내는 이 마음 다시 눈물겨워라.

봄바람 푸른 바다에서
하늘의 마음을 엿보나니
진 시황이 이월달엔
청주 땅으로 순행 나온다 하더라.
검 도령을 보내며

---

5) 형가荊軻는 춘추시대 연나라 사람으로 진 시황을 죽이러 갔다가 실패했다.
6) 맥수가麥秀歌는 상나라 사람인 기자가 패망한 상나라의 옛터를 지나면서 읊은 노래다.

물빛 옷을 주었더니
그 옷자락 저 멀리 바다 속에서
별빛인 양 번쩍번쩍 빛나누나.

送力士與子房入秦[7]

亂河入渭餘一路　昔我先君歲貢蠙
雷鳴滄海大椎客　日隱宜陽喬木臣
離樽滿酌慷慨淚　錦帆徘徊西渡津
窮溟椎髮戴姬天　萬國同仇聞彼秦
心驚報王北面日　跡滯齊連東踏濱
波宮養士問何意　消息中原遲十春
蕭蕭弊袴客西來　百鎰黃金求一人
君恩家世說五相　俠氣乾坤輕隻身
深讐豈獨子報韓　薄海猶沾周命新
山東恨無大膽兒　天下甘爲黔首民
吾家有客客有力　一層英風朱亥倫
東溟幸不入秦爐　鑄出金椎啼鬼神

---

7) 이 시는 전체 18구로 구성된 공령시功令詩다. 공령시는 과거를 볼 때 짓는 과체시를 말하는바, 구마다 명칭과 시격詩格이 있다. 1구는 글머리, 2구는 목 내림, 3구는 입제入題, 4구는 표두表頭, 5구는 표서表敍, 6구는 느림, 7구는 첫목, 8구는 첫목 받침, 9구는 둘째 목, 10구는 둘째 목 받침, 11구는 회제回題, 12구는 회제 받침, 13구는 회하回下, 14구는 회하 받침, 15구와 16구는 산구散句, 17구는 강제降題, 18구는 말구末句라 한다.

西天萬里送客心　掛帆扶桑紅日輪
船行水國若平地　人到秦京如比鄰
遙看白虹貫海天　忽憶荊卿西入晨
周墟黍離子應過　麥秀遺歌沾我巾
東風碧海見天心　二月青州聞帝巡
行裝又贈水色衣　驪驪星芒覘翠鶉

나를 사랑하는 이

세상에서 나를 사랑하는 이
그대를 두고 또 뉘를 꼽으랴
슬프다 일곱째 노래여
노랫소리 채 이루지 못하니
길 가던 나그네도 발길을 못 옮기더라

이 대아[1]에게

반가운 손님은 산수와 같아서
아침마다 보아도 싫지 않더라.
높은 품격은 탁월하게 알려지고
헌앙한 의기는 술자리서 보겠구나.
문필로 사는 이 몸 왕공도 가볍게 보며
집안 살림 소박한 밥으로 즐거움을 삼노라.
인생이란 도무지 꿈 같건만
잠을 자더라도 한단의 꿈[2]은 꾸기 어려워라.

和李大雅

佳客如山水　朝朝不厭看
高標方外出　奇氣酒中觀

---

1) 대아大雅는 나이가 서로 비슷한 친구나 문인에 대하여 존경한다는 뜻으로 쓰는 말이다.
2) 황량몽黃粱夢을 말한다. 당나라의 노생盧生이 한단 객주집에서 여옹呂翁이란 사람을 만나 지팡이를 받았다. 그 지팡이를 잡고서 잠이 들었는데 황량미로 밥을 짓는 동안에 팔십 년을 살아 가며 온갖 부귀영화를 다 누리는 꿈을 꾸었다는 데서 나온 말이다.

文墨輕千駟　家居樂一簞
人生都是夢　寐亦少邯鄲

묵죽을 준 윤중에게

친구가 나에게 무엇을 주었는가
나에게 푸른 낭간1)을 주었도다.
손에만 닿아도 바람 시원히 운치 도는 듯
속마저 비었으니 추운 때도 견딜 만하리.
야들야들 움 돋으니 봉황새가 쫄 만하고
마디마디 매듭져서 늙은 용이 뒤번지는 듯
흰 눈이 하늘땅에 가득 찼으니
바야흐로 볼 만도 하구나.

允中餽墨竹詩以爲謝

故人何所贈　贈我靑琅玕
觸手生風韻　虛心托歲寒
猗猗餘鳳啄　節節老龍蟠
白雪滿天地　此君方可看

1) 옥 같은 돌을 말한다. 혹은 신선 세계에 있다고 하는 낭간나무를 말하는데, 흔히 낭간나무는 대나무를 비유한다.

은경의 시고 뒤에 쓰노라

그대의 귀한 시
고금 정회 담았나니
영원한 봄 맞은 듯
그 글자 더욱 빛나도다.
그대의 뛰어난 재주
나 혼자만 알 건가.
뼈는 양근 땅에 묻힐망정
그 이름 묻힐 수 없으리.

書殷卿詩稿後

寸錦經塵劫　將開萬古情
江山春不盡　文字燁如生
世上猶吾眼　家中獨乃兄
楊根一片土　埋骨未埋名

정하원에게

자네의 시 읽어 보니 머리 절로 숙여지네
도도한 그 맛은 사뭇 방축을 열어 놓은 듯.
쑥밭 길을 헤치고 내 집에도 찾아와서
가시덤불 궁한 살림을 걱정해 주던 그대
그림 솜씨는 언제 익혀 이렇게도 훌륭한고.
그대 시가 하도 좋아
그림 재주 지닌 줄은 미처 몰랐다네.
갈증에 시달리다 개울을 만난 듯
진귀한 진액이 가슴속에 퍼지는 듯.

贈鄭生夏園芝潤

讀一新詩首一低　滔滔渾似決河堤
惠然顧我蓬蒿逕　久矣憐渠枳棘棲
五嶽眞圖歸指掌　九經文術屬筌蹄
秋來有夢堪澆渴　瓊液沖融和碧泥

평양에서 추사, 산천[1] 두 분과 더불어

대동강 가 어디에나 정자와 다락이라
온종일 노닐어도 새로운 경치일세.
남쪽 물가 연꽃 향기 오는 손 반길 때에
서경 매실 무르익어 우리를 불렀는가.

옛 친구 다시 만나
시 읊기에 여념 없는데
주린 백성 생각하여 술잔은 거두리라.
어진 관리 선비님들 장차 힘을 합친들
우리보다 낫지는 못하리.

秋史山泉兩公歸覲浿上 邀余共賦

浿江無處不亭臺　終日閒行好眼開
南浦荷香嘉客坐　西京梅熟使君來

---

1) 추사와 산천은 김정희金正喜, 김명희金命喜 형제다.

重逢舊社陳詩卷　一念飢民撤酒盃
良吏儒林將合傳　龔黃楊馬未全才

벗들과 절에서 노닐며

술 있다면 서산을 마주 대할 만하고
글 쓴다면 서산 모습 그릴 만하다.
서산에 내리던 눈 멎으니
그림과도 같아서
큰 붓을 먹물에 함뿍 잠가
검고 푸르게 그린 듯하구나.
우리네 찾는 매화 그 어데 있느냐
십 리 길에 덮인 구슬, 걸음에 밟혀 바수어진다.
정 노인 조 생원 다 우리 무리여서
모자와 신발을 똑같이 쓰고 신었구나.
차 그릇과 시집들은 동자에게 지우고
거문고와 바둑판은 나귀에다 싣고 가자.
구름 피어오르는 솔숲 옛 절
옥구슬 소리 내는 바위틈 언 샘물
날마다 밝은 햇빛에 가슴도 후련해져
이 아침도 깨끗하니 한 점 티끌 없구나.
한 달에 한두 번쯤 이렇게 노는 게 무에 아까우랴.
사랑은 산수 사랑보다 더한 것 없어라.

邀同社遊山寺

有酒可與西山對　爲文可窮西山態
西山霽雪遠如繢　粉毫一抹描翠黛
欲訪梅花何處在　十里踏盡寒瓊碎
鄭老曹生俱我輩　帽簷屐齒同穿戴
茶竈詩卷童子背　琴囊棋局驢兒載
棲雲古寺松林內　石上凍泉鳴環佩
日攬清暉融肝肺　一朝瀅徹無塵穢
同遊何惜月一再　愛莫如玆山水愛

청주에서

주작교 다리 가로 나는 듯 말은 달리는데
청주 성 밖에는 버들이 휘늘어졌다.
아득히 펼쳐진 호수 사람은 남으로 가고
바람 없는 날씨에 기러기 북으로 간다.
친구와 얽힌 정은 꿈길에서 오가는데
한 세상 살아가매 선비의 옷차림 우습구나.
우리 함께 모여 앉아 소일거리 벌여 놓고
거문고 곡조 의논하다 바둑도 두었노라.

清州

朱鵲橋邊馬欲飛　清州城外柳依依
湖上極目人南去　風日從容鴈北歸
數子夢魂縈客路　百年身世笑儒衣
遙知匠匝秋齋席　論盡琴心解奕圍

수암의 초당에서

나무 심고 닭치기를 업으로 삼으면서
산을 등지고 물을 끼어 초당을 지었도다.
문장가로 고을 안에서 짝을 찾지 못하건만
밭 갈고 글 읽으며 다섯 아들 키우네.
꽃과 아가위 씹으며 약의 성질 밝히었고
비 오고 해 뜨기 전 《노농상담》 지었도다.
정성 들여 만든 음식 군침 삼키며 대하니
산나물과 쏘가리 오르고 술그릇까지 놓였구나.

題壽巖金山人旭幽居

種樹養鷄經濟好　負山臨水縛茅菴
文章郡內無雙士　耕讀家中有五男
花棠嚼來明藥性　雨暘推得著農談
咄嗟供具成眞率　蔬鱖充盤酒滿罐

― 수암 김욱金山旭은 일찍이 《산거약성山居藥性》과 《노농상담老農常談》들을 저술하였다.

강문로에게[1]

나이 예순에 성공을 못 했지만
글 읽기에 더욱 힘쓰련다.
나 역시 자네와 한가지로
궁한 살림에 쪼들리는 사람
이제부턴 꽃보다
그 열매를 귀히 여겨
꽃잎 하나 떨어지면
그 자리에 푸른 잎 돋아나도록.

和姜辣菴文老寄示

六十無成更讀書　子窮聊復我窮如
從今取實看何處　花一飛時葉一舒

---

1) 조수삼이 예순세 살 때인 1824년에 썼다.

유연정에게[1]

옛 그 집엔 붉은 등나무 얽혀 있고
벼슬은 청렴한데 옛 돈을 지니고 있더라.▪
그대 부친 업적은 오늘에도 남아서
먼 나라 길손도 그 시편▪을 읽었노라.

그대와는 삼대의 교분으로
내가 몇 해 맏이지만
그대가 편집한《해동금석록》은
무딘 이 눈으로 정정한 적 있었더라.▪

---

1) 연정燕亭은 청나라의 유명한 학자 유희해劉喜海의 호다. 유희해는 당시 김정희 같은 우리 나라 선비들과 교류하였다. 이 시는 조수삼이 여섯 번째 중국에 갔을 때 쓴 시인 듯하다.
▪ 유연정의 집에는 붉은 등나무가 있고, 또 하夏, 상商, 주周 삼대 이하의 옛 돈이 간직되어 있었다.
▪ 내가 정조 14년(1790) 그의 부친과 함께 응수한 시편들을 받았다.
▪ 유희해가 편집한《해동금석록》을 내가 정정하였다.

劉燕亭給事喜海

屋老依嘉樹　官淸蓄古錢
大人餘德業　遠客誦詩篇
於子交三世　推余長數年
海東金石錄　霧眼一重詮

의정에게

의정의 서재는 매우 작지만
늙은 나무 우거지고
사립문은 맑은 시내 끼었네.
밤새 내린 비에 발자취 더욱 드문데
첫새벽에 쪽지 편지로 벗들을 불렀구나.

어린것은 불을 불며 차를 달이고
선생은 옷 벗어 주고 이름난 술 사 왔네.
닭 잡고 기장밥 지어 그 냄새 구수한데
부엌에선 쏘근쏘근 귓속말 하는 소리.

술잔이 오가니 붓과 벼루에서 향기 풍기고
손과 주인 막역하여 허물이 없네.
상자와 고리짝 열고 같이 보자 하는데
옛 그림 폭들 모두가 값진 것들.

- 의정이 서재에 술자리를 벌이고 우신雨辰과 후재厚齋, 그리고 나를 청하여 함께 마시면서 자기의 장서를 보여 주었다.

흐리멍한 늙은 눈이 활짝 뜨이는 듯
때마침 아침 햇빛 창문에 비껴드네.
이것이 어떤 그림이기에 이리도 선명한가
찍힌 도장 보아도 누군 줄 알겠네.

붉은 계수 아리따운 자줏빛 술 둘려 있고
이슬이 방울방울 꽃잎에서 흐르는 듯
난초잎과 차꽃이 이다지 어여쁜가
벌레 나비 붙은 모양 섬세도 할시고.

머리 땋은 세 아이 색동 입고 노는 모양
팔목에 매 받은 채 누른 사냥개 끄는 모습
큰 폭의 연꽃은 그 가치 백금이라
철각새 연꽃 쪼고 물고기는 연뿌리 건드리네.

서쪽 호수 넓은 물에 가을빛이 서려 있고
맑은 정기 그윽하여 향기 백 섬 실어온 듯
다시는 말을 마라 정판교[1]의 그림이 으뜸이라고.
노숙하고 창창한 맛 비길 데 없네.

---

1) 판교板橋는 청나라 정섭鄭燮의 호. 정섭은 자기가 그린 연꽃 그림이 당시에 제일 뛰어나다고 자화자찬하였다. 그래서 자기 도장에다 '청등青藤의 문하에서 배우던 정판교가 그린 연꽃 그림은 평가가 높았다.'는 글까지 새겨 넣은 일이 있었다.

그림마다 살아 움직여 무릎 꿇고 감탄하니
이 재주 앞에서 어이 머리 안 숙이리.
옛사람 예술을 내 미처 몰랐노니
청컨대 후대 위해 오래도록 전해 주소.

毅亭置酒書室 邀雨辰厚齋及余 酒中共觀藏書

山泉書屋大如斗　老樹衡門塞江口
江口新雨道少人　清晨折簡邀鄰友
小兒吹火淪新茶　先生解衣酤名酒
殺鷄作黍趣進餐　低聲屢語厨中婦
杯行絡續筆硯香　賓主爾汝無相咎
傾箱倒篋侑余歡　古畵幅幅森瓊玖
老眼昏花忽破開　時有返照明疎牖
是何粉墨色鮮新　亦以欸識分誰某
丹桂輪囷紫纓垂　香露滴瀝相承受
蘭葉茗花何紛披　蟲蝕蝶揖纖可剖
三童握髮戲斑衣　一夫臂鷹牽黃狗
大幅蓮花直百金　鐵脚啄房魚觸藕
裁割西湖十頃秋　清香百斛君聞否
固哉莫說鄭板橋　老蒼直過青藤手
灑然色動作拜稽　凡物詎能低此首
不圖古人藝至斯　請君爲我勤藏守

두류산* 중을 금강산으로 보내면서

그대는 두류산에서 와서
금강산으로 가려는가.
갈 길을 구태여 묻지 말고
다만 달 뜨는 곳만 보라.

  *

금강산이 어찌 하늘 위겠는가
문에서 나설 때부터지.
장차 갈 길이 멀다 하지 마라
이미 온 길도 멀고 멀었나니.

  *

푸른 저 산 밑은 철원 고을이요
잣나무 푸른 곳은 금성 가는 길이라.

---

* 두류산頭流山의 딴 이름은 지리산, 또는 방장산方丈山이라고도 한다.

매미 우는 소리 요사이 자지러지는데
올해 가을빛은 이른 듯하구나.

　　　*

장할시고 금강산 일만이천 봉
높고 높은 봉마다 거사의 몸이러라.
보는 것 모든 데서 깨달음이 많더니
돌아올 젠 홀로 그대뿐이리라.

送頭流僧入金剛

爾從方丈來　欲向蓬萊去
去路何須問　但看月生處
　　*
金剛豈天上　只在出門時
莫道將行遠　還如已歷來
　　*
青山鐵原府　翠柏金城道
近日蟬聲急　今年秋色早
　　*
一萬二千峯　現我居士身
作觀多如是　歸來還一人

중 학순에게

묘향산에서 만난 중 그 이름 학순이라.
스스로 이르기를 본래 서울 사람이라고.
그 아비는 약을 팔아 살림이 넉넉하고
집은 남쪽 거리 첫 마을에 살았더라.

열 살에 책을 끼고 이웃 글방에 나아가
글소리도 낭랑히 밤낮으로 읽었더라.
본래는 소년 영달하겠더니
하루아침 패가할 줄 어찌 알았으랴.

전염병에 어미 아비 다 죽었으나
일가집 부형들도 돌보지를 않았더라.
절에서 빌어먹다 끝내는 중이 되어
어느덧 중살이로 칠팔 년이 되었구나.

상기도 공순한 선비 품성 남았건만
중들이 세속 따르는 것 허락지 않아선가.
선비의 행실을 중의 행동으로 고치고

시 읊던 그 목소리 염불 소리로 바꿨구나.

엊그제 묘향산에서 너와 서로 만나던 때
더없이 기쁜 낯으로 나를 반겨 주었네.
너는 그때 결하[1]로 오랫동안 나가지 않았고
나는 피서를 하느라 머물러 있는 동안.

날마다 책을 들고 의심나는 것 풀고
물으며 적으니 내 스승 된 게 이상했더라.
귀머거리 벙어리의 말을 듣듯
아리송한 이치를 묻고 대답하는데
그 속에는 심령만이 맥맥히
서로 통하였더라.

가난이 사람 몰기 새 무리 몰듯 하니
한번 절에 들어왔다 속박을 받았구나.
업의 넝쿨 어리석음의 뿌리 끊어 내기 힘겨워
가을바람에 박 떨어지길 기다림이로다.

설악이라 금강이라 아름다운 산수
이따금 그 속에서 참된 중을 만나누나.
네 이제 스무 살 마땅히 힘써야 하리니

---

1) 중들이 4월 8일부터 7월 15일까지 참선하는 기간을 말한다.

푸른 신 베 버선으로 그 길에서 나아가거라.

贈學醇

西寺闍黎名學醇　自言本是京城人
其父販藥饒貲斧　家住南街第一鄰
十歲挾書游里塾　琅琅日夕能誦讀
本期少年身榮達　安知一朝家傾覆
母死父亡暴遘癘　總祖功叔皆不惠
乞食山門遂爲僧　僧臘於焉七八計
尙餘雍容儒者性　緇徒不許同奔競
頂禮移來舊拜揖　梵唄學作閒吟詠
昨日相逢在西山　怪汝見我開歡顔
汝時結夏久不出　我因避暑猶未還
日執其書來稽疑　記聞却怪爲人師
聾子試聽啞子唱　心靈脉脉空相知
貧賤驅人如鳥雀　一入叢林被束縛
業蔓痴根苦不除　秋風坐待匏苽落
雪嶽金剛好山水　往往中有眞佛子
汝今二十宜努力　靑鞵布襪行從此

박제가의 죽음을 슬퍼하며

당대의 문장가로 규장각에 뽑히고
글재주 빼어나서 검서관 되었더라.
그대의 높은 소견 나라에 쓰이었고
밤을 낮 삼아 글을 읽었더라.

그 누가 이 사람에 미칠 수 있겠는가.
신하를 알아줌은 임금만 한 이가 없어라.
건릉에 덮인 풀도 푸르거니
그대의 죽음이 늦었다고 하리로다.[1]

　　　*

지난해 연경에 갔을 제
만나는 사람마다 그대 안부 물었다네.
북쪽 변방으로 귀양 간 줄 모르고

---

1) 건릉健陵은 정조 임금의 능이다. 정조가 박제가를 특별히 아꼈으니, 저승에서도 박제가를 기다리고 있으리란 뜻이다.

동쪽 창해 멀고 멀어 그대 못 봄을 한하였지.

벼슬살이 무상하여 어제오늘 다르지만
저작[2]은 오히려 별처럼 반짝이누나.
생각하면 어제가 옛날인 듯
선왕은 어데 가고 그 신하들 어데 갔나.

　　　　*

저작을 못 끝낼까 일찍이 걱정터니
그 책 한번 세상 나오자 성벽처럼 튼튼해라.
음식으로 말하면 천섬의 곡식이거늘
오히려 국 한 그릇을 가지고 다툴 일 있나.

붓끝에 응당 입이 있을 터이니
온 천하 사람들 그대 이름 알리라.
썩은 문장가의 저술은 장독 덮개 되었고
모든 사람 한가지로 들뜬 선비 침 뱉더라.

---

2) 특히 박제가의 《북학의》를 이르는 말이다.

哭朴楚亭齊家 三首

一代奎章閣　翩翩朴檢書
燕金從隗日　藜火遇仙初
此子人誰及　知臣主莫如
蒼蒼健陵樹　爾死亦云徐

*

往歲遊燕市　逢人說楚亭
不知投北鄙　只恨隔東溟
簪筍乃無日　圖書尙有星
先王作成化　多士在明廷

*

嘗嘆書未成　成者已如城
比食千鍾粟　猶爭一豆羹
筆端應有口　天下遂知名
覆瓿揚雄作　當時也見輕

유곡 선생의 죽음을 슬퍼하며

술잔 같이 나누며
가슴 깊이 포부 기르던 때는 언제였던가.
솔바람 소리 대지에 가득 찼는데
선생은 병상에 누웠지.
나보고 의기남아라 했지만
선생이야말로 영웅으로 꼽힐 만해라.
간밤에 나 홀로 앉아
들보 사이로 달을 보며
선생이 말한 노자의 도리를
다시 한 번 외웠노라.
적적한 서쪽 산에 머리 돌리려니
매화 시절 당하여
시 엮던 선생이 더욱 그립구나.

*

선생이 뜻을 품고 숨어 살면서
칠십 년이 되었는데

이날에야 비로소 깨달은 셈이구나.
소박한 유풍은 집안에서 볼 수 있건만
아쉬울손 선생의 정기만은
저 멀리 하늘에 올랐는가.
세상에는 시인 하나 자취 감추고
하늘에는 글하는 별 하나 늘었어라.
선생의 높은 인격 어디서 볼거나
푸른 봉우리 문 앞에 우뚝 솟았네.

哭柳谷丈人 二首

千秋悵望一杯同　滿地松聲臥病中
謂我古人能意氣　惟君今世數英雄
前宵獨對樑間月　往日多聞柱下風
寂寂西山回首在　梅花時節哭詩翁
　　　　＊
先生懷道隱沈冥　七十年來此日醒
簡朴遺風觀婦子　淋漓元氣返精靈
人間永絶海山操　天上還明文酒星
彷佛高標何處見　門前一峀碧亭亭

국은 선생 옛집에서

돌이켜 생각하면 내 나이 열두 살에
선생은 저 남쪽 변방으로 나갔더라.
유랑하는 그대 돌아올 줄 모르는데
무덤엔 묵은 풀만이 속절없이 서글퍼라.
나무새 우거진 곳 옛집은 무너졌으니
처자들 의탁할 땅조차 없으리.
오늘 다시 이곳을 지나는 길에
지난날 이별 시를 거듭 읊노라.

麴隱故居

吾年十二時　夫子出南陲
未返飄蓬跡　空餘宿草悲
弊廬深樹木　無地托妻兒
今日經過處　重吟舊別詩

설미춘

— 서도의 술이 다 도수가 높아서 몹시 독하지마는 신안 홍씨의 집에서 빚은 '설미춘'이라는 술은 맑고도 향기로웠다. 주인 늙은이 홍이지洪履祉는 시에도 능하였는데, 내가 강주에 있을 적부터 알고 지냈다. 이제 그 늙은이는 죽고 그 집 사람이 술을 팔고 있었다.

홍씨네 향기로운 술 옛사람 남긴 유풍
그 전날 강주에서 주인 늙은이를 알았더니
슬프다 이제 보니 사람은 뵈지 않고
술집 깃발만 살구꽃 속에서 나부끼네.

雪米春[1]

洪家佳酒故家風　曩在江州識乃翁
惆悵今來人不見　靑帘飛出杏花中

---

1) 이 시의 원래 제목은 '서주주개한렬 독신안홍씨가양 설미춘심청렬 홍옹이지능시이여상지어강주 금옹이사 기가인매차주西州酒皆悍烈 獨新安洪氏家釀 雪米春甚淸洌 洪翁履祉能詩而余相識於江州 今翁已死 其家人賣此酒'이다.

아홉 노래[1]

남쪽에 온 지도 어느덧 두 번째 가을을 맞는다. 생각하면 나의 옛 벗은 다 흩어져 거의 없어졌다. 이제 야항野航이 또 세상을 떠났다. 생명의 길고 짧음은 정함이 있다지만 떠나간 친구를 생각할 때 아프고 슬픈 정을 그대로 삼키기 어렵다. 나는 여기에 만사를 지어 그들의 일을 서술함으로써 죽지 아니하고 살아남은 나의 회포를 편다. 슬픔은 두보의 시보다 더하고 시의 수는 초가楚歌에 맞는다고 하겠다.

어산 정무륜에게

낚시 물에 안 잠그고 산에 올라 드리웠으니
한 해가 저물도록 고기를 낚아 낼 수 있었으랴.
반생 동안 글 읽어서 뱃속에 찼건만
파리한 안해와 딸 주리매 울었더라.

아침저녁 읊고 읊어 기이한 말을 많이 한 그대
늠름한 팔척장신에 한가로운 사나이였다만
외로운 그대의 무덤에선
산 귀신이 밤마다 우는구나.
푸른 이끼 흰 뼈가 내 눈에 보이는 듯

---

[1] 조수삼이 일흔다섯 살 때인 1836년에 세상을 먼저 떠난 친구들을 그리워하며 쓴 시다.

슬프다 첫째 노래여
노랫소리 격하구나.
눈물 어린 늙은 눈
창밖 매미 소리에 멎노라.

유목 박치도에게

창해 물에 입을 대어 한 번 들이마시고
그 속에 잠긴 달을 건지러 들어갔더라.
바다 밑의 고기들 놀라고 불안하여
엎치락뒤치락 어데로 숨는 거냐.

선문과 안기도 그대를 부르고
녹도와 옥석이 분주히 그대를 찾더라.[2]
사신이 찾기 전에 그대 먼저 황천길 가면서[3]
글월 남겨 말하기를 청산에 순장하랬지.

슬프다 둘째 노래여

---

2) 선문羨門, 안기安期, 녹도籙圖, 옥석玉舃 은 모두 다 옛 신선들의 이름이다.
3) 한나라의 문장가 사마상여司馬相如가 죽음이 다가왔을 때 한나라 황제가 사신을 보내 사마상여가 남긴 글을 가져오라는 명을 내렸다. 여기서는 박치도를 사마상여에 견주고 있는 것이다.

노랫소리 길고 길구나.
때때로 우러르니
북두별이 유난히 밝아라.

필한 이운기에게

글씨는 전자체로 또렷했건만
낯은 원숭이 꼴이요 시는 신선의 말 같았건만
읊는 소리는 귀신의 휘파람이었지.

진흙 속에 뿌리를 박았건만
부용꽃은 한껏 아롱지고
소나무는 푸르청청 구름 봉우리에 솟았더라.
신기한 지혜로 조물주와 다투었던 그대
기염을 토할 제는 섬광이 비쳤더라.
눈 내리는 빈산에 만취해 누웠으니
긴 밤이 길고 길어 언제 다시 깨어나련고.

슬프다 셋째 노래여
노랫소리 처량하구나.
올망졸망 풀밭 무덤 속에
젊은이도 묻혔더라.

현암 이학원에게

나는 몇 칸 삼나무 꺼풀로 이은 집 있어
비가 오나 달 밝으나 그대 쉬게 했더니
술 마신 뒤 등불 앞에 서로 마주 앉으면
그대는 소리 내어 나의 시를 읽었더라.

옛날 이웃에서 즐겁게 지내던 일 생각하면
반평생 정들인 친구 가장 귀한 줄 알겠더라.
그대는 좋은 재목 또 얻기 어려운 친구
오동나무 거문고 재목이 화목처럼 타 버렸으니.

슬프다 넷째 노래여
노랫소리 갈리누나.
노래 끝에 창자 꼬여
꾸럭꾸럭 소리 내더라.

호산 김직보에게

시인의 무덤가에 매화가 천 그루
가지마다 꽃피어 저녁노을 맞노라.
작은 꽃은 반짝여 눈송이같이 깨끗하고

큰 꽃은 요염하여 안개비가 날리는 듯

둥근 달 빈산에 찾는 사람 하 없어서
시 읊는 자네 넋이 야밤에 신을 끌고 나왔구나.
옛날 자네 아버지도 이 산에 묻히더니
자네도 여기에 묻혔는가.
내 흰머리 늙은 몸으로
강남 길에 아직도 살아 있노라.

슬프다 다섯째 노래여
노랫소리 더욱 서글프구나.
자네 다시 깨어나면
먼저 간 자네를 나무라리라.

화방 노혜경에게

마시지 않는다면 갈증에 죽을지언정
술만 대하면 술 가게를 말리려 하고
읊지 않는다면 입 없는 박이 될지언정
읊기 시작하면 천하에 소리치던 자네였느니.

옛 벗들 자네 시 칭찬하기를

당나라 진나라의 시인보다도 낫다고.
자네는 술을 잘했어도 부끄러울 것 없었건만
차례로 산다면 나보다 십 년은 더 살아야 할 것을.

슬프다 여섯째 노래여
노랫소리 흐느껴서
우수수 풀 덮인 무덤에
가을바람이 일어나누나.

포원 정경숙에게

맑은 아침엔 향불 피우고 고이 앉아 시를 짓고
한낮엔 지팡이 짚고 바둑 구경 떠나던 그대
두 가지 소일거리로 날 가는 줄 몰랐고
팔십 늙은이 주리고 힘든 줄을 잊었더라.

스물에 병이 많아 학과 같이 여위었고
서른 살에 몸이 약해 수염이 벌써 허옇던 그대
봄바람 가을서리 바뀌고 바뀌었지만
세상에서 나를 사랑하는 이
그대를 두고 또 뉘를 꼽으랴.

슬프다 일곱째 노래여
노랫소리 채 이루지 못하니
길 가던 나그네도 발길을 못 옮기더라.

서은 조여수에게

자네가 나를 찾지 않으면
내가 자네를 찾았지.
두 사람 다리 펴면 꽉 차는 초막집
그 속에서 정답게 지내기 몇 해였나.
뱃속에 든 글도 서로 나누고
상자에 든 책도 나누어 가졌지.
남들이 묻기를
무슨 말이 그리 많으냐고.

고금의 시서도 말하고
역사 이야기도 주고받고
아래로 동식물을 의논하며
우리 서로 견문을 넓히노라.

아이 적 사귄 정이 대머리가 되도록
만나기만 하면

언제나 동창이 밝는 줄 몰랐더라.

슬프다 여덟째 노래여
노랫소리 매우 슬프구나.
나무 그늘에서 글 읊던 청춘 시절이
한껏 그리워라.

야항 김학연에게

서산 모퉁이에 무너져 가는 두어 칸 집
한 칸은 국화요 한 칸은 매화로다.
허구한 날 잔손질로 공들여 키웠더니
국화는 술감이요 매화는 시의 밑천이로다.
한잔 술로 흥을 돋아 시필을 휘두르니
종이에 영채 돌아 보배를 벌여 놓은 듯.

옥황상제 백옥루에 편액 쓸 사람을 구하여
그대를 불러올리더니
티끌세상이라서 돌려보내지 않는 건가.

슬프다 아홉째 노래여
노랫소리 마치기 어려워라.

그대의 자모 구십 당년에
아들 그려 어이어이 우는구나.

九歌

南來再見秋風 念余舊雨 零落殆盡 而野航今又長逝矣 雖脩短之有定 奈痛悼之無涯 遂追風誄言 各敍平生之事 庸寓未死之懷 哀過杜詩 數叶楚歌云爾

丁漁山茂倫

漁不漁水漁於山　終年無一魚上竿
半生讀書書滿腹　瘦妻弱女號飢寒
朝吟暮吟出奇語　玲瓏八尺靑琅玕
孤墳夜夜山鬼唱　蒼苔白骨縈巑岏
嗚呼一歌兮歌激烈　老淚時向秋窓蟬

朴瘤木稚度

一口快吸滄海浪　一手捉月滄海上
海底魚龍不安居　顚倒瑟縮何奔放
羨門安期兩小兒　錄圖玉舃煩相訪

茂陵不見漢使來　遺書去殉青山葬
嗚呼二歌兮歌更長　斗間有氣時時仰

李芷漢耘岐

書如鳥篆面猴獠　詩是仙語吟鬼嘯
芙蓉亭亭出汚泥　寒松落落橫雲嶠
力排化兒爭神奇　光芒熠爍生靄巗
雨雪空山大醉臥　長夜漫漫曾未料
嗚呼三歌兮歌凄凄　草間纍纍埋年少

李弦菴學園

我有數間杉皮屋　雨聲月色留君宿
我有一卷秋齋詩　酒後燈前聽君讀
憶昔同鄰喜過從　半世知音無金玉
天下難逢蔡中郎　爨有孤桐椽有竹
嗚呼四歌兮歌聲嘶　曲終腸輪鳴轆轆

金壺山直甫

詩家墳上梅千樹　樹樹開花當歲暮
小者的爍破雪霜　大者夭矯騰霧雨
月冷山空無人見　吟魂半夜來巾屨
昔葬其父今葬兒　白首又濘江南路
嗚呼五歌兮歌噫吁　吾友若起吾將訴

盧畫舫惠卿

不飲寧爲消渴死　對酒欲過新豐市
不吟寧爲無口匏　有句不誇東鄰子
舊雨燕南新月評　在唐唐人晉晉士
滑稽鴟夷愧良箴　順生將吾後十禩
嗚呼六歌兮歌聲咽　蕭蕭宿草秋風起

鄭匏園景叔

淸晨焚香坐賦詩　向午扶杖來觀棋
二事排日日不給　八十老翁忘飢疲
二十多病瘦如鶴　三十濩落鬢成絲
風雨寒暑鎭相過　世間愛我非公誰

嗚呼七歌兮歌不成　家居欲罵安陵兒

曺書隱汝秀

子如不來吾卽去　茅闒纔容兩箕踞
傾囊倒篋出愈多　傍人或問何所語
上溯邱墳典謨書　下窮草木蟲魚疏
束髮交情成禿翁　相逢每驚東窓曙
嗚呼八歌兮歌甚悲　樹下耦談青春著

金野航學淵

破屋二間西山隈　一間菊花一間梅
坐臥起居不暫捨　菊爲酒料梅詩材
醉後題詩字如掌　滿紙英華森瓊瑰
玉樓倘求新扁額　肯遣此輩留塵埃
嗚呼九歌兮歌難終　慈母九十號哀哀

나는 대붕새를 부러워 않노라

우리네는 소인이라 먹을 것을 구하여
사방으로 왔다갔다 하기를 한평생 계속하지만
집에 돌아와도 무너져 가는 두어 칸 집에
자리 하나, 깔개 하나뿐이니,
뱁새가 나무 한 가지에서 사는 놀음과
무엇이 다르겠는가

호남의 시인 유윤오
允五詩序

조선 호남 지방은 중국의 소주蘇州나 항주杭州와 같아서 산천이 맑고 아름다우며 토지가 비옥하여, 풍요하고 수려한 기상이 수많은 물산에도 표현되고 있다. 귤, 유자, 석류, 생강, 대 화살, 감, 모시, 가는 무명, 목재, 입쌀, 합죽선, 장지 종이 등 특산물이 사방으로 퍼져 나가 서울에도 올라가고, 온 나라 백성들이 이 땅의 생산품을 이용하고 있다. 그뿐만 아니라 이 고장에는 슬기롭고 뛰어난 인재들이 많이 나서 문학의 기량이 이웃 나라에 알려지고 뒷세상에 전해질 만한 사람이 수없이 나왔다. 지금 이 유윤오柳允五도 그런 사람 중의 하나다.

내가 처음 호남에 갔을 때 군은 나를 전주의 여관으로 찾아와서 자기 시를 보여 주었다. 그때 나는 그의 시에 깊은 맛이 있는 것을 기뻐하여 서로 우정을 맺고 돌아왔다. 군이 또 나를 뒤따라 서울로 올라왔을 때 소매 안에 가득 차게 가지고 온 것이 시였다. 나는 군이 천리 길을 멀다 하지 않고 찾아온 뜻을 알기에 집에 간직해 두었던 두보의 시집 한 질을 선물하면서 그의 시에서 지나치게 호화한 점을 제거하고 두보처럼 노련해질 것을 희망하였다. 그 뒤에 내가 다시 남쪽 고을에 내려갔을 때 역시 군과 더불어 밤낮으로 놀면서 수많은 그의 시를 보았는데 지나치게 화려하던 것이 진실해지고 연약하던 것이 굳세어져, 내가 말로 칭찬은 하지 않았으나 마음속으로는 대단히 기뻐하였다.

이제 군이 내가 돌아온 지 4년 만에 또다시 나를 찾아왔는데, 이번에는 시에 대한 학식이 더욱 풍부해지고 재간이 더욱 향상하였으며 말이 세련되고 격이 새로워져서, 깊고 노숙한 시풍이 이미 옛 선배들의 경지에 이르러 고전 작품들을 방불케 하였다. 높은 고개 위의 큰 소나무도 군의 시보다 높지 못할 것이며 하늘을 나는 수리개의 날개도 군의 시보다 굳세지 못할 것이다. 내 구구한 말솜씨로 군의 시를 다 찬양할 수는 없다.

아, 군의 시에 대한 노력이 지극하도다. 내가 군에게 준 선물이 빛이 나서 매우 다행스럽다. 군의 시가 앞으로 호남의 특산물인 화살, 유자처럼 사방으로 퍼져 나가며 서울에도 올라가서 사람마다 기뻐하고 집집이 다 소장하게 될 것이다. 만일 군의 시가 이런 방향으로 발전한다면 수년 내에 반드시 남쪽 땅에서 크게 이름을 떨칠 것이며 수백 년 뒤에는 호남 시단의 모범이 될 것이다.

나는 이제 고향으로 돌아가려는 그대에게 이 서문을 써 주는 바다.

백아를 꿈꾸는 시인 이정직
李伯相廷稷天籟詩序

옛날 백아[1]가 거문고를 성련成連에게서 배우는 3년 동안 궁宮이니 상商이니 이야기하지 않았지만 백아는 배우려는 열성이 높았다. 하루는 스승이 그와 더불어 배를 타고 바다 가운데 있는 한 섬에 이르렀다. 그런데 스승이 이르기를,

"잠깐 기다려라. 내 저기 갔다 오겠다."

하고 떠나가서는 오래도록 돌아오지 아니하였다. 백아가 바라보니 산은 높고 바닷물은 한없이 넓으며 바람에 물결이 넘실거리는데 여기서 무엇을 얻은 듯하였다. 돌아와 거문고를 타니 예술이 극치에 이르렀다.

그러나 곡조에 담긴 뜻이 높고 깨달음이 깊기 때문에 그것을 이해하는 사람도 역시 적었다. 백아가 다만 배우는 데 힘쓰고 정신을 수양하지 않았다면 능히 넓고 넓은 바다와 높고 높은 산을 노래하는 곡조를 타지 못했을 것이며, 종자기[2]를 만나지 못하였던들 세상에서 자기의 음률을 알아줄 이를 얻을 수 없었을 것이다. 음률이란

---

[1] 백아伯牙는 춘추시대의 이름 있는 음악가.
[2] 종자기鍾子期는 춘추시대 초나라 사람으로 백아의 훌륭한 음률을 잘 알았다는 사람.

배우기 어려울 뿐만 아니라 알기도 역시 어려운 것이다.

　백상이 나를 좇아 사귄 지가 벌써 여러 해인데 그 시가 여러 번 변하였다. 돌이켜 보건대 그 사람됨이 마음은 맑고 패기가 있으며 담력은 성난 듯하고 사색이 풍부하였다. 그리하여 흐름을 따르고 근원을 따지며 깊이 탐구하고 멀리 끌어당겨, 넓고 깊은 데 구하고 깨끗하고 밝은 데로 돌아왔다. 따라서 아침 해가 물에 비치고 가을 연꽃 봉오리가 나오는 것과 흡사하여 비록 조그만 티끌이라도 찾아볼 수 없었다.

　백상이 날마다 자기가 지은 시를 나에게 보이는데, 나는 그것을 절반도 읽지 않아 벌써 황홀해져서 마치 아홉 굽이 경치에 임한 듯하였다. 언덕과 골짜기가 사람으로 하여금 돌아갈 것을 잊게 하니 이 즐거움을 더 말해 무엇 하랴. 반드시 높은 산봉우리와 긴 골짜기를 다 다녀 보지 않아도 그 아름다움을 알 수 있었다. 이것은 백상이 정신 수양을 깊이 하고 표일한 품격을 지니고 있다는 것을 말해 주며, 백상의 예술이 또한 높은 경지에 도달했다는 사실을 말해 주는 것이다. 이제 시로 한세상에 이름을 날린 백상을 두고 누구를 더 논의할 수 있겠는가.

　내가 더욱 존중하는 것은 백상이 자고자대하지 않고 날마다 읊으며 시일이 오래면 오래일수록 게을리 하지 않는 품성이다. 백상은 아무것도 모르는 나에게 늘 자기 시를 보아 달라고 하지만, 나는 사실 그의 기대에 보답함이 없어 자못 부끄러운 바이다. 그러나 백상의 시가 나오면 나는 그것을 보지 않을 때가 없었으니 내가 백상의 시를 아는 것이 옛날 종자기가 백아를 아는 것보다 뒤지지 않는다고 스스로 믿고 있다. 때문에 나는 이 글을 그의 시집 첫머리에 쓴다.

나는 대붕새를 부러워 않노라
―枝棲記

뱁새는 새 중에서도 가장 작은 새다. 아침에 나와 날아간다 하더라도 한 집터 안을 더 나가지 못하고, 저물어서 돌아온다 하여도 나뭇가지만 얻으면 충분하게 쉴 수 있다. 회오리바람을 일으키는 대붕새는 구만 리 장천에 올라가 반년 동안이나 살면서 원대한 것을 도모한다고 한다. 이러한 대붕새에 비해 보면 뱁새는 오히려 편안하고 간편하기 그지없다 할 것이다.

우리네는 소인이라 먹을 것을 구하여 사방으로 왔다 갔다 하기를 한평생 계속하지만 집에 돌아와도 무너져 가는 두어 칸 집에 자리 하나, 깔개 하나뿐이니, 뱁새가 나무 한 가지에서 사는 놀음과 무엇이 다르겠는가. 다른 한편 높은 누각이나 굉장한 거처를 쓰고 문채 나는 자리와 화려한 평상을 갖추고 사는 것은 매우 번거롭기도 하려니와 얻기도 어려운 생활이어서 대붕새와 같다고 할 만하다.

어느 곳인들 나무가 없으며 어느 나무엔들 가지가 없으랴. 뱁새도 간편한 생활을 즐기지만 나 역시 그러하여, 내가 사는 집을 '일지서'[1]라고 하였다.

그러나 뱁새가 사는 데는 조롱이란 것이 마련되어 있지만 내가 먹고 쉬고 사는 데는 일정한 장소가 없어서 하루라도 초가집에서나마 편안히 살지 못한다. 나는 작은 뱁새를 보고 느낀 바 있어 원대한 것을 도모하는 대붕새를 부러워하지 아니한다.

---

1) '일지서一枝棲'는 나뭇가지 하나에서도 살아간다는 뱁새의 생활을 말한다.

경원 선생 자서전
經畹先生自傳

경원 선생은 조선의 미친 선비다. 성품이 글 읽기를 좋아하며 머리가 하얗게 세도록 늘 중얼중얼 외웠지만 끝내는 잊어버리고 말아 사람들이 더러 무슨 글귀를 물어도 잊어버려 대답을 못할 때가 많다. 그러나 때로는 기억력이 강할 때가 있어 물 흐르듯 육경을 암송하기도 한다. 어린 시절부터 글짓기를 좋아하여 잠자고 밥 먹기를 폐한 적도 있지만 그렇게 훌륭한 작품은 없다. 그래도 이따금 걸작을 써서 옛 작가의 기풍을 보였다.

집이 가난하여 겨죽도 넉넉지 못하였고 때로는 열흘이나 한 달을 산수 간에 들어가 놀면서 처자를 돌보지 않았다. 선생은 본래 술을 잘 마시지 못하지만 일찍이 사신을 따라서 요동 벌을 지나거나 발해 바다에 임하거나 연경에 들어가거나 또는 자기와 같이 미천한 사람과 놀 때에는 큰 잔을 가지고서 하루저녁에 몇 말 술을 다 마시곤 하였다.

힘은 나약해서 옷도 이기지 못할 듯하지만 고금의 흥망성쇠와 의리나 영욕을 변론할 때에는 머리칼을 곤두세우며 눈을 부릅떠서 의로운 용사와 같다. 친구들과 교제해서 놀기를 좋아하는지라 귀하거나 천함, 어질거나 어리석음을 묻지 아니하여 다 환심을 얻지마는, 끝내는 그 사람들에게 용납되지 못하였다.

그리고 익살을 좋아하여 야담이나 패설을 흔히 이야기하지만 언행이 결국은 성현의 경전에 어그러지지 않기 때문에, 공자의 도가 아닌 것을 말하더라도 사람들은 간여하지 않았다. 늙고 병든 오늘에 와서 선생은 문 닫고 방도 잘 거두지 않으며 온종일 누워 잠잠히 조는 듯하면서, 혹여 손님이 와도 다 사절을 하고, 다만 몇 사람만은 맞아들여 깊은 우정을 서로 나눈다.

선생은 탄식하며 다음과 같이 말하였다.

"내가 십 년 동안만 더 산다면 문학에 더욱 힘을 써서 족히 이 세상에 으뜸가는 농부가 지을 것이다. 일찍이 '대장부가 어찌 몇 이랑 밭을 도모할 것이냐.'고 한 소진蘇秦의 말도 유감스럽지만, 나는 마땅히 아홉 경전[1]으로 좋은 밭이랑을 삼아 힘써 농사지으련다. 이리하여 나는 스스로 호를 지어 이르기를 '경원經畹 선생'이라 하노라."

선생은 자기를 평가하여,

"밖이 부드럽고 안이 굳세니 미치지 않은 듯하지만 실제는 미친 것이냐, 몸은 영예를 얻지 못했지만 수양이 높으니 능하지 못하면서도 능하다고 할 것이냐. 미치지 않았지만 사람들은 나를 알아주지 못하고, 능하건만 역시 사람들은 나를 알아주지 못하니

---

1) 《주역》, 《시경》, 《서경》, 《주례周禮》, 《의례儀禮》, 《예기禮記》, 《춘추좌전春秋左傳》, 《춘추공양전春秋公羊傳》, 《춘추곡량전春秋穀梁傳》. 또는 《주역》, 《시경》, 《서경》, 《예기》, 《춘추》, 《효경孝經》, 《논어》, 《맹자》, 《주례》를 말한다.

이것도 필시 운명이라고나 할까, 시세의 탓이라고나 할까. 나는 갈아도 갈리지 않는 지조와 물들여도 물들지 않는 청백을 사모하는 사람이로다."
하였다.

나의 시를 알아준 그대에게
與朴生

　어제 들으니 그대가 임 군이 앉은 자리에서 내 시를 칭찬하면서 당나라 대가의 기풍이 있다고 하였다는데, 그 말이 과연 깊이 알고 본 것이 많은 데서 우러나온 말인지 그렇지 않으면 지나는 말로 잘 됐다고. 이를테면 점쟁이가 사주팔자 보아 주는 그러한 식의 칭찬이 아니었는지.

　내 시는 좋은 데가 하나도 없소. 나도 젊었을 때에는 경박하게 화려한 어구를 많이 써 오다가 십수 년 전부터서야 스스로 그릇됨을 깨닫고 검소하고 진실하도록 시 짓기를 익혀 종전의 결함을 지금에 와서 겨우 바로잡게 되었소.

　호협한 소년들이 젊어서는 말 달리며 칼 쓰기만 익히다가 늙어 가면서 차츰 예절을 숭상하고 글을 읽어 큰 선비로 된 것과 같소. 사람이란 때로 술을 마시면 팔을 걷어붙이고 호언장담을 하는 예가 많은 법인데, 말하자면 나의 시도 역시 그와 같아서 이따금 옛 습성이 튀어나올 때가 있소. 그래서 나는 나 스스로를 아프게 책망하면서 시를 짓기는 하나, 옛사람의 노련하고 치밀한 경지에는 도저히 이르지 못하고 있소. 이것은 나 자신만 홀로 아는 결함이니 다른 사람은 아직 모를 것이오.

  하긴 일찍이 형암 이덕무가 나의 소싯적 작품을 칭찬하고 그것을 여러 번 높이 읊으며, 이 시의 작자는 늙을 무렵에 반드시 크게 변할 것이라고 말했소. 나의 시는 지금에 와서 과연 변하긴 했소. 그러나 형암의 무덤에는 이미 풀이 나서 십수 년이나 묵었으니 어이하겠소. 매양 야밤중에 문득 깨어나 스스로 나의 시가 잘 변하였는가 잘못 변하였는가 증명할 이가 없음을 탄식하곤 할 뿐이오.

  그대가 이미 평론한 바가 있지만 그대가 알고 보는 것이 내가 나 자신을 스스로 아는 것과 비슷하며, 또한 형암이 나를 아는 것처럼 그대가 알고 있는지. 이제 다시 그대의 일정한 평론이 있을 줄 믿는 바 그 평론이 기다려지오.

온양 온천을 찾아서
溫井記

온천은 밑에 유황이 깔렸기 때문에 성질이 건조하고 따스하다. 온천 중에서도 여석礜石에서 나오는 물은 성질이 사납고 매우 뜨겁다. 그러나 병을 다스리는 데는 여석에서 나오는 물이 유황에서 나오는 물보다 낫다. 단사丹砂에서 나오는 물은 맛이 달고 냄새도 좋아서 수명을 오래 하고 몸을 섭생하는 데 대단히 좋다. 단사 온천은 오직 중국 여산驪山에 있다는바 한나라 때에는 그 온천에다 감천궁甘泉宮을 지었으며 당나라 때에는 화청궁華淸宮을 지었다. 여석 온천도 매우 드물다. 그러나 유황 온천은 곳곳에 다 있다. 이러한 온천들은 모든 부스럼, 수중다리, 마비증을 다스리는 데 그 효과가 신기하다고 옛사람들이 일러 왔다.

나는 어린 시절부터 잔병이 많아서 온천에 목욕하기를 좋아하였다. 여산에는 가 보지 못하였지만 중국 계주薊州의 행궁과 봉성鳳城의 탕참湯站이라든지, 우리 나라의 선천宣川, 희천熙川, 평산平山, 명천明川의 여러 온천은 이미 한두 번씩 가 보았는데 다 유황 온천이고 오직 평산 온천만이 뜨겁고 또 성질이 사나운데 물을 한 자쯤 높이 내뿜어서 나물을 데치고 닭과 돼지도 데칠 수 있다고 하였다.

생각건대 이 온천은 필시 여석 온천이라고 짐작된다.

　온양의 온천은 고려 시대부터 우리 나라에 소문이 났고 조선 시대에 들어와서는 여러 왕들이 자주 다녀갔다. 지금도 이 온천 곁에는 행궁이 있고 온천 물가에는 임금이 직접 목욕하던 벽전福殿이 있으며, 행궁 동쪽에는 두 개의 황폐한 우물이 있는데 이것은 옛 벽전이라고 한다. 벽전에는 담을 둘렀고 궐문 안에는 부인과 내시들이 음식을 만들던 곳이 있으며 밖에는 여러 신하들이 시중들던 자리가 남아 있다. 그런데 건물은 기울고 발, 병풍, 궤, 상 따위와 당시 사용하던 기물들이 티끌 가운데 흩어져 있다. 그것들은 대부분 썩어서 사용하지 못한다.

　영조 경오년(1750) 이후에는 왕이 이곳에 한 번도 온 적이 없다. 지금까지 85년이란 세월이 지났는데 그 당시 살았던 늙은이도 없어서 당시 일을 얻어들을 수가 없으니 한스러운 일이다. 우리 임금이 거의 질병이 없었으니 백성으로서 진실로 다행이다 할 것이다.

　벽전의 건물을 보면 남북으로 다섯 기둥이요, 동서로는 네 기둥이며 벽전 밑은 푸른 돌함정같이 되어 있는데 한가운데가 막혀 두 우물처럼 보였다. 그리고 우물의 깊이는 6척가량 되고 그 윗면이 세로는 16척, 가로는 8척이다. 물은 벽전 밑 세 구멍으로 빠져나가도록 되어 있다. 안에 있는 두 우물이 상탕과 중탕이요, 밖으로 나간 물이 하탕이다. 다시 말하면 물이 상탕에서 나와 서북으로 꺾여 동으로 나오는 데가 중탕이고 또 꺾여서 남으로 흘러 밖으로 나가는 데가 하탕이다. 물이 그다지 뜨겁지 않아 처음 들어갈 때에는 미지근한 듯하지만 좀 시간이 지나면 꼭 알맞춤하게 따스하다. 퇴수 구멍을 막고 한 식경만 지나면 두 우물이 몇 자씩 가득 찬다.

그리고 이 온천의 물은 비 오는 철이나 가무는 철이나 겨울, 여름 할 것 없이 붇지도 않으며 줄지도 아니하고 덥지도 차지도 않다. 상탕에서 하탕에 이르기까지 거리는 십여 보에 불과한데, 가령 그 온천 우물만 한 크기의 큰 솥을 만들어 나무로 데운다면 날마다 천 명의 노복이 동원된다 하더라도 그처럼 물을 덥히지 못할 터이니, 매우 기이하다고 할 일이다. 우물에는 여신이나 계주 온전처럼 거북, 용, 물고기, 게, 연꽃의 조각이나 무슨 보옥의 장식 같은 것은 하나도 없었다. 그러나 석재가 정결하고 조각이 치밀하여 족히 우리 왕조 전성기 때 사업이 아름답고 거창함을 볼 수 있으니, 지금 사람들이 모방할 수 없다.

온천에서 목욕할 때 보통 사람은 상탕에서 목욕하지 않는 것이 예의로 되어 있었다. 그러나 영조는 이르기를,

"내가 이 온천을 쓰고 있을 때라도 앓는 백성이 있다면 이곳을 내어 치료하게 하라. 더구나 날마다 사용하는 것도 아니요 예비로 마련한 것이니, 이제부터는 영원히 상탕과 중탕 두 우물을 내어 백성으로 하여금 한가지로 은혜로운 물결에 미역 감고 다 장수하도록 하라."

하였다. 임금의 이 말은 성인의 후덕스런 처사다.

이에 귀머거리, 벙어리, 절름발이, 부스럼, 창질 등을 앓는 사람들이 지팡이에 의지하거나 가마와 수레도 타고 등에도 업혀 꼬리를 맞물고 이 온천으로 모여들어 빈 날이 없었다. 비록 병이 심한 자라도 열흘이 못 되어 나았는데 누워서 온 자는 걸어서 돌아가고 한숨 쉬며 왔다가 노래 부르며 돌아간다. 아, 온천의 신령함이 이와 같음이여.

순조 34년 갑오년(1834) 8월에 내가 옴에 걸려 이 온천에 와서 목욕한 지 며칠 만에 곧 나았다. 그때 이 온천 물을 마셔 보니 맛이 달고 유황기가 적었다. 맛이 단 것으로 보아 나는 이 온천이 단사 온천에 속하지 않겠는가 생각해 보았다. 어떤 사람은 이 온천에서 목욕할 때에는 효과가 빠르지만 얼마 안 있다 병이 도진다고 한다. 그러나 어찌 그것이 온천 탓이라고 할 수 있겠는가. 대개 병이란 육기六氣가 밖에서 침습하고 칠정七情이 안에서 손상되어 오래 침체하고 응결하여 생기는 것이다. 따라서 침체하고 응결된 것을 잘 씻어 내고 흩어 버려야만 병이 제거될 터인데, 사람들은 다만 겉으로 조금 차도 있는 것을 보고 다 나은 듯이 여겼다가 조금 지나 병이 다시 도지면 온천 탓이라 하니 매우 어리석은 판단이라 아니 할 수 없다.

내가 들으니 중국 광동에는 도화천桃花泉이라는 온천이 있다 한다. 그런데 북쪽의 장사꾼 하나가 그리로 내려갔던 차에 그 지방 여자와 친했다가 그뒤 돌아오는데 중도에서 풍창이 생겼다. 백약이 무효하여 도로 도화천에 돌아가서 목욕하니 며칠 안 되어 치료되었다는 것이다. 이 온천에 와서 물을 마시며 오래 있는다고 해서 효험이 있는 것이 아니라, 남녀 관계만 없다면 병 없이 집으로 돌아갈 수 있다고 한다.

나는 그 말을 그대로만 믿으려고 하지 않는다. 그렇지만 그것은 그 사람 잘못이지 도화천 탓이라고 말할 수 없다. 나는 전날 온천에 갔다가 돌아와서 위에서 본 어떤 사람의 이야기를 반박할 겸 온천하러 가는 사람들을 경계하기 위하여 이 글을 쓴다.

쇠를 먹는 불가설
不可說說

　신라 말기에 흉악한 괴물이 저자에 나타났다. 분명 짐승은 짐승이로되 빛은 검고 몸뚱이는 작은데 난 지 사흘쯤 됨 직하였다. 그놈은 성미가 유순하여 사람을 무서워하지 않고 가까이한다. 그런데 백가지 물건을 다 주어도 먹지 않고 오직 쇠만을 먹는다. 가만히 보면 쇠붙이가 그놈의 목구멍을 넘다 말고 스러져 버리는 모양이다. 사람들이 매우 이상히 여겨 다투어 가며 헌 쇠그릇을 주어 먹이니 비록 천백 개라도 그것이 눈 스러지듯 하였다. 그놈은 점점 자라서 마소만치 컸는데 숨을 쉴 적마다 그 입에서 화끈화끈 불이 나와 가까이 가기만 하면 무슨 물건이나 다 탔다. 사람들은 몹시 괴로웠다.

　사람들이 그놈을 쫓아도 가지 않았다. 나무와 돌에도 상하지 않고, 칼과 톱을 가지고 치려 하면 도리어 그놈의 배만 불려 줄 뿐이었다. 사람들은 밤낮으로 그놈을 지켜보기만 하였지 어떻게 처리할 도리가 없었다. 이에 사람들은 그놈을 '불가설不可說'[1]이라고 하였다.

　불가설은 날마다 분주하게 먹을 것을 두루 구하러 싸다녔다. 위

---

1) 가히 말할 수 없는 놈이라는 뜻. 여기서는 상상의 동물인 '불가사리'를 가리키고 있다.

로는 관가에서 아래로는 민가에 이르기까지 드디어 걸쇠, 돌쩌귀 할 것 없이 쇠붙이란 쇠붙이는 다 없어지고, 심지어는 임금의 창고까지 쓴 듯하고 나중에는 농사지을 호미나 보습도 나무로 만들 수밖에 없었다. 그런데 더구나 여러 해 흉년이 들어서 나라가 더욱 곤란한 지경에 이르고 백성들은 공포에 떠니, 그 대책으로 나라에서는 중 만 명에게 밥을 먹이며 푸닥거리를 하게 하였다.

경원자는 말했다.

"불가설이란 불가설佛家說이다. 곧 불교를 숭상하는 자들이 불교가 없어질까 두려워 그런 불가설 이야기를 꾸며 낸 것이다. 그러나 《중용》에 이르기를, 나라가 장차 망하려 하면 반드시 요물이 나온다 하였다. 불가설이 나온 것은 신라가 장차 망할 징조였음인가.

천하에 임금이 된 자가 처음에는 소인을 가까이하여 기르다가 그 세력이 요원의 불길처럼 어찌할 수 없게 되면 비록 그가 나라를 좀먹고 백성을 크게 해하는 불가설이 되는 줄을 알지마는 역시 어찌할 수가 없는 모양이다. 때문에 소인을 '불가설不可褻'[2]이라고도 한다."

---

[2] '불가설不可褻'의 '설褻'은 '가까이하다'는 뜻이므로, '불가설不可褻'은 '가까이할 수 없다'는 의미다. '불가설不可說', '불가설佛家說', '불가설不可褻'이 모두 '불가설'로 발음되는 것을 이용한 표현법이다.

솔 화분 파는 자를 보고
賣盆松者說

 솔 화분 파는 자의 솔을 보니, 굽은 가지와 늙은 줄기가 들쑹날쑹하고 울퉁불퉁하며 일산처럼 누운 가지도 있고 곱사등이처럼 구부러진 줄기도 있으며 껍질은 붉고 비늘은 푸르며 푸른 이끼가 점점이 끼었고 뿌리가 넓적하게 뒤엉켜서 실로 백여 년은 잘 됨 직하였다. 그런 솔 화분을 뜰에 죽 벌여 놓고 이십 금이니 삼십 금이니 가격을 붙여 놓았다. 돈닢이나 가진 자들은 다투어 돈을 아끼지 아니하며 사들이지만 몇 달이 지나지 않아서 나무가 마른다. 그러면 다시 돈을 가지고 솔 화분 파는 집으로 찾아온다.
 대개 솔은 상록수여서 비록 말라도 오래 견딜 수 있다. 시일이 한참 흘러야 누렇게 황이 들고 차츰 붉어지니 사람들은 소나무 마르는 내막을 쉽게 알지 못한다. 사람의 마음이란 세상 속된 물건에 접하게 되면 생각이 부화해지는 법이다. 그래서 재산이 모이면 정원이라도 사치하게 꾸미려는 욕심이 생겨, 하늘을 찌르거나 땅에 누운 자태를 가진 소나무를 구하여 한때를 완상하려 드는 것이 통례다.
 이러할 때에 이익을 낚으려는 자가 그 뒤를 따르게 된다. 이자들이야말로 교활하다. 그건 그렇다 하고 돈닢이나 가진 자들은 나무가 말라서 죽기를 여러 번 하면 그만둘 일이지, 도리어 더욱 부지런히 구하려고 덤빈다. 어찌하여 깨닫지 못함이 이다지도 심한가.

지금 세상에서 사람을 쓰는 자는 흔히 그 이력을 살펴보지 않고 용모만 보고 채용하는데, 채용한 지 얼마 안 가서 일에 실패하여 솔화분 파는 자의 웃음거리로 되기가 일쑤다. 나는 이러한 일을 보고 느낀 바 있어 이 이야기를 쓴다.

부록

조수삼 연보
조수삼 작품에 대하여−박윤원, 박세영
원문
원래 제목으로 찾아보기

조수삼 연보

1762년 9월 3일(음 7월 16일)
전라도 전주 사천진에서 조원문趙元文의 둘째 아들로 태어났다. 자는 지원芝園, 자익子翼이라 했으며, 호는 추재秋齋, 경원經畹이다. 여항 시인 조경렴趙景濂은 그의 형이고, 조선 말기의 화가 조중묵趙重默은 그의 손자다.

1767년(6세)
역사서와 경서를 읽기 시작했다. 어려서 새벽녘까지 책을 읽어 어른들에게 혼이 나자, 불빛이 새어 나가지 못하게 이불 속에서 책을 읽었다.

1769년(8세)
'학을 노래하노라〔詠鶴〕'라는 시를 지어 이웃을 놀라게 했다.

1789년(28세)
10월 15일 조수삼은 자신의 시문집을 챙겨 첫 번째 연행 길에 올랐다. 진하 사은 겸 동지 정사로 중국에 가게 된 이성원이, 조수삼이 시문을 잘할 뿐 아니라 바둑도 잘 둔다 하여 데려간 것이었다.

연행에서 돌아와 67수의 시를 모아 '추재연행시秋齋燕行詩'를 엮었다.

1793년(32세)
그동안 써놓은 시문을 모아《경원총집經畹總集》이라 하고 '추재신집秋齋新集'과 '추재속집秋齋續集'으로 분류하여 정리했다.

1794년(33세)
중국을 다녀오면서 들은 중국, 일본, 베트남의 이야기들을 모아 '연상소해聯床小諧'로 엮었다.
평소 "나는 이야기를 좋아하는 사람"이라고 곧잘 말했다. 나중에 조수삼은 그동안 문학에서 다루지 않은 파락호, 난쟁이, 떠돌이 예술가, 망나니 같은, 누구나 저잣거리에서 한 번쯤은 부딪힐 법한 사람들의 모습을 '이야기책 읽어 주는 노인〔紀異〕'에 담았다.

1795년(34세)
《외이죽지사外夷竹枝詞》를 썼다.
《외이죽지사》는 중국 주변에 있는 83개 나라의 역사, 풍속, 지리, 설화 등을 소재로 칠언절구 121수로 읊은 장편 연작시다.《방여승략方輿勝略》의 '외이열전'을 읽고 직접 가 볼 수 없으므로 시를 지어 마음을 달래고자 썼다고 한다.
이즈음에 향교방으로 이사하고 '집을 옮기고서〔移居〕' 네 수를 쓴 듯하다.

1796년(35세)
"반가운 손님은 산수와 같다"고 한 시 '이 대아에게〔和李大雅〕'를 썼다.
이 무렵 시사詩社에 참여했던 것 같다.

1800년(39세)
두 번째로 중국에 갔다.

1801년(40세)
'산속에서〔山中謾詠〕' 10수를 지은 듯하다. 이 시에서 조수삼은《중용》을 열심히 읽고 있다고 했다.

1803년(42세)
세 번째로 중국에 갔다.

1806년(45세)
네 번째로 중국에 갔다.

1812년(51세)
조수삼은 홍경래 난의 발생 경위와 경과, 난리 이후의 상황을 사실대로 구성하여 오언 372구의 장편시 '서구도올西寇檮杌'을 썼다.
'농성에서[隴城雜詠]'를 썼다. 이 시에 대해, 추사 김정희가 '추재의 농서잡영시 뒤에 쓰다[題趙君秋齋隴西雜咏後]'에서 두보의 시처럼 훌륭하다고 칭찬하였다.

1818년(57세)
다섯 번째로 중국에 갔다.

1822년(61세)
3월에 집을 나서서 함경도를 돌아보고 10월에 돌아왔다. 이백여 일 동안 만여 리나 되는 길을 걸어 함경도 고장의 지리, 풍속, 백성들의 삶을 몸소 느꼈다. 백성들의 삶은 몹시 안타까웠다.

1823년(62세)
9월에 지난해 함경도 땅을 여행하면서 마음에 담아 두었던 것을 '땅은 남북으로 멀지만 백성은 한 핏줄기[北行百絶]'로 썼다. 오언절구 백 편이다.
또, 백성들이 농사 짓고 누에 치고 길쌈하는 모습을 그린 '경직도耕織圖'에 부쳐 '밭갈이와 길쌈 낳이[次耕織圖韻]'를 썼다.

1829년(68세)
여섯 번째로 중국에 갔다.

1836년(75세)

늘그막에 먼저 세상을 떠난 친구 아홉 사람을 그리워하며 '아홉 노래〔九歌〕'를 써서 노년의 심정을 달랬다.

1844년(83세)

진사시에 합격했다.

'향시에 합격하고〔年八十三 獲忝賢關大比之科 唱名之日 特蒙五衛將晉爵之恩. 中朝宰相又多枉問 謹庸賀詩韻 以識榮感〕'와 '진사 시험에 합격한 날 칠보시를 쓰노라〔司馬唱榜日口呼七步詩〕'는 시를 써 한없는 기쁨을 표현하였다.

'씀바귀〔呆苦〕' 시도 이 무렵 쓴 듯하다.

1849년(88세)

5월 6일 "아리따운 글 짓기가 평생의 버릇이었는데 한 생애 깨끗지 못할 때도 있었음을 뉘우친다"는 '절필〔絶筆口呼〕' 시를 남기고 세상을 떠났다.

조수삼 작품에 대하여

박윤원, 박세영

　18세기 말엽부터 19세기 중엽에 걸쳐 활동한 선진적 사실주의 작가인 조수삼의 작품은 우리 나라 문학 사상에서 일정한 자리를 차지한다.
　조수삼은 자를 지원芝園 또는 자익子翼이라 하였으며 호는 추재秋齋 혹은 경원經畹이었고 첫 이름은 경유景濰였다. 본관은 한양으로 1762년 곧 영조 38년 9월 3일(음력 7월 16일) 전라도 전주 사천진에서 출생하여 1849년 헌종 15년 6월 25일(음력 5월 6일) 88세를 일기로 세상을 떠났다.
　조수삼의 문집은 오래도록 수사본으로 전해 오다가 그가 죽은 오랜 뒤에 활자본으로 간행된 것(8권 전질)이 전해질 뿐이다.
　조수삼은 풍채가 뛰어나서 도도한 기상이 있었고, 시로 유명하여 국내에서는 물론, 사신의 수행원으로 여섯 번이나 북경을 내왕하는 기회에 중국의 문학 대가들에게도 널리 알려졌다.
　그는 문학에서뿐만 아니라 다양한 재능과 조예를 지녔다. 그의 동료들은 그에게 특출한 것이 열 가지 있다고 하면서 누구든지 그 가운데 한 가지만 지니면 세상에서 부러울 것이 없겠다고까지 하였다. 열 가지 가운데 특히 시문, 과문, 동의학, 글씨에 남다른 특기와 조예를 갖추고 있었다. 하지만 출신은 중인 계층에서도 가장 한미한 편이었다.
　조수삼의 아버지는 겨우 생계를 마련하면서 경렴景濂과 경유 등 삼형제에게 글을 읽도록 한 사실만은 엿볼 수 있으나, 그의 가세는 궁박하여 그의 시에도,

"추재 노인 갖은 고생 다 겪으며 주리면 죽 먹고 곤하면 잠자더라." 또는 "그 누가 알아주랴, 굶어 죽은 시인 조지원을."라고 한 말을 미루어 십분 짐작할 수 있다.

조수삼은 네 살에 글을 배우기 시작하여 다섯 살에 글을 붙였으며 예닐곱 살에는 역사와 경서를 읽었고 여덟 살에는 시부를 지었다. 어린 조수삼은 여덟 살에 '학을 노래하노라〔詠鶴〕' 라는 시를 지어 이웃을 놀라게 했으며 열두 살에는 백일장(지방에서 학술장려를 위하여 실시하는 시험)에 나아가 필봉을 휘둘러 이름을 떨쳤다.

조수삼은 봉건 통치자들의 압제 밑에서 천대받던 작가들인 조희룡趙熙龍, 정수동(鄭壽銅, 정지윤鄭芝潤), 천수경千壽慶 등과 가장 가까이 사귀었으며 실학자이며 진보적 사실주의 문학의 선구자들인 박지원, 박제가, 이덕무, 김정희와도 직접 사귀거나 또는 그 영향을 적지 않게 받았다. 따라서 그는 사회 제반 사실에 대하여 누구보다도 깊은 관심을 돌렸다.

당시 조선 봉건제도의 모순은 더욱 격화되어 정치적 부패와 경제적 피폐가 더욱 심해지고 인민들의 생활은 도탄에 빠졌다.

조수삼은 봉건 통치자들의 억압과 착취 밑에서 신음하는 인민들의 고통을 자신의 고통으로 알고 봉건 관료배들의 부패와 그들의 명리 다툼 그리고 당시의 온갖 사회악에 침을 뱉았다.

그는 자기 자서전인 '경원 선생 자서전〔經畹先生自傳〕'에서, "본래 술을 잘 마시지 못하지만 일찍이 사신을 따라서 요동 벌을 지나거나 발해 바다에 임하거나 연경에 들어가거나 또는 나와 같이 미천한 사람과 놀 때에는 큰 잔을 가지고서 하루저녁에 몇 말 술을 다 마시곤 하였다." 하였다. 여기서 우리는 그의 울분을 짐작하고 남음이 있다.

그는 사신의 수행원으로 여섯 번이나 북경에 들어가 중국 문학계에서 이름 높은 인사들과 시문 토론을 통하여 밀접한 교제 관계를 맺었다. 그리고 국내에서는 그가 미천한 출신임에도 불구하고 그의 인물과 사상 예술과 학술상 깊은 조예에 감복하여 당시 이름 있는 문인들은 그를 자기의 선배 또는 친한 벗으로 사귀었던 것이다.

그러나 조수삼의 가장 친근한 벗은 어디까지나 문벌이 미천하고 가난한 서민 출신의 위항 작가들이었다. 그는 자기 자서전에서 이르기를, "문 닫고 방도 잘 거두지 않으며 온종일 누워 잠잠히 조는 듯하면서, 혹여 손님이 와도 다 사절을 하고, 다만 몇 사람만은 맞아들여 깊은 우정을 서로 나눈다." 하였다.

이러한 사정은 조수삼의 시에서도 엿볼 수 있다.

조수삼은 양반 통치계급의 억압과 착취를 반대 항거하는 문인들의 집단인 송석원松石園과 연소정蓮沼亭 시사詩社에서 여러 위항 시인들과 문학 활동을 전개하였다. 시사에 망라된 문인들 중에서도 그의 시는 한 수 한 수가 다 높은 사상 예술성으로 안받침된 주옥편들이었다.

그의 선배인 추사 김정희는 《완당집》에서 그를 칭찬하여, "그대의 시는 뜻이 깊어서 두자미에 비길 수 있다."고 하였다.

동랑 한치원韓致元은 자기 저서 《동랑집冬朗集》에서, "추재의 시를 삼십 년이나 거듭 읽어 오건만 예전에는 기이하지 않던 것도 근래에는 더욱 신기롭게 읽혀진다."고 했으며, 대산對山 강진姜溍은 추재를 애도하는 시에서, "그대의 시를 아는 이는 중원에 많더라." 하면서 중국에서도 그의 시에 대한 평가가 높았다는 것을 말하였다.

《벽오당유고碧梧堂遺稿》에서 볼 수 있는 것처럼, 벽오당은 추재의 시고를 편찬하다가, "신선인가. 부처인가. 늙을수록 더욱 호화롭고 활달하다. 여든세 살에 비로소 난삼을 입었으나 그의 뛰어난 시문으로 인하여 다른 방면의 재능이 가려졌다. 그는 의학, 약학, 거문고, 바둑 등 모든 데서 국수라고 할 수 있다." 하면서 추재가 문장뿐만 아니라 다른 영역에서도 능수였다는 것을 말하였다.

이처럼 여러 방면에 걸친 조수삼의 뛰어난 재능과 식견은 그의 계급적 처지에서 우러나오는 문학적 이상과 결합되어 필연코 농민을 비롯한 근로하는 인민들의 사상과 감정을 반영하는 애국적이며 선진적인 문학 작품을 낳을 수 있었다.

조수삼의 대표작으로는 '북행백절北行百絶'과 '밭갈이와 길쌈 낳이〔次耕織圖韻〕', '기이紀異'를 들 수 있다.

조수삼은 예순한 살의 고령으로 서울에서 백두산까지 먼 행로를 2백여 일간에 걸쳐 바람과 이슬을 무릅쓰고 한데서 먹고 자면서 두루 돌아다니고 마침내 백 수의 기행시초 '북행백절'을 썼다.

그는 이 시편들에서 조국의 수려한 강산과 이름 있는 명승고적에 대한 다함 없는 긍지를 읊었거니와 그보다도 '보리여울에서〔麥灘〕'와 '삼방 골짜기에서〔三防谷〕', '추가령에서〔鄒家嶺〕', '마랑도에서〔馬廊島〕', '칠보산에서〔七寶山〕' 등의 시에서 보여 주는 바와 같이 도탄에 빠진 인민들의 생활 처지를 동정하였으며 봉건 통치배들의 반인민적 소행을 폭로, 야유하였다. 뿐만 아니라 이 시초는 그 당시 여러 영역에 걸치는 제반 사회 현실을 심도 있게 반영하였다.

농민 대중의 생활에 접근하고 그들과 호흡을 같이 한 조수삼은 '밭갈이와 길쌈 낳이' 46수를 썼는바, 이 시편들은 당시 계절에 따르는 농촌 정경과 그들의 고락을 섬세한 필치로 형상함으로써 농촌 생활을 다양하고 진실한 화폭으로 펼쳐 보였다.

그리고 '기이' 43수는 시인 자신이 보고 들은 역사적 사실들을 고상한 인도주의적 입장에서 읊은 것으로 이 선집에서 중요한 자리를 차지하고 있다.

이 밖에도 그의 선진적인 실학사상과 열렬한 애국정신은 당시 첨예한 사회 모순을 그대로 보고 스치지 않았는바, 예를 들면 '농성에서〔隴城雜詠〕' 22수가 그것이다.

조수삼은 이 시편들을 통하여 홍경래 농민전쟁에 일떠난 인민들을 동정하고 있다. 시인은 봉건 통치자들의 억압과 착취가 극심했기 때문에 서북 지방 농민들은 더는 참을 수가 없어서 이 투쟁에 궐기하였다는 사정과 그리고 관군들의 진압이 너무 혹독하여 그곳 농민들의 인명이 많이 희생되었을 뿐만 아니라 그들의 가옥과 논밭이 초토화되었다는 사실을 비분강개한 심정으로 읊었다.

또한 '뽕따는 처녀〔採桑女〕', '가을날 동둔에서〔東屯省秋〕', '참외 장사〔賣苽行〕', '가을날 봉천에서〔鳳川秋日 次陶詩韻〕', '강진에서〔康津〕' 등의 시들에서도 그의 실학사상과 인민에 대한 동정이 잘 나타나 있다.

'뽕따는 처녀'에서 작자는 부잣집 부녀자들과 기생들이 고운 비단옷만 걸치고 그넷줄에 매달려 한가로이 놀지마는 가난한 집 딸들은 피땀 흘려 누에치기와 길쌈 낳이에 눈코 뜰 새가 없으며, 소출은 죄다 관가와 부잣집에 바쳐야 하는 농민들의 비참한 생활고를 섬세한 예술적 형상으로 보여 주고 있다.

옛 사적과 문물에 조예가 깊은 조수삼은 그것을 작품의 주제로 하여 자기의 고고학에 대한 선진적 견해와 아울러 애국적이며 인민적인 사상을 토로하고 있는바, '안시성에서〔安市城〕'나 '백탑에서〔白塔〕', '힘 장사 검 도령을 장자방과 같이 진나라에 들여보내노라〔遂力士與子房入秦〕'에서는 우리 나라 인민의 영웅적인 기개와 업적을 구가하였다.

그리고 '흥천사 옛 종의 노래〔興天寺古鍾歌〕'와 '첨성대에서〔瞻星臺〕', '돌빙고에서〔石氷庫〕', '장경각에서〔藏經閣〕', '박연폭포에서〔朴淵〕', '서굴에서〔西窟〕' 등의 시편을 통하여서는 우리 나라 문화, 예술의 유산과 자연 경치를 민족적 자부심과 긍지로 찬미하고 있다. 한편 '씀바귀〔采苦〕'같은 시에서는 조수삼의 선진 철학 사상이 담겨 있는바, 풍부한 예술적 형상 수법에는 누구나 감탄하지 않을 수 없을 것이다.

이상에서 말한 바와 같이 재능 있는 조수삼은 다양한 주제를 가지고 정치, 경제, 문화, 역사 등 제반 사회에 안목을 돌리고 있지만 때로는 자기 개인 신변사에 대해서도 독특한 예술적 기교로 낭만적인 생활 화폭을 보여 주고 있다. '병으로 안해에게 머리를 빗겨 달라 청하며〔病中倩內子梳頭〕', '연〔紙鳶〕', '달 아래 손자 데리고 술 마시며〔月下對酒戱示小孫〕' 등이 좋은 예다.

이 밖에 장편 서사시로 홍경래 농민전쟁을 주제로 한 '홍경래〔西寇檮杌〕'가 있다. 이 시는 오언시 186운, 1,860자로 된 것이다.

이 장편 서사시는 당시 환경에서 창작되었던 만큼 관군을 찬양하는 듯한 완곡한 필법으로 쓴 것은 사실이나 실지에 있어서는 후대 사람으로 하여금 홍경래의 의로운 투쟁 업적을 길이 알게 하려는 저자의 염원이 반영되어 있다.

그리고 '고려궁사高麗宮詞', '외이죽지사外夷竹枝詞' 등 시편들과 '세시기歲時記' 같은 산문들도 한번 읽을 만한 것임을 말해 둔다.

당시 사회상을 투철히 알며 해박한 견문과 지식을 지닌 조수삼은 산문도 많이 썼다.

그는 '솔 화분 파는 자를 보고〔賣盆松者說〕', '쇠를 먹는 불가설〔不可說說〕' 등에서 해박한 지식으로 돈 많은 착취자들의 호화를 꾸짖었으며 유심론적 불교 사상을 반대하였다. 또한 '나의 시를 알아준 그대에게〔與朴生〕', '호남의 시인 유운오〔尤五詩序〕' 등에서는 선진 미학 사상을 선명하게 보여 주었다.

이상에서 보는 바와 같이 조수삼은 18세기 말엽부터 19세기 중엽에 걸쳐 활동한 우리 나라의 진보적 사실주의 문학가다.

조수삼의 작품들은 진보적이면서도 일련의 본질적인 제한성을 가지고 있다.

무엇보다도 그는 사회 현실적 주제의 작품들을 적지 않게 창작하면서도 인민의 입장에 서 있지 못하였던 데로부터 많은 경우 순수 자연을 노래하였거나 신변잡사를 읊은 별로 가치가 없는 작품들을 많이 썼으며 일부 작품들에서는 농민들의 반봉건 투쟁에 대한 그릇된 태도를 표시하였다.

시 '노상에서', '정주성 다락에 올라서〔登定州城樓〕' 등에는 1811년 평안도 농민 봉기의 원인에 대하여 일정하게 밝히고 농민 봉기군들에게 일정한 동정을 표시한 것은 사실이나 농민 봉기에 의하여 "천리 사방에 주검이 들었다."고 하면서 농민 봉기군에 대하여 이단시한 것은 본질적인 계급적 제한성이다.

조수삼은 양반 통치계급들이 인민을 지나치게 억압하고 착취하는 것을 반대한 동시에 농민 봉기가 마치 나라를 '소란' 하게 하는 듯이 그릇되게 생각했던 것이다.

조수삼의 작품 가운데는 또한 '겨울비〔冬雨歎〕', '경원에서', '적지 못해서' 등이 보여 주는 바와 같이 봉건 국왕에 대한 찬양과 '충성'을 표현한 것들도 있으며 농민들이 그저 부지런히 일만 잘하면 살아갈 수 있다고 설교한 것도 있다.

그러나 조수삼은 부패한 봉건 통치배들을 이모저모로 비판 폭로하며 조국의 역사를 밝히고 인민을 계몽하는 선진적인 문학 창작에서 많은 업적을 남겼다.

조수삼은 중인 계층 중에서도 한미한 가정에서 태어났고 일생을 무관 말직에서 늙었으며 여든세 살에 겨우 향시에 합격하였을 뿐이어서 계급적 처지와 활달하고 분망한 성격으로 하여 사회 현실에 대한 불만이 컸다. 따라서 항거의 정신이 강하고 제반사들에 대한 관찰력이 날카로워 홍경래 농민전쟁과 같은 그 당시 누구도 건드리지 못하는 사건을 대담하게 창작의 주제로 삼았다. 또 가는 곳마다에서 비분강개하여 봉건 관료배들을 꾸짖었으며 착취와 억압을 당하는 인민들을 골육의 정으로 동정하는 글을 썼다.

조수삼은 한계는 있지만 우수한 문학 유산을 남겨 주었으며 우리 나라 문학 발전에 적지 않게 기여하였다.

원문

秋齋紀異 幷序

余生而早慧 六七歲卽誦經史 讀子集 操筆學屬文 以故 先生長者 多愛而齒諸坐 余亦樂聞緖餘 未嘗一日離于側 其人皆七十已上者 每擧耳目覩記 與酒之勸酬 詩之唱和 相間而竟日也 余乃一一記存 一一持守 侏儒之囊 已果然矣 及大長而自家又浪游四方 閱歷世故 聞見益廣 點檢胸中 如藏書家 卷冊纍纍 部類秩秩

愚竊自喜曰 記性未艾之前 安得時年暇 一出而著述之 不至乎空然泯沒飮一大恨也 然顧坐於懶漫 又意以謂書成而無少補於堯舜周孔之道 同歸乎稗官野語也 則毋寧不作之爲可 因循未果矣 今年病幾死復起 時當長夏潦熱 所居湫隘 喘喘畏日 無以作消遣法 試自反舊有則十不能一二 所餘又如抄本之誤書落字者 甚矣 吾衰至於此乎

遂令兒孫把筆 倚枕作紀異詩 人有小傳 合爲若干篇 而事或關於人之是非國之政令 一不及焉 非徒不欲言也 亦已忘故也 噫 是不過慨初心於草莽 歎餘生於蒲柳 聊爾爲禦眠遣暑之資 凡我同人 覽之而憫其老悖 不曰怪力亂神 吾夫子不語云 則誠厚幸也 若其文詞 搆之急就 雜以呻囈 則烏得免人事不省之誚也.

北行百絶 幷序

余自束髮 喜遊四方 訖今白首而未能息 是非獨有其癖也 抑豈有所謂命數者存焉哉 歲壬午 作關北之行 行以暮春 歸以初冬 費日殆二百 道里計滿萬 則念余平生之遊之遠之久 無此若也 又況窮絶海山 跋履深險 蛟龍虎豹 魍魎鬼怪之所 皮服侏音 奸究盜賊之事 無不躬造脚踏 耳聞目擊 而亦有時食其樹而寢其草 此尤少壯人所不能也 以余衰老者而幸善返也 其在道日 以所聞見者 裁爲小詩百篇 欲命之曰北行百絶 蓋用錢起江行故事

而道中無紙筆 故記之在心 旣歸有家室之事 未遑於筆硯 初春又客于新安 卒卒益無暇 及至季秋 公館少事 始欲出稿 則茫然已若隔世事矣 遂於燕坐之時 閉目凝念 如仙家出神 而往日之經行見聞 歷歷復在吾耳目 如是者累夜彌日 凡其可喜可哀 可驚可愕 可笑可罵 可以痛哭流涕長太息者 森然動吾心 而吾詩百篇列于紙 雖謂之身再行而詩再作 未爲不可也 此又年少聰敏之所難能也 況余衰老者乎 顧亦思之專而求之勤也已 昔杜子美入蜀以後 詩益奇壯 人以謂得山川之助也 今吾詩不過俚語琑事 碌碌無可觀者 是又可愧也夫 粵明年癸未季秋 秋齋老人 敍于新安館中.

允五詩序

朝鮮之湖南 猶中州之有蘇杭也 其山川明媚 土地衍沃 塊厚淸麗之氣 種種發諸物 而橘柚榴薑 竹箭樺柿槃枲 古貝之布 金梃鏤荊之材 長腰不鑿之米 簀筼之扇 白硾之紙 凡派之四方 湊于京國 便民利用者 皆地出也 故其人亦多俊慧秀穎 文學才技之足以播諸鄰邦 傳於後世者 在在有 而今柳君允五 則其一人也 始余南遊也 君嘗詩來見於完山客舍 余固已喜其雋永 遂與訂交而歸 及君尾余至京居 則滿懷袖者 又其詩也 余乃知君之樂與余遊 不遠千里也 出家藏杜詩一帙相贈 爲其欲社繪綃 而懋老蒼已 後余之再遊南邑 復與君日夕過從 益多見君詩 華者漸實 脆者漸韌 則雖不語而愈竊喜之.

今君又叩余於余歸四年之後 學益富才益進 語益馴格益新 淵然蒼然 已造草堂門逕 撇開六代笆籬 崇嶺古松 未足標其峻 摩霄鷟翻 不能喩其勍 區區藻麗 余不敢爲君贊也 吁 君之用力 顧已至矣 而余之贈君者 亦與有幸也 君之詩其將派四方湊京國 如竹箭橘柚之人悅戶蓄也耶 且余亟見君詩之亟進也若此 則後數年有一大鳴於南國 世以爲上下數百歲 湖南絶調者必君也 余方爲君俟之 故於其歸也 敍以弁其詩.

李伯相廷稷天籟詩序

昔伯牙學琴於成連 三年不語宮商 伯牙之求猶益不懈 一日命舟止于海島曰 且俟我 去久不返 伯牙見高山峨峨 海水洋洋 風起波動 窅然有得 歸御絲桐則藝成焉 而其寄之也高 悟之也深 故解之者亦鮮矣 使伯牙徒學而不契於心 則不能操海山也 不遇鍾子期 則世又不能知其音也 然則非徒學之難 知之亦難矣夫.
伯相從余游數歲 其詩蓋屢變矣 顧其爲人也 心淸而氣遒 膽怒而思焦 沿流泝源 冥搜遠攬 寓於咬咬 發於浩浩 求於森森 歸於品品 如朝日映水 秋荷吐葩 雖欲一塵之相汚 亦無不得也 伯相日以其詩示余 余讀未半 而如入台蕩臨九曲 一邱一壑 令人忘返 已足可樂 不必盡長岑頾谷而後 始知其美也 是伯相之窅然契於心者 表表著爾 伯相之藝 亦已成矣 今之揚絶調鳴盛世者 舍伯相而吾將誰求哉 余尤重伯相之不自高深 而方日就吟唱 久而無倦也 愧余荒陋不足以報其惓惓 然伯相有詩 余未甞不聞 則余之知伯相者 不敢自居子期後也 故書于卷而弁之.

一枝棲記

鷦鷯鳥之最小者也 朝出而翔 不過墟里 暮歸而息 一枝有餘地 其視扶搖之鵬 上九萬息六月 積力而遠圖者 則顧不甚便安且易哉.
吾儕小人 謀食四方 樓屑平生 歸視其家 破屋數間 一榻一席而已 是何異鷦鷯之一枝乎 若夫高堂峻宇 文茵華床 求之勞而得之難 則大鵬者類非耶 何處無樹 何樹無枝 此鷦鷯之所安而吾亦安之 故名吾居曰一枝棲.
然鷦鷯生不離樊籠之間 余則飮啄棲息 寄寓而無定止 不能一日安於茅茨之下 是以感於小鳥 而不羨夫大鵬之遠圖也.

經畹先生自傳

經畹先生 朝鮮狂士也 性喜讀書 白首咿唔不綴 終亦自忘 人叩之則茫然不能對 有時强記 滔滔萬言 能卒六經
 自幼愛屬文 至廢寢食 而不甚佳 然往往凌厲有古作者風
 家貧不厭糠覈 旬月出遊山水間 不顧妻孥也
 素不能飲酒 而嘗隨國使 歷遼野 臨溟渤 入燕臺 游於屠狗之市 時則能揮巨觥 一夕罄數斗
 力綿弱不勝衣 及夫論古今成敗義利之分 輒髮竪目張 矍然如勇士也 喜交遊 無問貴賤賢愚 咸得其歡心 然卒不見容 善諧謔 多談俚俗事 究歸不背經 故非孔子之道 人不得干也
 老多病且懶 杜門却掃 終日臥涔涔如睡 有客至 皆謝不見 獨與某某數人游 則爲其知之深也
 歎曰 假我十年之間 一肆力於文章 則亦足爲聖世作擊壤之歌 常恨蘇秦之言曰 大丈夫豈可謀數頃田哉 吾當以九經作良疇 是以自號曰 經畹先生云爾
 贊曰 外柔而內剛者 不狂而狂耶 身廢而道興者 能於不能耶 不狂而人不能知 能而人亦不能知 命耶時耶 是則慕古人之磨不磷涅不緇者也

與朴生

昨聞賢於林君坐上 極言拙詩有唐人大家風云 斯言也 果能知之深覯之切而發耶 不然則率口稱美 如賣卜子之談命索價耶 僕詩誠無好處 年少時喜作輕薄綺麗語 自十數年來 自覺其非 黽務於蒼老忠厚 用力旣久 稍稍滌除 今則已改觀矣
 然如馳馬試劍之俠少子弟 老大折節讀書 諄諄爲一大儒 時於酒後忽爾

扼腕劇談 僕詩亦如此 往往有故態鬪出 只自痛責強作而已 不能如古人至誠惻怛 此已所獨知 而人不能盡知處也

李烱菴懸官 極賞僕少時作 見輒屢回高詠 仍嘆曰 此詩向老必一大變 詩今變 而烱菴之墳草 已十數宿矣 每中宵寤嘆 恨無所訂其善變不善變也 賢旣有云云 則其知之覵之 亦能如僕之自知 烱菴之知我耶否 必有定評 更惠良規

溫井記

溫泉下有硫黃 故味燥性溫 出于礜石者悍熱 然治病勝於硫黃出者 出于丹砂者 味甘而氣不臭 可以延齡養生 丹砂泉 天下惟出於驪山 漢之甘泉 唐之華淸是也 若礜石出者 亦千百之一也 硫黃泉在在是已 治一切瘡瘍腫濕麻痺如神 此古人所論著也

余自幼少多病 喜浴溫泉 驪山余未見也 如薊州之行宮 鳳城之湯站 暨東國之宣川熙川平山明川諸泉 粤已一再至 然一例皆硫黃泉 而獨平山泉熱且悍 突躍高尺許 又可湘菜茹燖鷄豚云 意或礜石出者非耶

溫陽之溫泉 自勝國時 鳴于國中 逮我列聖朝 嘗屢幸焉 今泉傍有行宮 泉上有溫殿 宮之東有二廢井 卽舊溫云 繚周垣而爲闕門 內而婦寺供御之所 外面臣僚扈從之次 畢備星羅 大抵多傾圮隳 帷帳簾薄屛障几案 凡諸進奉器物 委積於廡坎 而尙不至甚腐敗不可用.

蓋英廟庚午以後 訖無御幸 距今八十有五年 父老亦無在者 當時事莫從而聞之 可歎也 吾王庶幾無疾病 顧誠斯民之喜幸也 溫殿南北五楹 東西四楹 甃石函其中爲二井 若同室而格其中 井深可六尺 縱可常而橫可尋 三窠其傍 以洩蓄水 出之殿壁之下 故內二井 曰上湯 曰中湯 外出者曰下湯 水從上湯西北出 折而東出中湯 又折而南則外出爲下湯 熱不甚 始入灼如也 久坐溫溫可愛 若寒衆蓄水則一食頃 二井滿數尺 亦不以水旱冬夏而贏縮炎凉也 自上湯至下湯 計不下十餘步也 令範其地而鑄巨鼎 待薪樵

而煖之 雖日胼千僮之指 必不能若是其無間斷也 吁甚異哉 井無龜龍魚蟹 荷芰菱芡 寶玉之玩 雕琢之巧 如驪山薊州者 而石材精良 製作完緻 有足以仰見祖宗盛際事功之鉅麗 規模之宏樸 洵非今人所可慕效彷彿 土庶人毋敢浴上湯禮也 惟我先大王下敎若曰 使予方御溫井 民病可瘳也 予將撤洗而與之 況非日用而不過備豫者乎 自今永寬兩井之禁 使吾民共沐恩波 咸躋壽域 大哉王言 此聖德事也 於是乎聾瘖跛躄癰疽瘡痍 杖者昇者負者載者 踵相接於道 而四時無虛日 雖病甚者 不旬日 則臥而來 步而歸 呻而入 歌而出 嗚呼 泉之靈 至於此乎 泉之靈 至於此乎

歲甲午秋仲 余有癬疥之病 來浴於井 居數日而曰瘳 試飲井水甘 又小硫黃氣 抑所謂丹砂出者此歟 或曰是井也 浴之則病瘳 久不浴則病復作噫 是豈井之故也 病浴于井者 皆六氣感其外 七情傷其中 沈淫錮結 久而乃發 其治之也 亦將涵潤滲瀝消瀜蕩滌 沈淫者洗濯之 錮結者解散之 然後始去 則夫豈有亟至之忠哉 徒見肌體之差可 去之若將浼焉 稍久而疾復作 則曰井乎井乎 豈不愚之甚者 余聞廣東有桃花泉 北人之商販者 一與土人交媾 歸未半路 而大瘋瘡發 百藥罔效 不得已還 飲桃花泉 則不日而爲平 人故多老於其地者 雖飮泉而無男女之事者 無恙而歸 余未知其說信然 然亦其人自取之已 豈曰桃花泉使之然哉 余將歸 記或人說爲井訟 而箴以戒來浴者云爾.

不可說說

新羅之季 有畜出于市 黑獸而小 若生三朝者 性馴而不怕人 故狃而狎之 百物無所食 惟金鐵是啖 輒望其吻而銷焉 人異之甚 而爭飼以弊器 雖計千百盡之 猶沃雪而已

漸長如馬牛大 而呼吸生火 觸之者皆爇 人益厭苦之 然敺而不能去 木石無所傷 刀鋸資其飽而已 於是人乃晝夜警 而亦無如之何矣 故名之曰不

可說

不可說於是乎 曰遑遑求食 內自公府 外至民戶 遂無鍵鐍銷鋼之限 而帑藏如懸磬 田器惟恃木也 故歲屢不登 國益貧 人乃大恐 飯萬僧而禳之云爾

經畹子曰 不可說佛家說也 佛者憂其道之廢 而假說曰 不可說也 然中庸曰 國家將亡 必有妖孽 不可說之出 殆羅氏將亡之兆歟

天下之爲人上者 始則狎狃小人而豢養之 逮其勢炎熾燃 若燎原不可嚮邇 則雖知其耗國害民之爲不可說 而亦無如之何矣 故曰 小人不可褻也

賣盆松者說

有賣盆松者 虯枝老幹 磊砢擁腫 蓋假而承亞 甲赤而鱗蒼 艾納點綴 封殖塊圠 望之可知爲百十年物也 縈縈然列于階庭 曰二十金 曰三十金 豪富之家 競售之不惜 而不過時月 葉已薪之 乃復摻金而踵其門

蓋松壽木也 雖槁能耐久 故非累日月 而黃而赤 人未易驗也 若人者見人情泪於世 則切遲矯之想 饒於賫則侈園囿之觀 而屈致干霄臥壑之姿 以供其時月之玩 從而射其利 喟亦狡矣 至於薪之屢而求之勤 則何乃迷不悟之甚哉

余於是 懼今世用人者 不能視履考詳 而貌取老成 用未幾時償乎事 而爲賣盆松者之竊笑也 遂作是說.

원래 제목으로 찾아보기

ㄱ

가산도중嘉山途中 437
가야금명伽倻琴銘 69
각간묘角干墓 500
강월江月 429
강진康津 254
강촌만영江村謾詠 222
검자재적사년 국유경전 가인의기유환 사동래영이독견지어법조 가동경공귀檢子在謫四年 國有慶典 家人意其宥還 使僮來迎而獨見枳於法曹 家僮竟空歸 83
격탁행擊柝行 459
경經 326
경耕 286
경원선생자전經畹先生自傳 571
계노인雞老人 152
고동노인古董老人 166
곡박초정제가哭朴楚亭齊家 543
곡유곡장인哭柳谷丈人 546
과송경등만월대過松京登滿月臺 454

과송경등만월대過松京登滿月臺 468
관개灌溉 298
교견窖繭 319
구가九歌 550
　김야항학연金野航學淵 557
　김호산직보金壺山直甫 553
　노화방혜경盧畵舫惠卿 554
　박유목치도朴槱木稚度 551
　이필한운기李珌漢耘岐 552
　이현암학원李弦菴學園 553
　정어산무륜丁漁山茂倫 550
　정포원경숙鄭匏園敬叔 555
　조서은여수曺書隱汝秀 556
구박灸箔 316
구치驅馳 94
국은고거麴隱故居 548
국침菊枕 103
권도원수묘權都元帥墓 466
금성월錦城月 214
금일신년今日新年 91
급수자汲水者 144
기몽記夢 93

기묘원일시필己卯元日試筆 75
기우옹騎牛翁 219
기이紀異 123
　계노인雞老人 152
　고동노인古董老人 166
　금성월錦城月 214
　급수자汲水者 144
　김금사金琴師 160
　김오흥金五興 194
　농후개자弄猴丐子 177
　능시도부能詩盜婦 181
　달문達文 168
　만덕萬德 210
　매과옹賣瓜翁 136
　박초료朴鷦鷯 204
　박효자朴孝子 200
　반표자斑豹子 206
　배선달裵先達 202
　병서幷序 125
　보수식부報讎媳婦 175
　복홍福洪 134
　부판효자負販孝子 162
　설낭說囊 196
　손고사孫瞽師 185
　송생원宋生員 132
　안성문安聖文 183
　애송노인愛松老人 156
　양김홍이讓金洪李 127
　여전승畬田僧 142

　염거사鹽居士 140
　오시吾柴 146
　유생兪生 129
　일지매一枝梅 187
　임수월林水月 198
　임옹林翁 148
　장송죽張松竹 150
　전기수傳奇叟 171
　정선생鄭先生 164
　정초부鄭樵夫 154
　중랭조수中冷釣叟 173
　채약옹採藥翁 158
　타호인打虎人 192
　탁반두卓斑頭 208
　통영동統營童 212
　파석인破石人 138
　혜금수嵇琴叟 179
　홍씨도객洪氏盜客 189
김금사金琴師 160
김야항학연金野航學淵 557
김오흥金五興 194
김호산직보金壺山直甫 553

ㄴ

낙위絡緯 325
남한南漢 467
노병老兵 248

노화방혜경盧畫舫惠卿 554
녹독磔䃚 289
농鸛 305
농성잡영隴城雜詠 232
농후개자弄猴丐子 177
능시도부能詩盜婦 181

ㄷ

달문達文 168
대기大起 311
덕진채련德津採蓮 225
도대라신동到大羅信峒 486
도망悼亡 79
도압강渡鴨江 457
독서지야분희시은철양손讀書至夜分戲示銀鐵兩孫 99
독필禿筆 57
동둔성추東屯省秋 267
동야궤전자련보이장율東野餽傳子鰱報以長律 58
동우종석등하수필冬雨終夕燈下隨筆 107
동우탄冬雨歎 269
동포귀범東浦歸帆 226
등장登場 300
등정주성루登定州城樓 476

ㅁ

만덕萬德 210
망신루 차판운望宸樓次板韻 438
매과옹賣瓜翁 136
매과행賣茋行 244
매분송자설賣盆松者說 582
매처 梅妻 109
모춘망일상유란동暮春望日賞幽蘭洞 427
문안聞雁 430

ㅂ

박연朴淵 443
박유목치도朴瘤木稚度 551
박초료朴鷦鷯 204
박효자朴孝子 200
반일청半日晴 250
반표자斑豹子 206
반화攀華 328
발앙拔秧 293
방자내류십일어기귀 용동파운 서증枋子來留十日於其歸用東坡韻書贈 89
배선달裵先達 202
배파杯波 51
백마성白馬城 455

백상지伯相至 55
병간시필病間試筆 111
병자초도丙子初度 73
병중천내자소두病中倩內子梳頭 78
보수식부報饟媳婦 175
복홍福洪 134
봉천추일 차도시운鳳川秋日 次陶詩韻 255
부벽루浮碧樓 436
부판효자負販孝子 162
북행백절北行百絶 331
   병서幷序 333
   기일 포천도중其一 抱川道中 335
   기이 망양원其二 望梁園 336
   기삼 풍전역其三 豐田驛 337
   기사 철협其四 鐵峽 338
   기오其五 339
   기육其六 340
   기칠 맥탄其七 麥灘 341
   기팔 평강其八 平康 342
   기구 삼방곡其九 三防谷 343
   기십 동촌其十 峒村 344
   기십일其十一 345
   기십이 추가령其十二 鄒家嶺 346
   기십삼其十三 347
   기십사其十四 348
   기십오其十五 349
   기십육其十六 350
   기십칠其十七 351
   기십팔其十八 352
   기십구 삼방구其十九 三防口 353
   기이십其二十 354
   기이십일 학성其二十一 鶴城 355
   기이십이其二十二 356
   기이십삼 원호其二十三 黿湖 357
   기이십사其二十四 358
   기이십오其二十五 359
   기이십육其二十六 360
   기이십칠 문천이촌其二十七 文川吏村 361
   기이십팔其二十八 362
   기이십구 마랑도其二十九 馬廊島 363
   기삼십其三十 364
   기삼십일 정평其三十一 定平 365
   기삼십이其三十二 366
   기삼십삼其三十三 367
   기삼십사其三十四 368
   기삼십오其三十五 369
   기삼십육其三十六 370
   기삼십칠 석왕사其三十七 釋王寺 371
   기삼십팔 황초령其三十八 黃草嶺 372
   기삼십구其三十九 373
   기사십其四十 374
   기사십일其四十一 375
   기사십이 원주령其四十二 原州嶺

376

기사십삼其四十三 377

기사십사 대원주其四十四 大原州 378

기사십오 대라신동강주계其四十五 大羅信洞江州界 379

기사십육其四十六 380

기사십칠其四十七 381

기사십팔 구파其四十八 舊坡 382

기사십구其四十九 383

기오십其五十 384

기오십일其五十一 385

기오십이其五十二 386

기오십삼 장령령상 망견연지봉其五十三 長嶺嶺上 望見臙脂峯 387

기오십사 무산령구其五十四 茂山嶺口 388

기오십오 혜산령其五十五 惠山嶺 389

기오십육其五十六 390

기오십칠 오매강其五十七 烏梅江 391

기오십팔 蜘蛛遷其五十八 蜘蛛遷 392

기오십구其五十九 393

기육십 선암其六十 仙巖 394

기육십일 수측其六十一 水測 395

기육십이 사발곶其六十二 沙鉢串 396

기육십삼 명당곶其六十三 明堂串 397

기육십사其六十四 398

기육십오 전장평其六十五 戰場坪 399

기육십육 은광其六十六 銀礦 400

기육십칠其六十七 401

기육십팔其六十八 402

기육십구其六十九 403

기칠십 길주其七十 吉州 404

기칠십일 칠보산其七十一 七寶山 405

기칠십이其七十二 406

기칠십삼其七十三 407

기칠십오 회령其七十五 會寧 408

기칠십육 칠리탄其七十六 七里灘 409

기칠십칠其七十七 410

기칠십팔其七十八 411

기칠십구 부계其七十九 涪溪 412

기팔십其八十 413

기팔십일其八十一 414

기팔십삼 휘흠총其八十三 徽欽塚 415

기팔십사 미인어其八十四 美人魚 416

기팔십육 팔지其八十六 八池 417

기구십일 조산其九十一 造山 418

기구십이 슬해其九十二 瑟海 419

기구십칠 마운령其九十七 摩雲嶺 420
기구십팔 자신판지리숙령其九十八 自新坂至李淑嶺 421
기구십구 이숙령其九十九 李淑嶺 422
기백 보리판其百 菩提坂 423
분박分箔 313
불가설설不可說說 580
비봉碑峰 474

ㅅ

사군행使君行 273
사마창방일 구호칠보시司馬唱榜日 口呼七步詩 117
사사祀謝 322
산내山內 101
산중만영山中謾詠 62
삼과정주성루三過定州城樓 480
삼면三眠 310
삼운三耘 297
삽앙揷秧 294
상고上庫 441
상족上簇 315
새하곡塞下曲 492
서굴西窟 445
서성書城 493

서은경시고후書殷卿詩稿後 524
서주주개한렬 독신안홍씨가양 설미춘심청렬 홍옹이지능이시이여상지어강주 금옹이사 기가인매차주西州酒皆悍烈 獨新安洪氏家釀 雪米春甚淸冽 洪翁履祉能詩而余相識於江州 今翁已死 其家人賣此酒 549
석빙고石氷庫 501
설낭說囊 196
설미춘雪米春 549
성의成衣 330
손고사孫瞽師 185
송경남루고종松京南樓古鐘 469
송경도중잡영松京道中雜咏 472
송도松都 433
송두류승입금강送頭流僧入金剛 538
송생원宋生員 132
송역사여자방입진送力士與子房入秦 513
쇄마탄刷馬嘆 251
수예收刈 299
순변도중작巡邊道中作 482
신묘원일辛卯元日 98
신안관세모新安館歲暮 249
심하深河 470

ㅇ

아유십삼수我有十三首 24~48
안성문安聖文 183
애송노인愛松老人 156
야좌夜坐 50
양관수세 철손내반楊館守歲 鐵孫來伴 275
양김홍이讓金洪李 127
어음淤蔭 292
여박생與朴生 574
여재좌채 작문고시피인 문근점퇴귀 희부차시余在左寨 作文告示彼人 聞近漸退歸 喜賦此詩 488
여전승畬田僧 142
연광정練光亭 435
연련練 320
연팔십삼 획첨현관대비지과 창명지일 특몽오위장진작지은 중조재상 우다왕문 근용하시운 이지영감年八十三 獲忝賢關大比之科 唱名之日 特蒙五衛將晉爵之恩 中朝宰相又多枉問 謹庸賀詩韻 以識榮感 116
염거사鹽居士 140
염렴簾 303
염색染色 327
영학詠鶴 23
오시吾柴 146
온정기溫井記 576

요동사유산사邀同社遊山寺 528
욕잠浴蠶 308
용대춘碓 302
용야榕也 70
우거행牛車行 220
우열구협 견연도제공 추여위사단노장 서차지지偶閱舊篋 見燕都諸公 推余爲詞壇老將 書此識之 113
월하대주 희시소손月下對酒 戱示小孫 81
위위緯 323
유생兪生 129
유연정급사희해劉燕亭給事喜海 533
윤오시서允五詩序 565
윤중궤묵죽 시이위사允中餽墨竹 詩以爲謝 523
의정치주서실 요우신후재급여 주중공관장서毅亭置酒書室 邀雨辰厚齋及余 酒中共觀藏書 535
이거移居 52
이면二眠 309
이백상정직천뢰시서李伯相廷稷天籟詩序 567
이운二耘 296
이필한운기李㓚漢耘岐 552
이현암학원李弦菴學園 553
일운一耘 295
일지매一枝梅 187
일지서기一枝棲記 569

임수월林水月 198
임옹林翁 148
임장군소도가林將軍小刀歌 503
입좌채入左寨 484
입창入倉 306
입향산入香山 491

ㅈ

잠아蠶蛾 321
장경각藏經閣 498
장곡전사獐峪田舍 247
장송죽張松竹 150
장유약산 출성작將遊藥山 出城作 452
재과정주성루再過定州城樓 478
전기수傳奇叟 171
전백剪帛 329
절필구호絶筆口呼 121
정미초도丁未初度 119
정선생鄭先生 164
정어산무륜丁漁山茂倫 550
정초부鄭樵夫 154
정포원경숙鄭匏園景叔 555
제단원화사폭제檀園畵四幅 431
제수암김산인욱유거題壽巖金山人旭幽居 531
제신祭神 307
조서은여수曹書隱汝秀 556

종편두서과種扁荳西苽 86
죽옥청설竹屋聽雪 95
중랭조수中冷釣叟 173
중사대中獅臺 440
증정생하원지윤贈鄭生夏園芝潤 525
증학순贈學醇 540
지목소희작至牧所戲作 282
지연紙鳶 229
지온持穩 301
직織 324

ㅊ

차경직도운次耕織圖韻 283
경經 326
경耕 286
관개灌漑 298
교견窖繭 319
구박炙箔 316
낙위絡緯 325
녹독碌碡 289
농礱 305
대기大起 311
등장登場 300
반화攀華 328
발앙拔秧 293
분박分箔 313
사사祀謝 322

삼면三眠 310
삼운三耘 297
삽앙揷秧 294
상족上簇 315
성의成衣 330
수예收刈 299
어음淤蔭 292
연練 320
염簾 303
염색染色 327
욕잠浴蠶 308
용대舂碓 302
위緯 323
이면二眠 309
이운二耘 296
일운一耘 295
입창入倉 306
잠아蠶蛾 321
전백剪帛 329
제신祭神 307
지온持穩 301
직織 324
착적捉蹟 312
채상採桑 314
초초 288
초앙初秧 291
침종浸種 285
택견擇繭 318
파누杷耨 287

파양簸揚 304
포앙布秧 290
하족下簇 317
착적捉蹟 312
채고采苦 277
채상녀採桑女 227
채상採桑 314
채약옹採藥翁 158
첨성대瞻星臺 502
청금聽琴 67
청와聽蛙 87
청주淸州 530
초초 288
초앙初秧 291
추사산천양공귀근패상 요여공부秋史
  山泉兩公歸覲浿上 邀余共賦 526
춘주만영春晝漫詠 115
출관出關 458
침성砧聲 223
침종浸種 285

ㅌ

타호인打虎人 192
탁반두卓斑頭 208
택견擇繭 318
통영동統營童 212

ㅍ

파누杷耨 287
파석인破石人 138
파양簸揚 304
포앙布秧 290

ㅎ

하족下簇 317
한산도閒山島 465
함관령증여부咸關嶺贈輿夫 450
행도자성 홍로이지이시내영 수화기운行到慈城 洪老履祉以詩來迎 遂和其韻 490
혜금수嵇琴叟 179
홍씨도객洪氏盜客 189
화강송암문로기시和姜辣菴文老寄示 532
화백상和伯相 60
화이대아和李大雅 521
황명실록가皇明實錄歌 507
흥천사고종가興天寺古鍾歌 494
희노변장생戱路邊長栍 230
희와장생戱臥長栍 231

글쓴이 조수삼

1762년에 태어나 1849년까지 여든여덟 해를 살았다.
일고여덟 살에 시 짓는 것을 배우고는 밤낮을 잊고 시를 지을 정도로 시를 좋아했다. 시 말고도 그림, 의학, 거문고, 바둑에 두루두루 재능이 뛰어났다. 중인 신분인지라 여든세 살에야 과거에 합격해 진사가 되었다.
조수삼은 이야기를 좋아하고 여행을 좋아하였는데, 젊은 시절부터 온 나라를 두루 돌아다니며 보고 들은 것을 다 써 놓았다. 스물여덟 살에 중국에 처음 가기 시작하여 예순여덟 살까지 여섯 차례 중국에 다녀왔다.
조수삼은 젊어서는 삶의 진솔한 이야기나 자연을 소재로 따뜻한 시를 썼고, 나중에는 당대 사회 현실을 투철하게 묘사한 시를 많이 썼다.
홍경래 난을 생생하게 묘사한 장편시 '서구도올西寇檮杌'과 함경도 민중의 삶을 그린 연작시 '북행백절北行百絶'을 써, 1800년대 전반기의 소중한 기록을 남겼다. 저잣거리에서 보고 들은 사람들에 대해 쓴 연작시 '기이紀異'에는 조선 후기 민중들의 생활을 잘 갈무리해 놓았다. 그 밖에 중국, 일본, 베트남의 이야기들을 모아 기록한 '연상소해聯床小諧', 중국과 여러 나라의 풍속을 짧은 산문과 시로 쓴 '외이죽지사外夷竹枝詞' 등이 있다.

옮긴이 박윤원, 박세영

박세영은 1902년 경기도 고양에서 태어나 1989년까지 살았다. 1922년 배재고등보통학교를 졸업했다. 1925년 조선프롤레타리아 예술가 동맹에 참가해 시를 쓰기 시작했다. 1938년 5월 첫 시집인 《산제비》를 시작으로 2천여 편의 작품을 발표했으며, 10여 권의 시집을 냈다. 1946년 월북하여 북조선문학예술 총동맹 출판부장 일을 맡아 했다. 북의 애국가 노랫말을 썼다고 알려져 있다.
박윤원은 남쪽에 알려진 것이 없다.

겨레고전문학선집 11

이야기 책 읽어 주는 노인

2005년 11월 30일 1판 1쇄 펴냄 | 2011년 10월 28일 1판 2쇄 펴냄 | **글쓴이** 조수삼 | **옮긴이** 박윤원, 박세영 | **편집** 김성재, 남우희, 천승희 | **교정** 김용태 | **감수** 이상진 | **디자인** 비마인bemine | **영업** 박꽃님, 백봉현, 안명선, 안중찬, 윤정하, 조병범, 최민용, 최정식 | **홍보** 김가연, 김누리 | **관리** 유이분, 전범준, 한선희 | **제작** 심준엽, 이옥한 | **인쇄** (주)미든인쇄 | **제본** (주)상지사 | **펴낸이** 윤구병 | **펴낸곳** (주)도서출판 보리 | **출판 등록** 1991년 8월 6일 제 9-279호 | **주소** 경기도 파주시 교하읍 문발리 파주출판도시 498-11 우편 번호 413-756 | **전화** 영업 (031) 955-3535 홍보 (031) 955-3673 편집 (031) 955-3678 | **전송** (031) 955-3533 | **홈 페이지** www.boribook.com | **전자 우편** classics@boribook.com

ⓒ 보리, 2005 | 이 책의 내용을 쓰고자 할 때는, 보리 출판사의 허락을 받아야 합니다. | 잘못된 책은 바꾸어 드립니다. | 값 25,000원

ISBN 89-8428-224-3 04810
　　　89-8428-185-9 04810(세트)

이 책의 국립중앙도서관 출판시도서목록(CIP)은 e-CIP 홈페이지(http://www.nl.go.kr/cip.php)에서 볼 수 있습니다. (CIP 제어 번호: CIP2005002286)

이 책은 한국문화예술진흥원의 문예진흥기금 지원을 받았습니다.